비극의 탄생

Die Geburt der Tragödie aus dem Geiste der Musik

von

Friedrich Nietzsche

Leipzig

Verlag von E. W. Tritzsch

1872

프리드리히 니체

비극의 탄생

홍성광 옮김

연암서가

옮긴이 홍성광

서울대학교 독문과 및 대학원 졸업, 토마스 만의 장편 소설 『마의 산』으로 박사 학위를 취득했다. 저서로는 『독일 명작 기행』, 『글 읽기와 길 잃기』, 역서로는 루카치의 『영혼과 형식』, 실러의 『빌헬름 텔. 간계와 사랑』, 괴테의 『이탈리아 기행』, 『젊은 베르터의 고뇌』, 뷔히너의 『보이체크. 당통의 죽음』, 쇼펜하우어의 『의지와 표상으로서의 세계』, 『쇼펜하우어의 행복론과 인생론』, 『쇼펜하우어와 니체의 책 읽기와 글쓰기』, 니체의 『차라투스트라는 이렇게 말했다』, 『도덕의 계보학』, 『니체의 지혜』, 헤세의 『헤세의 여행』, 『데미안』, 『수레바퀴 밑에』, 『싯다르타』, 『환상동화집』, 야스퍼스의 『정신병리학총론』(공역), 토마스 만의 『예술과 정치』, 『마의 산』, 『부덴브로크 가의 사람들』, 중단편 소설집 『베네치아에서의 죽음』, 카프카의 『성』, 『소송』 중단편 소설집 『변신』, 마르크스와 엥겔스의 『독일. 어느 겨울동화. 공산당 선언』, 『헬렌 켈러 평전』 등이 있다.

비극의 탄생

2021년 12월 10일 제1판 1쇄 인쇄
2021년 12월 15일 제1판 1쇄 발행

지은이 프리드리히 니체
옮긴이 홍성광
펴낸이 권오상
펴낸곳 연암서가

등록 2007년 10월 8일(제396-2007-00107호)
주소 경기도 고양시 일산서구 호수로 896, 402-1101
전화 031-907-3010
팩스 031-912-3012
이메일 yeonamseoga@naver.com
ISBN 979-11-6087-087-9 03190

값 17,000원

『비극의 탄생』[1]은 니체의 첫 작품이다. 독불전쟁의 포성이 울려 퍼지는 가운데 1870년과 1871년 사이에 쓰기 시작하여 1872년 1월 2일 세상에 나왔다. 그의 나이 28세 되던 해였다. 원제목은 『음악 정신에서 나온 비극의 탄생Die Geburt der Tragödie aus dem Geiste der Musik』이었다. 『비극의 탄생』에는 과장되고 모호하게 쓰인 것과 같은 많은 결점이 있긴 하지만, 그것은 아리스토텔레스의 『시학』 다음으로 그리스 비극을 다룬 중요한 책으로, 무엇보다도 비극론과 예술철학에서 빼놓을 수 없는 고전이라 할 수 있다.

---

1 책의 번역은 *Nietzsche Werke*, Kritische Gesamtausgabe, Berlin·New York: Walter de Gruyter, 1972를 이용했고, 영어본으로는 Friedrich Nietzsche, *The Birth of Tragedy*, translated by Shaun Whiteside, Penguin Books, 1993을 참조했음.

초판이 나오고 14년 뒤인 1886년『선악의 저편』이 나오던 해에 니체는 이 책을『비극의 탄생 또는 그리스 정신과 비관주의Die Geburt der Tragödie aus dem Geiste der Musik』라는 제목으로 펴내면서 서문에「자기비판의 시도」를 첨가해 초판에 실린 자신의 글을 비판적으로 바라보았다.「자기비판의 시도」는 그가 집필했던 것 중 가장 훌륭한 것에 속한다.『이 사람을 보라』(1888)에서는 '그리스 정신과 비관주의'라는 제목이 자신의 의도를 더 명료하게 보여주는 제목이라고 밝히기도 했다.

니체는 쇼펜하우어의 압도적인 영향을 받았지만 그와의 대결을 통해 그를 넘어서면서 자신의 독자적인 사유를 전개해 나간다. 니체는 이 책에서 쇼펜하우어의 철학을 토대로 그의 용어들을 이용하면서도 여러 군데에서 이미 그 자신의 독자적인 사유를 시작한다. 니체는「자기비판의 시도」에서 쇼펜하우어와 바그너를 숭배하던 시기에도 그 책이 벌써 독립적이고 자립적인 책이었음을 밝힌다.

이 책에는 고대 그리스 비극 작가들과 아울러 괴테의『파우스트』, 쇼펜하우어의『의지와 표상으로서의 세계』, 그리고 바그너의 음악, 특히 〈트리스탄과 이졸데〉가 큰 영향을 미쳤다. 후일 쇼펜하우어와 바그너를 부정하기는 하지만 이 책에서 니체는 이 두 사람에게 최고의 찬사를 바치고 있다. 특히 쇼펜하우어를 '뒤러의 기사'로 지칭하며, "그에게는 아무런 희망도 없었지만, 그는 진리를 원했으며, 그와 필적할 만한 사람은 아무도 없다"고 말하고 있다. 특히 초판의 서문은 바그너에게 바치고 있다. 니체와 바그너가 처음 만나 우정을 나누게 되는 것도 두 사람이 쇼펜하우어 철학에 대한 공감과 이해를 공유했기 때문이었다.

이 책에서 니체는 그리스 비극의 생성(1~11장)과 소멸(11~15장), 소생(16장 이하)을 다루고 있다. 이 중에서 그리스 비극의 기원과 소멸을 다룬 7~15장을 이 책의 핵심이라 할 수 있다. 반면에 바그너를 칭송한 16장 이후는 그다지 높은 평가를 받지 못하고 있다. 이 책은 그리스 비극이 죽음을 맞는 것은 소크라테스와 그의 낙관적 이론을 계승한 에우리피데스 때문이고, 비극이 재탄생하는 것은 바흐, 베토벤을 계승한 바그너 음악을 통해서라고 주장한다. 결국 이 책의 요지는 무엇보다도 문화가 가장 중요하고, 소름 끼치는 삶에 접근하려면 아폴론적인 것과 디오니소스적인 것의 균형을 기하는 것이 필요하고, 예술, 그중에서 음악, 그것도 바그너 음악을 통하는 것이 가장 좋다는 것이다.

니체는 『이 사람을 보라』(1888)에서 '자신의 최상의 모습을 희생시키면서 자신의 고유한 무한성에 희열을 느끼는 삶에의 의지'를 디오니소스적이라고 부른다. 그는 디오니소스적이라는 것을 비극 시인의 심리에 이르는 다리라고 이해한다. 그는 소크라테스 이전의 철학자들 중 유일하게 헤라클레이토스에게서 자신과 유사한 점을 발견하며, 소크라테스는 전형적인 데카당이라고 지칭한다.

니체는 "도덕 자체가 데카당의 징후라는 것은 인식의 역사에서 새롭고도 유일한 제1급 인식이다"라고 말하면서, 서구의 문화적 전통이 너무 '아폴론적'인 것에 치우쳐 있다고 비판한다. 그것이 지나치게 이성 중심적이고 개념 위주라는 것이다. 따라서 디오니소스적 원리에 대한 니체의 강조는 칸트의 미학적 전통에 대한 비판을 담고 있다.

니체는 소크라테스로부터 시작된 이런 전통의 영향으로 이론적이고 분석적인 알렉산드리아 문화가 자리 잡은 것이 가장 큰 문제라고 주장한다. 여기서 그는 이러한 전통에 반대하며, 서구의 또다른 전통을 찾아내고 있다. 그것이 바로 그리스 비극에서 시작되는 '디오니소스적'인 전통이다. 『비극의 탄생』이라는 디오니소스적 분출을 통해 니체는 세상에 화려하게 등장했지만 소크라테스, 소크라테스주의, 이론적 세계관 그리고 학문을 공격함으로써 스스로 비극적 주인공이 되는 길을 걸었다.

홍성광

차례

자기비판의 시도[1]

1

이 미심쩍은 책의 밑바탕에 깔려 있는 것이 무엇이든 상관없이, 그것은 가장 중요하고 가장 매력적인 문제였음이 분명하다. 게다가 그것은 필자의 아주 개인적인 문제이기도 하다. 책의 생성 시기가 이를 증거하고 있다. 이 책은 1870~1871년 독불전쟁[2]이 벌어지던 소란스러운 와중에, 그럼에도 불구하고

---

1   『비극의 탄생』 초판은 1872년 『음악 정신에서 나온 비극의 탄생Die Geburt der Tragödie aus dem Geiste der Musik』이라는 제목으로 발간되었다. 1886년 『선악의 저편』이 나오던 해에 니체는 이 책을 『비극의 탄생 또는 그리스 정신과 비관주의Die Geburt der Tragödie oder Griechentum und Pessimismus』라는 제목으로 펴내면서 서문에 「자기비판의 시도」를 첨가해 초판에 실린 자신의 글을 비판했다. 그리고 바그너에게 바치는 서문도 삭제했다.

생겨났다. 뵈르트(Wörth)[3] 전투의 포성이 유럽을 휩쓸고 지나
가는 동안 사색가이자 수수께끼 풀이를 좋아하는 이 책의 판
권 소유자는 알프스의 어느 외딴 구석에 앉아 골똘히 사색에
잠겨 수수께끼 풀이에 골몰하고 있었다.[4] 따라서 전황에 대
해 무척 근심하기도 한 동시에 개의치 않기도 했다. 그리고
그리스인들에 대한 자신의 생각을, 기묘하면서도 접근하기 어
려운 이 책의 핵심을 적어나갔다.[5] 이 때늦은 머리말(또는 후
기)은 그 책에 바쳐지게 된다. 그로부터 몇 주 뒤 필자는 메츠
(Metz)[6] 성벽 아래에 있었다. 그때에도 그가 그리스인들과 그
리스[7] 예술의 소위 '명랑성'에 대해 품었던 의문점[8]은 여전
히 풀리지 않은 상태에 있었다. 결국 그는 베르사유에서 평
화협정을 맺던 몹시 긴박했던 그달에 그 역시 마음의 평화를

―――――――――――

2   니체는 이 시기 스위스 바젤대학의 교수였으나 독불전쟁이 일어나자 위
생병으로 지원, 종군했다가 이질과 디프테리아에 걸려 건강이 크게 나빠지고
말았다. 그리하여 두 달 후에 제대하게 된다. 니체는 전쟁의 참상과 공포도 디
오니소스적 힘이 발현하는 한 형태로 본다.

3   1870년 8월 6일 독일군과 프랑스군 사이에 전투가 벌어진 알자스 지방의
도시.

4   니체는 이즈음 이탈리아 중부 지역 마데라너탈에 머물며 「디오니소스적
세계관」 원고 작성에 몰두한다.

5   『디오니소스적 세계관』을 말한다.

6   니체는 1870년 9월 2일 알자스 로렌 지역에 속하는 메츠에 투입되었다.

12

얻었고, 전쟁터에서 얻은 병[9]이 서서히 나으면서 『음악 정신에서 나온 비극의 탄생』을 최종적으로 완결지었다. 비극[10]이 음악에서 생겨났다고? 음악과 비극이라니? 그리스인과 비극의

---

7   '그리스'는 우리에게 친숙하면서도 낯선 존재이다. 고대에 헬라스로 알려졌으며 이후 중세와 근세를 거치는 과정에서 그리스로 불렸다가 현대에 와서 다시 헬라스라는 이름을 되찾았다. 그리스 문화는 고대 그리스(BC 1100~BC 146), 고전기 그리스(BC 500~BC 323), 헬레니즘 시대(BC 323~BC 31)로 나뉜다. 문화가 가장 융성했던 고전기 그리스는 소크라테스, 플라톤, 아리스토텔레스, 헤로도토스, 히포크라테스 등이 활약한 시대로 알렉산더 대왕이 죽은 이후부터 로마가 이집트를 정복한 해까지를 말한다. 그 뒤를 이은 헬레니즘 문화는 폴리스 시대의 애국심이나 공공 의식보다 개인의 행복이나 구원을 추구한다.

8   니체는 요한 빙켈만(Johann Winckelmann) 이래로 중세시대 정신을 '엄숙함'으로 보는 것과는 달리 그리스 정신을 '명랑성'으로 보는 견해에 대해 『비극의 탄생』에서 의문을 제기하고 있다.

9   이질과 디프테리아를 말한다.

10   니체가 비극을 보는 관점을 이해하는 데는 비극을 다룬 쇼펜하우어의 글이 도움이 될 것이다. "비극은 효과가 크다는 점에서뿐만 아니라 해내기 어렵다는 점에서도 시문학의 최고봉으로 간주될 수 있고 그렇게 인정되고 있다. 이 최고의 시적 작업의 목적이 삶의 끔찍한 면의 묘사라는 사실과, 이루 말할 수 없는 인류의 고통과 비애, 악의의 승리, 우연의 경멸적인 지배, 정의롭고 죄 없는 사람들의 절망적 파국이 우리 눈앞에 전개된다는 사실은 우리의 전체적 고찰에 무척 뜻깊은 일이고 어쩌면 유의할 만한 일일지도 모른다. 여기에는 세계와 현존의 속성에 대한 의미심장한 암시가 있기 때문이다. 의지의 객관성의 최고 단계인 여기에서 의지의 자기 자신과의 충돌이 가장 완벽하게 전개되고 끔찍하게 나타난다. 이 충돌은 인류의 고뇌로 눈에 드러나는데, 이 고뇌는 일부는 우연과 오류를 통해 생기고, 또 일부는 인간 자신에게서 초래된다."(『의지와 표상으로서의 세계』, 홍성광 역, 을유문화사, 2019, 357쪽)

음악이라고? 그리스인과 비관주의의 예술 작품? 지금까지의 인류 가운데 가장 잘 나갔고 가장 멋지고 최고로 부러움을 받았으며 삶으로 가장 강력하게 유혹하는 민족이 그리스인이 아니던가—어째서 그럴까? 바로 그들에게 비극이 필요했다고? 더욱이—예술이? 어째서—그리스 예술이 필요했다고?

이로써 현존(Dasein)의 가치에 관한 커다란 의문부호가 어디에 찍혀 있었는지 사람들은 짐작할 수 있으리라. 대관절 비관주의란 인도인의 경우에서 보듯이, 그리고 짐작건대 우리 '근대'인과 유럽인의 경우에서 보듯이 필연적으로 쇠퇴, 몰락, 실패, 지치고 약해진 본능의 표시인가? 강함의 비관주의는 존재하지 않는가? 웰빙(Wohlsein)과 넘쳐흐르는 건강, 현존의 충일에서 비롯하는 현존의 가혹함, 끔찍함, 악함, 문제점에 대한 지적인 편애는 존재하지 않는가? 혹시 충만함 그 자체로 인한 고통은 없는가? 제 힘을 시험해 볼 요량으로 제대로 된 맞수를 찾아 나서는 사람, 그 적에게서 '두려움'이 뭔지를 배우려는 사람처럼 더없이 날카로운 시선으로 두려운 것을 갈망하는 유혹적인 용감함은 없단 말인가? 가장 훌륭하고 가장 강력하며 가장 용감한 시기의 바로 그 그리스인들에게 비극적 신화란 무엇을 의미하는가? 그리고 디오니소스적인 것[11]

---

11   니체는 『우상의 황혼』(책세상, 202쪽)에서 디오니소스적인 것에 대해

이라는 무서운 현상(現象, Phänomen)[12]은 무엇을 의미하는가?
디오니소스적인 것에서 탄생한 비극은 무엇을 의미하는가?
그리고 다른 한편으로 비극을 말살시킨 것, 즉 도덕에서의 소
크라테스주의, 이론적 인간의 변증론[13], 자족과 명랑성은 무
엇을 의미하는가? 어떠한가? 바로 이 소크라테스주의야말로
쇠퇴, 피로, 병약 그리고 무질서하게 해체되어 가는 본능의
징조일 수 있지 않겠는가? 그리고 후기 그리스 정신의 '그리
스적 명랑성'이 단지 저녁놀에 불과하다면? 비관주의에 맞선
에피쿠로스적인 의지가 단지 고통에 시달리는 자의 조심성
에 지나지 않는다면? 그리고 학문 자체, 우리의 학문—그러
니까 삶의 징후로서 볼 때 모든 학문은 대체 무엇을 의미하
는가? 어떤 목적으로 모든 학문이 시작되었는가? 좀 더 심하

이렇게 말한다. "삶 자체에 대한 긍정이 삶의 가장 낯설고 가장 가혹한 문제들
안에도 놓여 있는 것이다. 자신의 최고 유형의 희생을 통해 제 고유의 무한성
에 환희를 느끼는 삶에의 의지—이것을 나는 디오니소스적이라고 불렀으며,
비극 시인의 심리에 이르는 다리로 파악했다."

12   니체는 '현상'이라는 단어로 'Phänomen'과 'Erscheinung'을 쓰고 있는
데, 'Phänomen'은 괴테가 말하는 의미의 근원 현상(Urphänomen)과 관련 있
는 듯하고, Erscheinung은 칸트가 말하는 의미로 사용하고 있다. 괴테는 색채
론에서 하늘이 파란 것은 자기를 스스로 나타내 보이는 근원 현상이 발현하는
것이라고 말한다.

13   니체는 『비극의 탄생』에서 소크라테스를 이론적 인간의 전형으로 보고
소크라테스주의와 학문이 비극의 음악적 요소를 몰아내 비극을 파괴했다고
본다.

게 말하자면 모든 학문은 어디에서 시작되었는가? 어떻게 해서? 혹시 학문적 엄밀성이란 비관주의에 대한 두려움이자 그것으로부터의 도피에 불과한 것이 아닐까? 진리에 맞서는 세련된 정당방위가 아닐까? 그리고 도덕적으로 말하자면 비겁함이나 허위와 같은 어떤 것이 아닐까? 비도덕적으로 말하자면 교활함이 아닐까? 오, 소크라테스, 소크라테스여, 혹시 그것이 그대의 비밀이었던가? 오, 비밀스러운 아이러니의 대가여, 이것이 혹시 그대의 아이러니였던가?[14]

---

14 그리스어의 에이로네이아(eironeia)에서 유래하는 아이러니의 원래적 의미는 '말 속에서 자신을 위장하는 것, 표현된 말과 다른 의미를 뜻하는 것, 조롱하는 것'으로 이해된다. 소크라테스의 아이러니는 '자신의 지식을 감추고 무지를 가장하는 것'으로 윤리적, 교육적 성격을 띠고 있다. 니체는 소크라테스가 학문을 한다면서 고통스러운 삶과 비관주의가 두려워 그것으로부터 도피했고, 진리를 추구한다면서 실은 비겁함이나 허위로 자신을 감추고 있으니 비밀스러운 아이러니의 대가로 본다.

아리스토텔레스는 에이로네이아를 '허위적인 자기 경시'의 뜻으로 생각하고, 키케로에 와서는 그리스어가 지니고 있었던 비난적인 뜻이 없어진다. 이 말은 수사학적인 용어이거나 또는 소크라테스와 같은 인물이 지니는 훌륭한 점잖고 품위 있는 가장을 의미한다.

17세기 이래로 유럽 문학에서 아이러니에 대한 정의는 여러 가지가 있다. 첫째로는 가장 광범위한 인정을 받고 있는 것으로서 아이러니는 '이야기된 것과의 반대'를 의미한다. 두 번째로는 아이러니는 '이야기된 것과는 다른 것'을 의미한다. 세 번째의 정의로는 '거짓 칭찬을 통하여 비난하거나, 짐짓 비난하는 척하면서 칭찬하는 것'을 말한다. 네 번째로는 심지어 '자신을 우스꽝스럽게 만들고 조소하는 것'을 뜻한다.

2

내가 당시에 파악하게 된 것은 두려운 것이자 위험한 것으로, 그렇다고 딱히 황소라고는 할 수 없어도 뿔들이 달린 문제[15]였으며, 어쨌든 **새로운** 문제였다. 지금 같으면 그것이 처음으로 문제가 많고 미심쩍은 것으로 여겨진 **학문** 자체의 **문제**[16]였다고 말할지도 모른다. 하지만 당시 나의 젊은이다운 용기와 의구심이 개진된 책, **불가능한** 종류의 그 책이 젊은이에겐 너무나 어울리지 않는 어떤 과제로부터 생겨나야 했던 것이다! 예술의 지반 위에 세워진 그 책은 순전히 때 이르고 미숙한 자기체험들, 즉 전달할 수 있는 한계에 다다른 자기체험들로 구축되었다. 왜냐하면 학문의 문제는 학문이라는 지반 위에서는 인식될 수 없기 때문이다. 이 책은 어쩌면 분석적이고 회고적인 능력이라는 부수적인 자질을 갖춘 예술가를 위한(즉 우리가 찾아다녀야 하지만 결코 찾아다닐 생각조차 하

---

15 뿔들이 달린 문제(ein Problem mit Hörnern)는 논리적으로 모순되는 딜레마를 말함.

16 괴테는 『파우스트』(장희창 역, 을유문화사, 2015, 354행~364행)에서 니체가 말하는 학문의 문제를 다루고 있다. "아아, 나는 철학도, 법학도 의학도 유감스럽게 신학마저도! 속속들이 공부했다. 죽을힘을 다해. 그런데도 난 여전히 가련한 바보! 이전보다 나아진 게 없어. 석사니 박사니 소릴 들으며 벌써 십 년이란 세월 동안 학생들의 코를 위로 아래로 비스듬히 비틀기도 하고 끌고 다녔건만—우리가 아무것도 할 수 없다는 것만 확인하다니!"

지 않는 예외적인 종류의 예술가(Künstler)를 위한) 것일지도 모르고, 예술가-형이상학(Artisten-Metaphysik)을 배경으로 하여 심리학적인 혁신과 예술가의 비밀(Artisten-Heimlichkeit)로 가득 차 있는 책일지도 모른다. 청년다운 용기와 우수가 가득 찬 청년기의 작품으로 어떤 권위와 자신이 숭배하는 대상에 몸을 숙이는 것처럼 보이는 곳에서도 독립적이고 반항적이며 자립적인 책이다. 요컨대 첫 작품이라는 단어가 지닌 모든 나쁜 의미에서 보더라도 첫 작품이며, 노인이 관심 가질 법한 문제를 다룸에도 불구하고 청년기의 모든 결점, 무엇보다도 '장황함'과 '질풍노도[17]'에 매여 있는 책이다. 다른 한편으로 이 책이 거둔(특히 이 책이 마치 대화를 거는 것처럼 조언을 청한 위대한 예술가 리하르트 바그너에게서 거둔) 성공과 관련해서는 이미 입증된 책이다.[18] 나는 그 책이 아무튼 '당대의 최고의 인물'을 만족시켰다[19]는 점을 말하고 있다. 그런 점에 비추

17　질풍노도(Sturm und Drang)는 1765년경부터 1785년경까지 독일에서 일어난 문학운동으로 감정의 해방, 독창적 천재성, 자연적 개성의 존중을 표방했다. 계몽주의 사조에 반기를 들면서 고전주의·낭만주의 시대에 이르는 과도기적인 역할을 한 문학사조이다. 헤르더, 괴테, 렌츠, 실러가 그 대표자들이다. 대표적 작품으로는 괴테의 『젊은 베르터의 고뇌』, 실러의 『도적들』, 『간계와 사랑』 등이 있다.

18　1872년 1월 초 바그너와 그의 부인 코지마는 『비극의 탄생』을 보고 감동하여 '생전 이렇게 멋진 책은 읽어보지 못했다'며 격찬했다.

19　실러의 드라마 『발렌슈타인 진영』에 나오는 구절.

어 볼 때 이 책을 어느 정도 배려하고 묵인하면서 다루는 게 좋을 것이다. 그럼에도 이 책이 지금 내게 얼마나 불편하게 생각되는지, 16년[20]이 지난 지금 얼마나 낯설게 내 앞에 놓여 있는지를 완전히 숨기지는 않겠다. 내 눈은 좀 더 늙었고 백 배는 더 제멋대로가 되었지만, 결코 더 냉담해지지는 않았으며, 이 대담한 책이 처음으로 감히 도전한 저 과제 자체에도 더 낯설어지지는 않았다. 학문은 예술가의 광학 렌즈에서 바라보지만, 예술은 삶의 광학 렌즈에서 바라본다…….

3

다시 한 번 말하자면, 오늘날 나에게 그것은 생각할 수 없는 책이다. 내 말은 그것이 형편없이 쓰였다는 것이다. 서툴고 곤혹스럽고 비유가 장황하고 혼란스러우며 감정적이다. 이따금 여성적으로 보일 만치 달콤하고, 속도가 고르지 않고, 논리적 정확성에의 의지가 결여되어 있다. 또 너무 확신에 차 있어 증명을 건너뛰며 증명의 **적절성** 자체를 불신하고 있다. 이 책은 비의(秘儀) 입문자들(Eingeweihte)을 위한 책이자, 음

---

20 『비극의 탄생』은 1872년 발간되었지만 집필을 시작했던 때인 1870년을 기준으로 삼아 「자기비판의 시도」를 쓰는 시점이 16년이 지났다고 말하고 있음.

악의 세례를 받아 애당초부터 공통의 희귀한 예술 경험에 결부되어 있는 사람들을 위한 '음악'으로서, 예술에서의 혈연 관계를 보여주기 위한 인식표다―또한 처음부터 '일반 대중'보다 오히려 '지식인 계층'이라는 세속의 무리(profanum vulgus)에게 더 문을 걸어 잠그는 오만하고 열광적인 책이다. 그러나 이 책이 끼친 영향이 증명했고 또 증명해 주고 있듯이, 이 책은 함께 열광할 사람들을 찾아내어 그들을 새로운 샛길과 무도회장으로 유혹하는 법 역시 충분히 잘 터득하고 있음이 분명하다. 아무튼 여기서는―사람들이 호기심만큼이나 혐오감을 느끼며 이 점은 시인했다―어떤 **낯선** 목소리, 즉 아직 '알려지지 않은 어느 신'[21]의 사도(使徒)가 말하고 있었다. 그는 한때 학자의 두건을 쓰고 독일인의 둔중함과 변증법적 뚝뚝함 속에, 바그너주의자들의 무례한 태도 속에 자신을 감추고 있었다. 여기에는 아직 이름이 없는 낯선 욕구를 지닌 어떤 정신이 있었다. 디오니소스라는 이름이 하나의 물음표처럼 덧붙어 있는 문제와 경험, 비밀로 가득 찬 하나의 기억이 있었다. 여기서는―사람들은 의구심을 품고 스스로에게 말했다―신비롭고 흡사 바쿠스의 무녀 마이나데스의

---

21 디오니소스 신을 가리킨다. 사도행전 17장 23절에 이런 구절이 나온다. "내가 두루 다니며 너희가 위하는 것들을 보다가 알지 못하는 신에게라고 새긴 단도 보았으니 그런즉 너희가 알지 못하고 위하는 그것을 내가 너희에게 알게 하리라."

영혼과 같은 어떤 것이 말하고 있었다. 이 영혼은 힘겹게 제멋대로, 자신을 알릴 것인가 숨길 것인가에 대해 거의 결정짓지 못하고 마치 이방인의 혀[22]로 말하듯 더듬거리고 있다. 이 '새로운 영혼'은 말할 게 아니라 **노래하는** 게 좋았을 것이다! 당시 내가 말해야 했던 것을 시인으로서 과감하게 말하지 않은 것은 얼마나 유감스러운 일인가. 어쩌면 그렇게 할 수도 있었을 텐데. 아니면 적어도 문헌학자로서는 말할 수 있었을 텐데 말이다—오늘날에도 이 분야의 문헌학자에게는 아직 거의 모든 것이 발견하고 발굴해야 할 것으로 남아 있는 것이다! 무엇보다도 여기에 하나의 문제가 그대로 존재하고 있다는 그 문제 말이다—그리고 "디오니소스적인 것이 무엇인가?"라는 질문에 우리가 답변을 못하는 한 그리스인들이 어떤 사람들인지 여전히 전혀 알 수 없고 상상할 수 없다는 그 문제 말이다…….

4

그렇다면 무엇이 디오니소스적인 것인가? 이 책에 그에 대한 답이 쓰여 있다. 자신의 신의 비의 입문자이자 사도인

---

22   fremde Zunge. 외국어를 말함.

'지자知者'가 거기에서 말하고 있다. 디오니소스적인 것이 어떻게 해서 그리스인들의 경우 비극의 기원이 된 것인가라는 몹시 어려운 심리학적인 문제에 관해 나는 지금이라면 어쩌면 좀 더 조심스럽게 보다 말을 아끼며 말할지도 모른다. 근본 문제는 고통에 대한 그리스인의 관계, 그 감수성의 정도이다. 이 관계는 동일하게 머물렀던가 아니면 반대 방향으로 바뀌었던가? 실제로 그리스인의 점점 더 강렬해지는 미(美)에 대한 갈망, 즉 축제, 오락, 새로운 제식(祭式, Cultus)에 대한 갈망이 결핍, 궁핍, 우울, 고통에서 자라났는지에 대한 저 질문 말이다. 다시 말해 바로 이것이 참이라고 가정한다면—그리고 페리클레스(혹은 투키디데스)는 위대한 추도사[23]에서 그점을 우리에게 이해시켜 주고 있다—시간상으로 그 전에 나타났던 그와 상반되는 갈망, 즉 추(醜)에 대한 갈망은 어디에서 유래한다는 말인가? 그러니까 비관주의, 비극적인 신화, 현존의 밑바닥에 있는 온갖 끔찍한 것, 악한 것, 불가사의한 것, 파괴적인 것, 숙명적인 것의 형상에 대한 고대 헬라스인들의 엄격한 선한 의지는 대체 어디에서 유래한단 말인가?[24] 그렇

---

23 펠로폰네소스 전쟁 첫해인 BC 431년, 전쟁에서 희생된 병사들을 위한 추도식에서 페리클레스가 민주주의에 대해 행한 연설.

24 니체는 페리클레스와 그의 동시대인들은 몰락과 쇠퇴의 반대급부로 미를 추구했고, 번영의 시대를 살았던 그 이전 그리스인들은 추와 비관주의를 추구했다고 본다.

다면 비극은 어디에서 유래한단 말인가? 혹시 즐거움(Lust)이나 힘으로부터, 넘쳐흐르는 건강이나 과도한 충만으로부터 유래하는 것일까? 그렇다면 생리학적으로 물을 때 희극 예술뿐 아니라 비극 예술을 낳은 저 광기, 즉 디오니소스적 광기는 어떤 의미를 지니고 있을까?[25] 어떠한가? 광기가 반드시 퇴화, 쇠퇴, 노쇠한 문화의 징후는 아니지 않는가? 정신과 의사에게 묻건대 혹시 **건강**에서 비롯된 신경증은 없을까? 민족의 청년기와 청년성에서 비롯하는 신경증이 있지 않은가? 사티로스[26]에서 신과 숫염소의 종합이 이루어지는 것은 무엇을 가리키는가? 어떤 자기체험에서, 어떤 충동으로 그리스인은 디오니소스적 열광자와 원초 인간(Ur-Mensch)을 사티로스로 생각해야 했던가? 그리고 비극 합창단의 기원에 관해 말하자면, 그리스인의 몸이 피어나고 그리스인의 영혼이 삶으로 넘쳐 흘렀던 저 수 세기 동안 혹시 풍토성의 황홀경이 있었던가? 공동체 전체와 제식 집회에 모인 군중 전체에 번져나간 환영과 환각이 있었던가? 어떠한가? 그리스인들이

---

25   아리스토텔레스는 비극도 희극도 디오니소스 숭배와 관련 있는 즉흥적인 것에서 발생했다고 주장한다. "비극은 디티람보스의 선창자로부터 유래했고, 희극은 아직도 많은 도시에 관습으로 남아 있는 남근 찬가의 선창자로부터 유래했다."(『시학』, 천병희 역, 40~41쪽)

26   그리스 신화에 나오는 몸과 팔과 얼굴이 인간이며 하반신은 염소인 반인반수의 괴물.

바로 자신들 청년기의 풍요 속에서 비극적인 것에의 의지를 가졌으며 비관주의자였다면? 플라톤의 말을 빌리자면, 헬라스 땅 위에 가장 큰 축복을 가져다준 것이 바로 광기[27]였다면? 그리고 다른 한편으로 또 이와는 반대로 그리스인들이 바로 자신들의 해체와 약함의 시기[28]에 점점 더 낙관적이고 피상적이고 배우처럼 되어 논리와 세계의 논리화에도 더욱 열성을 보이면서, 그러므로 이와 동시에 '점점 더 명랑해지고' 그리고 '점점 더 학문적'이 되었다고 한다면? 어떠한가? 민주적인 취향의 모든 '근대적 이념'과 편견에도 불구하고 낙관주의[29]의 승리, 우세해진 합리성, 공리주의와 동시에 나타나는 민주주의 자체와 마찬가지로 실천적이고 이론적인 공리주의가 어쩌면 쇠약해지는 힘, 다가오는 노쇠함, 생리적인 피로의

---

27 소크라테스에 따르면 광기에는 예언술, 뮤즈의 예술, 철학 등이 포함된다. 플라톤은 광기는 신의 선물로 주어지며, 광기 덕분에 좋은 것 중 가장 큰 것이 생겨난다고 말한다.

28 펠로폰네소스 전쟁(BC 431~404)과 그 이후의 시기를 말한다. 전쟁의 패배로 아테네 성벽과 민주정이 무너지고 빈곤이 증가하며 페스트가 창궐하여 아테네가 스파르타의 속국으로 전락했다.

29 『의지와 표상으로서의 세계』, 앞의 책, 444쪽 참조. "나는 여기서 낙관주의가 낱말만 들어있는 범속한 머리에서 나온 생각 없는 말이 아니라면, 어리석은 사고방식일 뿐만 아니라 참으로 비양심적인 사고방식이며, 인류의 형언키 어려운 고뇌에 대한 쓰라린 조롱이라 설명하지 않을 수 없다. 기독교의 교리가 가령 낙관주의에 유리하다고 생각해서는 안 되겠다. 오히려 복음서에서는 세계와 재난이 거의 동의어로 사용되고 있기 때문이다."

징후일 수 있지 않을까? 그리고 바로 비관주의가 그렇게 하는 것이 아니라고 한다면? 에피쿠로스가 바로 **고통에 시달리는 자**로서 낙관주의자였다면? 사람들은 그것이 이 책이 짊어지고 있는 한 뭉치의 어려운 문제임을 알게 되리라. 여기에다가 이 책의 가장 어려운 문제를 또 덧붙이기로 하자! **삶의 광학렌즈**로 본다면 도덕은 무엇을 의미하는가?…….

5

이미 리하르트 바그너에게 바치는 서문에서 예술은—도덕이 아니라—엄밀히 말해 인간의 **형이상학적 활동**으로 평가된다. 책 자체에서 세계의 현존은 미적 현상(Phänomen)으로서만 **정당화된다**는 매력적인 명제가 여러 번 되풀이된다. 사실상 책 전체는 모든 사건의 배후에 있는 예술가의 공공연한 의미(Künstler-Sinn)와 드러나지 않은 의미(Künstler-Hintersinn)만을—달리 말하자면 하나의 '신'만을 알고 있다. 하지만 책 전체는 확실히 전혀 우려할 필요 없는 비도덕적인 예술가-신(Künstler-Gott)만을 알고 있는데, 그 신은 파괴에서뿐만 아니라 건설에서도, 악에서뿐만 아니라 선에서도 자신의 똑같은 즐거움과 독단을 깨달으려고 한다. 그 신은 세계들을 창조하면서 풍요와 과잉이라는 고난으로부터, 자신의 내면에서 억눌린 대립이라는 **고통**으로부터 풀려난다.[30] 오직 **가상(假象)** 속에서만 자신을 구원할 줄 아는 가장 고통에 시달리는 자, 가장 대립적인 자, 가장 모순적인 자의 영원히 변화하고 영원히 새로운 환영으로서의 세계는 매 순간 **실현된** 신의 구원이다. 사람들은 이 예술가-형이상학 전체를 자의적이고 무익하며 공상적이라고 일컬을지도 모른다. 그러나 여기서 본질적인 것은 이미 이 예술가-형이상학이 어떤 정신을 드러내고 있다는 사실이다. 언젠가 온갖 위험을 무릅쓰고 현존에 대한 **도덕적 해석**과 의미 부여에 저항할 어떤 정신 말이다. 여기서 어쩌면 처음으로 '선악의 저편[31]에 위치한' 어떤 비관주의가 자신의 출현을 미리 알리고 있으며, 여기서 저 '정신적 태도의 전도'가 서술되고 정식화된다. 이 신조의 전

---

30   하이네의 시 「창조의 노래Schöpungslieder」 참조.
   "내가 본래 이 세계를 왜 창조했는지
   그 이유를 기꺼이 밝히겠노라.
   내 영혼 속에서 나의 소명이 불타는 것을,
   마치 광란의 불꽃처럼 타오르는 것을 느꼈노라.

   모든 창조적 열망의 마지막 근원은
   따라서 병인 듯하다.
   나는 창조하며 회복될 수 있었고
   나는 창조하며 건강해졌다."

31   니체는 1885~1886년에 집필한 『선악의 저편』을 「자기비판의 시도」를 쓴 8월에 자비로 출판했다.

도에 맞서 쇼펜하우어는 지칠 줄 모르고 미리 더할 나위 없는 분노의 저주와 천둥 신의 화살[32]을 퍼부어댔다. 이것은 도덕 자체를 감히 현상(現象, Erscheinung)의 세계 속으로 옮기고 내려놓으려는 철학이자, 그리고 '현상들'(관념론적 전문 용어[33]의 의미에서) 아래로뿐만 아니라 가상, 망상, 오류, 해석, 치장, 예술로서의 '착각들' 아래로 내려놓으려는 철학이다. 어쩌면 이러한 반도덕적인 경향의 깊이는 이 책 전체에서 기독교를 다룰 때 보이는 태도, 즉 신중하고 적대적인 침묵에서 가장 잘 가늠할 수 있을 것이다. 기독교는 도덕적 주제의 가장 극단적인 도식화로 간주되는데, 인류는 여태껏 그 도식화에 귀 기울여야 했다. 사실상 이 책에서 가르치고 있듯이 순수하게 미적인 세계 해석과 세계-정당화에 대해 기독교 교리보다 더 큰 대립은 존재하지 않는다. 기독교 교리는 단지 도덕적일 뿐이며, 도덕적이고자 할 뿐이다. 그리고 그 교리의 절대적인 척도를 가지고, 예컨대 그 교리가 주장하는 신의 진실성을 가지고 예술, 모든 예술을 거짓의 영역으로 내쫓는다. 즉 부정하고 단죄하고 유죄 판결을 내린다. 그것이 어떻게든 진정한 것이고자 하는 한 예술에 적대적임에 분명한 그러한 종류의 사고방식과 평가 방식의 배후에서, 나는 오래전부터 삶

---

32   Donnerkeil은 벼락을 의미함.

33   terminus technicus.

에 적대적인 감정과 삶 자체에 대한 원한에 차고 복수심에 불타는 반감도 느꼈다. 왜냐하면 삶이란 모두 가상, 예술, 착각, 광학, 관점적인 것과 오류의 필연성에 근거하고 있기 때문이다. 기독교는 처음부터 본질적으로 또 철저하게 삶에 대한 삶의 구토와 권태였다. 그 권태는 '다른' 또는 '더 나은' 삶에 대한 믿음으로 다만 위장되고 은폐되고 치장되었을 뿐이었다. '세계'에 대한 증오, 감정에 대한 저주, 미와 관능에 대한 두려움은 이 세상을 보다 잘 비방하기 위해 저 세상을 만들어냈다. 이는 따지고 보면 무, 종말, '안식일 중의 안식일'에 대한 갈망이라 할 수 있다. 내 생각에 이 모든 것은 단지 도덕적 가치만을 인정하려는 기독교의 무조건적인 의지와 마찬가지로, '몰락에의 의지'[34]의 가능한 모든 형식 중에서 가장 위험하고 가장 무시무시한 형식처럼 여겨진다. 적어도 삶에 있어서 가장 심각한 질병, 피로, 불만, 고갈, 빈곤의 징후로 생각된다. 왜냐하면 도덕 (특히 기독교적인, 다시 말해 무조건적인 도덕) 앞에서 삶은, 삶이란 본질적으로 무언가 비도덕적인 것이므로, 지속적으로 또 어쩔 수 없이 부당한 취급을 받을 수밖에 없기 때문이다. 결국 삶은 경멸과 영원한 부정의 무게에 짓눌려 열망할 가치가 없는 것으로, 그 자체로 무가치한 것으로

---

34 『서구의 몰락Der Untergang des Abendlandes』(1918)을 쓴 오스발트 슈펭글러는 서문에서 괴테와 니체에게서 모든 것을 물려받았다고 고백한다.

느껴져야 한다. 도덕 자체는—어떠한가? 도덕은 '삶의 부정에의 의지', 은밀한 파괴 본능, 몰락과 왜소화와 비방의 원리, 종말의 시작이 아니겠는가? 따라서 위험 중의 위험이 아니겠는가? 그러므로 당시 삶을 옹호하는 본능인 나의 본능은 이미 심적은 책을 씀으로써 도덕에 맞서 등을 돌렸다. 그리고 나의 본능은 삶에 대한 근본적인 반대 이론과 반대 평가, 즉 순전히 예술적이고 반기독교적[35]인 반대 이론과 반대 평가를 고안해 냈다. 그것을 어떻게 이름 붙일 것인가? 문헌학자이자 언어를 다루는 학자인 나는 어느 정도 재량권을 갖고—반그리스도의 올바른 이름을 대체 누가 알겠는가?—그것을 한 그리스 신의 이름으로 명명했다. 다시 말해 나는 그것을 **디오니소스적인 것**이라 불렀다.

6

내가 이미 이 책에서 어떤 과제를 감히 건드리려고 하는지

---

35 'antichristlich'에는 '반그리스도적인, 반기독교적인'이라는 뜻과 '적그리스도적인'이라는 뜻이 있다. 요한일서 2장 18절 참조. "아이들아 지금은 마지막 때라 적그리스도가 오리라는 말을 너희가 들은 것과 같이 지금도 많은 적그리스도가 일어났으니 그러므로 우리가 마지막 때인 줄 아노라." 22절 "거짓말하는 자가 누구냐 예수께서 그리스도임을 부인하는 자가 아니냐 아버지와 아들을 부인하는 그가 적그리스도니."

이해하겠는가?……. 나는 지금, 모든 점에서 그토록 고유한 직관과 모험을 위해 고유한 언어 역시 자신에게 허용할 용기(또는 불손함?)가 당시에 아직 없었던 것을 참으로 유감스럽게 생각한다. 쇼펜하우어와 칸트의 공식을 가지고 낯설고 새로운 가치평가들을 힘겹게 표현하려고 했다는 것을 말이다. 그 가치평가들은 칸트와 쇼펜하우어의 취향만큼이나 그들의 정신에 근본적으로 배치되는 것이었다! 그렇지만 쇼펜하우어는 비극에 대해 어떻게 생각했던가? 그는 『의지와 표상으로서의 세계』 제2부 495쪽[36]에서 이렇게 말하고 있다. "모든 비극적인 것에 감정을 고양하는 독특한 힘을 부여하는 것은 세계와 삶이 제대로 된 만족을 줄 수 없다는 인식의 열림, 따라서 우리가 그것에 매달릴 만한 가치가 없다는 인식의 열림이다. 비극 정신의 본질이 그 점에 있다. 따라서 비극 정신은 체념으로 이끈다." 오, 디오니소스는 나한테 얼마나 다르게 말했던가! 오, 바로 이 체념주의[37] 전체는 당시의 내게 얼마나 동떨어진 것이었던가! 하지만 그 책에는 쇼펜하우어의 공식을 가지고 디오니소스적인 예감들을 애매하게 하고 망쳐버린 것 이상으로 내가 지금도 유감스럽게 생각하는 훨씬 고약한 것이 있다. 즉, 엄밀히 말해 내게 나타났던 것 같은 그 웅대

---

36 1859년 라이프치히에서 발간된 제3판을 가리킨다.

37 'Resignationismus'는 니체가 만든 단어이다.

한 그리스적 문제를 내가 가장 근대적인 사안들과 뒤섞어버림으로써 망쳐버렸다는 사실이 그것이다! 내가 아무것도 희망할 것이 없는 곳, 모든 것이 너무나 명백하게 종말을 가리키는 곳에 희망을 걸었다는 사실이 바로 그것이다! 내가 독일의 최근 음악을 근거로 '독일적 본질'에 관해 터무니없는 말을 하기 시작했다는 사실이 바로 그것이다! 마치 독일적 본질이 바야흐로 자기 자신을 발견하고 다시 찾아내기라도 한 듯이 말이다.[38] 그것도 바로 얼마 전까지만 해도 아직 유럽을 지배할 의지와 유럽을 이끌 힘을 가졌던 독일 정신이 유언을 남기고 또 최종적으로 권좌에서 물러나, 제국 건설[39]이라는 허울 좋은 핑계 아래 범속화와 민주주의로, 그리고 '근대적 이념들'[40]로 넘어가 버린 그 시기에 그랬던 것이다! 사실상, 그동안 나는 아무런 희망도 없이 단호하게 이 '독일적 본질'에 관해 생각하는 법을 배웠다. 철두철미 낭만주의적이며 모든 가능한 예술형식 중 가장 비그리스적인 형식인 지금의 독일 음악에 관해서도 그와 마찬가지였다. 게다가 독일 음악은 신

---

38   니체는 바그너에게 바치는 서문에서 바그너 음악을 독일 정신의 부활로 여겼지만 「자기비판의 시도」를 쓰는 시점에서는 이를 철회하고 바그너에게 혹독한 비판을 가한다.

39   1871년 1월 18일 프로이센군이 베르사유궁에서 독일 황제 빌헬름 1세의 대관식을 거행하고 독일 제국을 선포한다.

40   니체는 사회주의는 물론이고 민주주의에 대해서도 편견을 갖고 있었다.

경을 망치는 데는 으뜸가는 것이고, 음주를 사랑하고 모호함을 미덕으로 존중하는 민족에게는 두 배로 위험한 것이다. 다시 말해 음악은 도취하게 만드는 동시에 **몽롱하게 하는** 마취제라는 이중적 성격을 지니고 있다. 나는 가장 현재적인 것에 너무 성급한 기대를 걸고 그것을 잘못 응용해서 당시 나의 첫 번째 책을 망쳤는데, 물론 그러한 기대와 응용과는 상관없이 이 책에서 제기된 디오니소스적인 커다란 의문은 음악과 관련해서도 줄곧 계속될 것이다. 즉 독일 음악과는 달리 더 이상 낭만적 기원을 갖지 않고 디오니소스적인 기원을 갖는 음악은 어떤 성질을 지녀야 할까?⋯⋯.

7

하지만 이보게, 그대의 책이 낭만주의가 아니라면 대체 낭만주의란 무엇이란 말인가?[41] 그대의 예술가-형이상학에서 생겨난 것 이상으로 '현시대Jetztzeit', '현실' 그리고 '근대적 이념들'에 대한 깊은 증오심이 드러날 수 있단 말인가? 그대의 예술가-형이상학은 '지금'보다는 오히려 무(無)를, 오

_____

41 『비극의 탄생』에서 낭만주의를 긍정적으로 보던 니체는 그 이후의 저서인 『인간적인 것, 너무나 인간적인 것』과 『아침놀』에서는 낭만주의를 비판적으로 본다.

히려 악마의 존재를 더 믿지 않는가? 그대의 대위법에 기초한 성부-예술과 귀를 유혹하는 기법 아래서는 분노와 파괴욕이라는 기초 저음이 으르렁거리고 있지 않은가? '지금' 존재하는 모든 것에 대한 분노에 찬 결의, 실천적 허무주의와 결코 너무 멀리 떨어져 있지 않은 의지, 그리고 "오히려 여러분의 견해가 옳다는 것 외에는, 여러분의 진리가 정당하다는 것 외에는 아무것도 참인 것이 없을지도 모른다"라고 말하는 것 같은 의지가 으르렁거리고 있지 않은가? 이보게, 비관주의자이자 예술 숭배자 선생, 귀를 열고 그대 책에서 딱 한 대목이라도 골라서 귀 기울여보시오. 젊은 귀와 가슴에 수상한 쥐 잡는 사내의 피리 소리[42]처럼 유혹적으로 들릴지도 모르는 서툴지 않게 읊는 저 용(龍) 퇴치자 대목 말이오. 어떠한가? 그것은 1850년의 비관주의 가면을 쓴 1830년의 제대로 된 진정한 낭만주의자의 고백이 아닌가? 이 고백의 배후에서는 또한 벌써 통상적인 낭만주의자의 마지막 악장이 울리기 시작한다. 파기, 붕괴, 어떤 낡은 신앙과 그 낡은 신 앞으로의 회귀와 추락이……어떠한가? 그대의 비관주의자-책은 그 자체로 일정 부분 반그리스주의이자 낭만주의이고, 그 자체로 '몽롱하게 하는 것만큼이나 도취하게 만드는 것'이고, 아

---

42 독일 하멜른 지역에 전해오는 피리를 불어 쥐를 잡는 사내의 전설을 말한다.

무튼 마취제이며, 심지어 한 편의 음악, 독일적인 음악이 아닌가? 하지만 들어보게나.

용감무쌍한 시선으로 괴물을 향해 이처럼 영웅적으로 나아가는 자라나는 세대를 생각해 보자. 이 용 퇴치자들의 대담한 발걸음을 생각해 보고, 그들이 하는 모든 일에서 '결연히 살아가기'[43] 위해 낙관주의의 모든 나약한 자들의 교리들에 등을 돌리는 당당한 대담성을 생각해 보자. 이러한 문화의 비극적 인간이 진지함과 두려움에 대해 스스로 공부하면서 하나의 새로운 예술, 형이상학적 위안의 예술, 다시 말해 비극을 자신에게 속하는 헬레네로서 욕구하며 파우스트처럼 이렇게 외쳐야 하는 것이 필요하지 않겠는가.

"그런데 내가 더없이 그리움에 사무치는 힘으로
세상에 단 하나뿐인 그녀를 살릴 순 없을까요??"[44]

"그것이 필요하지 않겠는가?"······ 아니다, 세 번 거듭 말하지만 결코 아니다![45] 그대들 젊은 낭만주의자들이여, 그것

---

43   괴테의 시 「총고해Generalbeichte」에 나오는 구절.

44   『파우스트』 제2부, 7438~7439행. 여기서 그녀는 헬레네를 가리킨다. 이 구절은 18장에 다시 반복되고 있음.

45   이 말은 누가복음 22장 61절을 연상시킨다. "주께서 돌이켜 베드로를 보시니 베드로가 주의 말씀 곧 오늘 닭 울기 전에 네가 세 번 나를 부인하리라

이 필요해서는 안 된다! 하지만 그렇게 끝나는 것, 그대들이 그렇게 끝나는 것, 다시 말해 책[46]에 쓰여 있는 것처럼 '위로받고', 진지함과 두려움에 대해 스스로 공부했음에도 불구하고 '형이상학적으로 위로받는 것', 요컨대 낭만주의자들이 **기독교에 귀의하는 것[47]**으로 끝나는 것은 매우 있을 법한 일이다……아니다! 그대들은 먼저 이 세상의 위로의 예술을 배워야 한다. 나의 젊은 친구들이여, 그대들이 이와는 달리 철두철미 비관주의자로 남아 있으려면 그대들은 웃는 법을 배워야 한다. 그러면 아마 그대들은 웃는 자로서 언젠가는 모든 형이상학적 위안거리를, 무엇보다 먼저 형이상학을 갑자기 내쫓을[48] 것이다! 또는 **차라투스트라**라고 불리는 저 디오니소스적 괴물(Unhold)의 언어로 말한다면 다음과 같을 것이다.

"그대들의 가슴을 드높여라, 나의 형제들이여, 높게! 더 높게! 그리고 다리도 잊지 마라! 그대들의 다리도 들어 올려라,

---

하심이 생각나서."

46   여기서 책은 성서를 의미함.

47   프리드리히 폰 슐레겔을 비롯한 독일의 많은 낭만주의자들이 가톨릭으로 개종한 사실을 가리킨다. 하이네는 가톨릭으로 개종한 그가 이후 메테르니히를 위해 일한 것을 강력하게 비판했다.

48   'zum Teufel schicken'에는 '갑자기 내쫓다'는 뜻과 '악마에게 보내다'라는 두 가지 뜻이 있음.

그대들 멋지게 춤추는 자들이여. 그리고 보다 좋은 일은 그대들이 물구나무도 서는 것이다!

웃는 자의 이 면류관, 이 장미꽃 다발의 화관, 나 자신이 이 화관을 내 머리에 씌웠다.[49] 나 자신이 내 웃음을 신성하다고 말했다. 나는 오늘날 그럴 수 있을 만치 강력한 어떤 다른 사람도 발견하지 못했다.

춤추는 자 차라투스트라, 날개로 신호를 보내는 가벼운 자 차라투스트라, 온갖 새에게 신호를 보내며 날아갈 준비를 갖춘 자, 만반의 준비를 갖춘, 더없이 행복하고 경쾌한 자.

예언자 차라투스트라, 참되게 웃는 자 차라투스트라, 참을성이 없지도 무조건적이지도 않은 자, 뛰어오르기와 모로 뛰기를 좋아하는 자, 나 자신이 이 화관을 내 머리에 씌웠다!

웃는 자의 이 면류관, 이 장미꽃 다발의 화관, 이 화관을 던진다. 나는 이 웃음을 신성하다고 말했다. 그대들 보다 높은 인간들이여, 웃는 법을 배워라!"[50]

『차라투스트라는 이렇게 말했다』,
제4부, 「더 높은 인간에 관하여」

---

49   마태복음 27장 29절 참조. "가시관을 엮어 그 머리에 씌우고 갈대를 그 오른손에 들리고 그 앞에서 무릎을 꿇고 희롱하여 이르되 유대인의 왕이여 평안할지어다 하며."

50   중간의 단락들이 몇 개 생략되고 마지막 이 연이 들어갔음.

음악 정신에서
나온
비극의 탄생

DIE
GEBURT DER TRAGÖDIE
AUS DEM
GEISTE DER MUSIK

프리드리히 니체
FRIEDRICH NIETZSCHE

바젤대학 고전 문헌학과 교수
ORDENTL. PROFESSOR DER CLASSISCHEN PHILOLOGIE AN DER
UNIVERSITÄT BASEL

LEIPZIG.
VERLAG VON E. W. TRITZSCH
1872

리하르트 바그너에게 바치는 서문[1]

존경해 마지않는 나의 벗이여, 나는 당신이 이 책을 받아 볼 순간을 마음속에 그리고 있습니다.[2] 이 저서에 통합되어 있는 독특한 성격을 지닌 사상들이 우리의 미적 대중에게 야기할지도 모르는 가능한 모든 우려와 흥분과 오해를 멀리 떼어놓기 위해, 그리고 또한 우리가 만났을 때와 동일한 관조적 환희를 느끼며 이 책의 머리말을 쓸 수 있기 위해서 말입니다. 그 환희의 흔적들은 좋았던 고무적인 시간들[3]의 화석이

---

1   초판(1872)에 실렸던 이 서문은 1886년 판에는 삭제되었다.

2   1869년 5월 17일 이후 근 3년 동안 스위스의 루체른 근교 트립셴에 있는 바그너 부부를 총 23회 방문한 니체는 『비극의 탄생』을 1872년 1월 2일 바그너에게 보낸다.

3   1869년 5월부터 1872년 4월까지 니체가 트립셴에 있는 바그너 부부의 저택을 방문했던 시절을 말한다.

되어 이 책의 페이지마다 담겨 있습니다. 당신이 아마 눈 내리는 겨울에 저녁 산책을 마치고 책 표지의 쇠사슬에서 풀려난 프로메테우스[4]를 보고, 내 이름을 읽고, 이 저서에 무슨 내용이 적혀 있든 간에 저자에게 무언가 진지하고 절실한 것을 말할 게 있구나 하고 즉각 확신하는 순간을 말입니다. 이와 마찬가지로 저자가 생각해 낸 모든 것을 보고, 그가 당신과 마주하고 있는 것처럼 대화를 나누어, 이 대화에 상응하는 것만을 적어넣었을 거라고 당신이 확신하는 순간을 말입니다. 그럴 적에 당신은 베토벤에 관한 당신의 훌륭한 기념 논문집[5]이 나온 것과 같은 시기에, 즉 방금 터진 전쟁의 공포와 숭고함 속에서 내가 이러한 생각들에 집중했다는 사실을 상기하게 될 것입니다. 하지만 가령 이러한 집중과 관련해서 애국적 흥분과 미적 탐닉의 대립, 용감한 진지함과 명랑한 유희의 대립을 생각하게 되는 자들은 잘못 생각하는 것일지도 모릅니다. 이 저서를 실제로 읽고 나면, 오히려 우리가 독일적 문제를 얼마나 진지하게 다루고 있는지 놀랍게도 그들에게 분명해질 것입니다. 우리는 그 독일적 문제를 소용돌이이자 전환점으로서 독일적 희망의 한가운데에 제대로 세우고 있습니

4 표지에 결박된 프로메테우스를 넣은 것은 비극의 심오한 뜻을 상징하는 인물로 본 바그너에 대한 존경의 표시이다.

5 베토벤 탄생 백 주년을 맞아 편찬한 바그너의 「베토벤론」(1870)을 말한다. 거기에서 바그너는 음악의 자율성을 예찬한다.

다.[6] 하지만 미적인 문제가 그토록 진지하게 다루어지는 것을 보는 것이 바로 이들에게는 어쩌면 달갑지 않게 여겨질지도 모릅니다. 다시 말해 그들이 더 이상 예술을 '삶(Dasein)의 진지함'에 대한 흥겨운 부수물 이상의 것, 또한 없어도 되는 방울소리 이상의 것으로 인식할 수 없는 경우에 그러합니다. '삶의 진지함'과의 이 같은 대조가 어떤 의미를 지니는지 마치 아무도 알지 못하는 것처럼 말입니다. 내가 그 남자의 뜻에 따라 이러한 삶의 최고 과제이자 본래 형이상학적인 활동으로서의 예술에 관해 확신하고 있다[7]는 사실은 이 같은 진지한 사람들에게 가르침을 주는 데 기여할 것입니다. 나는 여기에서 이러한 길의 숭고한 개척자인 당신에게 이 저서를 바치고자 합니다.

1871년 말, 바젤에서

---

6 니체는 1876년 8월 13일 바그너의 악극 〈니벨룽의 반지〉가 바이로이트 극장에서 초연될 때까지 그러한 음악 축제가 독일 음악 정신의 커다란 전환점이 될 것이라고 생각했다.

7 바그너는 예술 중에서 음악에 최고의 예외적 지위를 부여한 쇼펜하우어의 생각을 받아들인다.

1. 아폴론적인 것과 디오니소스적인 것

　예술의 지속적 발전이 **아폴론적인 것과 디오니소스적인 것**의 이중성에 결부되어 있다는 사실에 대한 논리적 통찰뿐 아니라 직관의 직접적 확실성에 이르렀다면 우리는 미학[1]을 위해 많은 것을 얻게 될 것이다. 인간의 세대가 지속적으로 투쟁하고 다만 주기적으로 화해할 뿐인 남녀 두 가지 성에 달린 것과 마찬가지 방식으로 말이다. 아폴론적인 것과 디오니소스적인 것이라는 이러한 명칭들을 우리는 그리스인들에게서 차용한 것이다.[2] 이들은 그들 예술관의 심오한 비밀 교의들을 사실 개념으로가 아니라 그들의 올림포스 신들의 세계

1　알렉산더 바움가르텐이 『미학』(1750)이라는 저서에서 '미학'이라는 용어를 현대적 의미로 처음 사용했다.

2　델포이 신전에서는 여름에는 아폴론을, 겨울에는 디오니소스를 모시고 각기 파이안과 주신 찬가를 노래했다고 한다.

(Götterwelt)라는 극히 명료한 형상들을 통해 통찰력 있는 사람에게 알아듣게 해준다. 그리스 세계에서는 아폴론적 예술인 조형 예술가의 예술과 디오니소스의 예술인 비조형적 음악 예술 사이에 기원과 목적에 따라 엄청나게 큰 대립이 존재한다는 우리의 인식은 아폴론과 디오니소스라는 그들의 두 가지 예술 신과 결부되어 있다. 두 가지 상이한 충동은 서로 공공연히 대립하고, 점점 더 힘차게 새로 탄생하게끔 서로 자극을 주면서[3] 나란히 공존하고 있다. 그 목적은 '예술'이라는 공통의 낱말이 겉보기에만 다리를 놓아주고 있는 저 대립의 투쟁을 영속시키기 위해서이다. 그 충동들은 헬라스적 '의지'라는 형이상학적 기적 행위를 통해 결국 서로 짝을 지어 나타나며, 이처럼 짝을 이룸으로써 마침내 아티카 비극[4]이라는 아폴론적 예술 작품뿐만 아니라 디오니소스적 예술 작품도 만들어낸다.

두 가지 충동을 보다 쉽게 설명하기 위해 그것들을 먼저 **꿈**과 **도취**라는 서로 분리된 예술 세계로서 생각해 보자. 이 생리학적인 현상 사이에서 아폴론적인 것과 디오니소스적인 사이에서처럼 상응하는 대립을 알아차릴 수 있다. 루크

---

3   아폴론적 충동과 디오니소스적 충동이 서로 대립 갈등하면서 새로운 힘 있는 예술형식을 창조해 간다는 의미이다.

4   아티카 비극은 아이스킬로스, 소포클레스, 에우리피데스가 활약한 BC 5세기 그리스 비극 전성기의 비극을 가리킨다.

레티우스[5]의 상상에 따르면 신들의 존엄한 형상은 꿈속에서 맨 먼저 인간의 영혼 앞에 나타났으며, 위대한 조형 예술가는 꿈속에서 초인적 존재의 매혹적인 신체 구조를 보았다. 그 헬라스의 시인은 시적 창조의 비밀에 대한 질문을 받는다면 마찬가지로 꿈에 대해 상기하면서, 장인(匠人) 가수들(Die Meistersinger)[6]에서 한스 작스[7]가 우리에게 전해준 것과 유사한 가르침을 주었을 것이다.

"이보시오, 자신의 꿈을 해석하고 기록해 두는 것,
그것이 바로 시인이 할 일이라오.

---

5 루크레티우스(Titus Lucretius Carus, BC 94?~55?):『사물의 본성에 관하여De rerum nature』로 유명한 그리스의 철학자·과학자·시인이다. 그는 에피쿠로스와 데모크리토스의 추종자였으며, 그의 이론은 원자론이었다. 꿈에서 신들에 대한 신앙이 생겼다고 말하는 그는 원자와 우주 공간 이외에 다른 것은 아무것도 존재하지 않는다고 믿었다. 그리하여 불안과 공포의 원천인 영혼이나 신은 존재하지 않는다고 보았다. 그는 사람이나 동물의 기원에 대한 이론도 세웠는데, 이는 나중에 다윈의 자연도태설을 탄생하게 하는 동기가 되었다.

6 한스 작스를 주인공으로 한 바그너의 음악극으로 쇼펜하우어의 영향이 드러나는 작품이다. 그래서 한스 작스라는 인물은 바그너가 창조한 오페라 인물들 중에서 가장 쇼펜하우어적인 인물로 그려졌다.

7 한스 작스(Hans Sachs, 1494~1576): 뉘른베르크의 구두장인, 격언시인, 장인 가수이자 극작가. 바그너의 오페라 〈뉘른베르크의 장인 가수들Die Meistersinger von Nürnberg〉에서 이상적인 인물로 묘사되었다. 바그너의 오페라는 부분적으로 평범한 사람들을 찬양했는데, 작스도 그중 한 사람이었다. 그는 죽은 뒤에 사실상 잊혔지만, 2세기가 지난 뒤 괴테에 의해 재발견되었다.

내 말을 믿으세요, 인간의 가장 참된 환상은
꿈속에서 나타난다는 것을.
모든 시문학과 시 쓰기는
단지 꿈 해석에 불과하다오."[8]

모든 인간은 꿈의 세계를 만들어낸다는 점에서 완전한 예술가이고, 그 꿈의 세계라는 아름다운 가상은 모든 조형 예술의 전제 조건이다. 또한 그 가상은 우리가 앞으로 보게 되겠지만 시문학의 중요한 절반을 차지하는 것의 전제 조건이기도 하다. 우리는 형상을 직접적으로 이해하면서 즐기고, 모든 형식은 우리에게 말을 건다. 이때 중요하지 않은 것과 불필요한 것은 아무것도 없다. 이러한 꿈의 현실이 펼쳐지는 최고의 삶에서도 우리는 그것이 가상임을 어렴풋이 느낀다. 적어도 내 경험으로는 그렇다. 이런 경험이 빈번히 일어난다는 것, 그러니까 정상적인 것임을 보여주기 위해 나는 많은 증거와 시인의 발언을 전할 수 있으리라. 심지어 철학적 인간은 우리가 살아가고 존재하는 이 현실의 아래에도 전혀 다른 두 번째의 숨겨진 현실이 자리하고 있다고, 그러므로 그것 역시 하나의 가상이라고 예감하기도 한다. 쇼펜하우어는 인간

---

8 〈뉘른베르크의 장인 가수들〉의 제3막 2장에서 한스 작스(1494~1576)가 간밤에 놀랍도록 아름다운 꿈을 꾸었다는 기사 발터 폰 슈톨칭에게 들려주는 노래 가사이다.

과 만물을 단순히 환영이나 꿈의 영상으로 여기는 어떤 사람의 재능을 서슴없이 철학적 능력의 표시로 간주한다. 철학자가 현존의 현실에 대해 갖는 관계는 예술적으로 민감한 인간이 꿈의 현실에 대해 갖는 관계와 같다. 그는 그 꿈의 현실을 자세하게 또 즐거이 지켜본다. 왜냐하면 그는 이러한 영상들로 삶을 해석하고, 이러한 과정들에서 삶을 위해 연습하기 때문이다. 가령 그가 저 온전한 사리 분별력을 가지고 경험하는 것이 편안하고 친근한 영상들만은 아니다. 진지한 것, 음울한 것, 슬픈 것, 암담한 것, 뜻밖의 장애들, 우연의 조롱들, 불안한 기대들, 즉 삶의 '신적인 희극[9]' 전체가 지옥과 함께 그의 곁을 스쳐 지나가는 것이다. 그것은 그림자극처럼 지나갈 뿐만 아니라─왜냐하면 그는 이 장면들 속에서 살아가고 함께 고통을 겪기 때문이다─또한 얼핏 저 가상이라는 느낌을 주면서 지나가기도 한다. 그리고 어쩌면 많은 사람은 나처럼 꿈속에서 위험과 두려움을 느끼는 순간 때때로 스스로에게 용기를 북돋우면서 "이건 꿈이야! 이 꿈을 계속 꿀 거야!"라고 소리침으로써 위험과 두려움에서 벗어나는 데 성공한 적이 있음을 기억할 것이다. 사흘 밤이나 아니 그 이상 동안 연속해서 인과관계로 줄거리가 이어지는 같은 꿈을 꾸었다는 사람 이야기를 들은 적이 있다. 이는 우리 내면의 가장 깊은 본

---

9 단테의 『신곡』의 원래 제목이 '신적인 희극göttliche Komödie'이다.

질, 우리 모두의 공통된 기반이 깊은 쾌감과 즐거운 필연성을 가지고 꿈 자체를 경험한다는 것을 명백하게 입증해 주는 사실들이다.

이러한 즐거운 꿈 경험을 그리스인들 역시 그들의 아폴론 속에 표현했다. 모든 조형력의 신인 아폴론은 동시에 예언 능력이 있는 신이기도 하다. 그 어원에 따르면 '빛나는 자[10]', 즉 빛의 신인 아폴론은 내면적 환상 세계의 아름다운 가상까지도 다스린다. 불완전하게 이해되는 낮의 현실과는 달리 이러한 상태의 보다 높은 진리와 완전성, 나아가 잠과 꿈속에서 치유하고 도와주는 자연에 관한 심오한 의식은 동시에 예언력의 상징적 유사물이기도 하다. 또 삶을 가능하게 하고 살만한 가치가 있는 것으로 만들어주는 예술 일반의 상징적 유사물이기도 하다. 하지만 꿈의 영상이 병리학적으로 작용하지 않도록 넘어서는 안 되는 저 미묘한 경계선도 아폴론의 모습에 없어서는 안 된다. 그러지 않으면 가상은 볼품없는 현실로서 우리를 기만할지도 모르기 때문이다. 그 모습은 적절한 경계 설정, 거친 흥분으로부터의 자유, 조형의 신의 지혜로운 침착함이다. 그의 눈은 자신의 기원에 걸맞게 '태양 같음'에 틀림없다. 분노하고 불쾌하게 바라볼 때도 그에게는 아

---

10 der Scheinde. 아폴론의 별명 중 하나는 '포이보스Phoibos'이다. 그리스어로 포이보스는 빛을 뜻하는 '포스phos'를 어원으로 한다. Schein에도 '빛'과 '가상'이라는 뜻이 있다.

름다운 가상의 신성함이 서려 있다. 그러니 쇼펜하우어가 마야의 베일[11]에 사로잡힌 사람들에 관해 한 말은 핵심에서 벗어난 의미에서이긴 하지만 아폴론에게도 적용된다고 할 수 있다. 『의지와 표상으로서의 세계』 제1부 416쪽에 이런 구절이 나온다. "그도 그럴 것이 솨솨 소리 내며 미친 듯이 파도가 몰아치는 망망대해에서 작은 배를 젓는 사공이 약한 배를 믿고 있는 것처럼, 개개인은 고통으로 가득 찬 세계의 한가운데서 개별화의 원리, 또는 개체가 사물을 현상으로 인식하는 방식을 의지하고 믿으며 태연히 앉아 있기 때문이다."[12] 그렇다, 그 원리에 대한 흔들림 없는 신뢰와 그 원리에 사로잡힌 자가 조용히 앉아 있는 자세가 아폴론의 형상 속에 가장 숭고하게 표현되어 있다고 말할 수 있으리라. 사람들은 아폴론

---

11 '마야'는 베단타 경전에 기초한 힌두 철학의 근본 개념으로 산스크리트어로 '마술'이나 '환영', '환상', '허상'이라는 뜻임. 진체(眞體)의 입장에서 보면 현상세계는 마야이다. 이 점에서 우리는 환영에 사로잡혀 있는 것이다. 쇼펜하우어는 개별화(개체화)의 원리를 현상 너머의 근원적인 것을 인식하지 못하게 하는 '마야의 베일'이라고 설명한다. "오히려 인도인이 말하는 것처럼 마야의 베일이 자연 그대로의 개인의 시선을 흐리게 하며, 그의 눈에 드러나는 것은 사물 자체 대신 시간과 공간, 즉 개체화의 원리 속에 나타나고 그 밖의 근거율의 형태로 나타나는 현상에 불과하다. 이러한 제한된 인식의 형식에서 그는 일자(一者)인 사물의 본질을 보는 것이 아니라 갈라지고 분리되어 무수한 형태로 아주 다양하게 나타나 서로 대립하기도 하는 현상을 보는 것이다."(『의지와 표상으로서의 세계』, 앞의 책, 475쪽)

12 같은 책, 475쪽.

자체를 개별화의 원리의 장엄한 신상(神像)이라고 부르고 싶어 한다. 그의 몸짓과 눈길을 통해 그의 아름다움과 더불어 '가상'의 쾌감과 지혜 전체가 우리에게 말을 건넬 것이다.

같은 대목에서 쇼펜하우어는 근거율[13]이 그 여러 형태 중 어느 하나에서 예외를 감수하는 것처럼 하면서, 인간이 인식 형식에서 갑자기 혼란스러워질 때 인간을 사로잡는 무시무시한 전율[14]을 묘사했다. 개별화의 원리가 이처럼 깨어지는 경우 인간의 깊디깊은 밑바닥으로부터, 그러니까 본성으로부터 솟아 나오는 환희에 찬 황홀감을 이런 전율에 덧붙여 생각한다면 우리는 디오니소스적인 것의 본질을 얼핏 엿보게 된다. 그 본질은 도취의 유비(類比)를 통해 가장 그럴듯하게 설명할 수 있다. 모든 원시적 인간이나 부족들이 찬가에서

---

13 충분한 근거에 관한 명제(der Satz von dem zureichenden Grund)를 말한다. 모순율과 함께 2대 원리로서 라이프니츠에 의해 제창되었는데, '어떠한 것도 근거가 없는 것은 없다'는 형태로 표현된다. 그 뜻하는 바는 '하나의 사물이 존재하고, 한 사건이 일어나고, 하나의 진리가 생기기 위해서는 충분한 근거가 있어야만 한다'는 것이다. 쇼펜하우어는 박사학위논문 「충분근거율의 네 겹의 뿌리에 대하여」에서 근거율을 생성, 인식, 존재, 행위의 근거 네 가지로 구분했다. 쇼펜하우어는 이 근거율을 이 네 가지 영역에 입각하여 정밀하게 규정하려고 시도했고, 하이데거는 근거율을 실마리로 근거의 문제를 파고들려고 시도했다.

14 『의지와 표상으로서의 세계』, 앞의 책, 476쪽. "근거율이 여러 형태들 중 어느 하나에서 예외를 겪는 것처럼 생각됨으로써, 어느 우연한 사건으로 인해 개체화의 원리에서 갈피를 못 잡게 될 때 사람들은 느닷없이 전율에 사로잡힌다."

말하는 마취성 음료의 영향을 통해, 또는 봄이 임박하여 자연 전체에 흥겹게 스며드는 강력한 기운에 의해 저 디오니소스적 충동이 깨어난다. 이 흥분이 고조되면서 주체의 개성은 완전한 자기 망각 속으로 사라진다. 중세 독일에도 이와 같은 디오니소스적 힘의 영향으로 점점 늘어나는 무리들이 노래하고 춤추며 떼를 지어 이곳저곳으로 몰려다니곤 했다. 이러한 성 요한제[15]나 성 비투스제[16]의 춤추는 무리들에서 우리는 그리스인들의 바쿠스 합창단의 면모를 다시 알아볼 수 있게 되는데, 그 합창단은 소아시아에서 멀리 바빌로니아와 주신제적 광란의 사카이아[17]에까지 소급되는 전사(前史)를 가진다. 경험이 부족하거나 또는 감각이 둔해서 '민족적 질병'과

---

15 세례자 성 요한 축제는 하지(6월 24일) 무렵에 열렸기 때문에 여러 민간신앙이 이 이름과 연관되어 있다. 예컨대, 간질은 '요한 질병 Johanneskrankheit'이라고 불렸다. 14세기와 15세기에 특히 라인강과 모젤강 유역, 네덜란드 등지는 '요한 춤'의 무리로 몸살을 앓았다. 성 비투스의 날이나 성 요한의 날에 이르러서야 그 질병들이 잦아들었다.

16 성 비투스는 304년경 시칠리아에서 죽은 순교자로서, 무엇보다 간질, 히스테리, 광견병, 광기를 막아주는 수호성인이었다. 그의 제일은 6월 15일이라서 성 요한제와 혼동되기도 했다.

17 바빌로니아 축제에서 기원하는 축제로, 사카이아 기간에는 노예들이 주인 노릇을 했으며, 사형 판결을 받은 범죄자가 통치자의 자리에 오르고 만취한 상태에서 후궁을 드나들기도 했다. 그러나 축제 기간이 끝나면 사람들은 그 범죄자를 채찍으로 때리고 십자가형에 처했다. 이처럼 관계의 전환이 이루어지는 사카이아 축제가 소아시아로 전파되면서 열광적인 축제가 시작되었다.

같은 현상들을 자신은 건강하다는 감정에서 비웃거나 가엾게 여기며 외면하는 사람들이 있다. 이 불쌍한 자들은 디오니소스적 열광자들의 열정적인 삶이 기세등등하게 그들 곁을 스쳐 지나갈 때 자신들의 바로 이 '건강함'이 얼마나 시신처럼 창백하고 유령처럼 으스스한지 물론 알아채지 못한다.

디오니소스적인 것의 마력하에선 인간과 인간 사이의 결속만이 다시 이루어지는 것은 아니다. 낯설어진, 적대적이고 또는 억압된 자연 역시 자신의 탕자[18], 즉 인간과 화해의 제전을 다시 축하한다. 대지는 순순히 자기의 선물을 내놓고, 암벽과 황야의 맹수들이 온순하게 다가온다. 디오니소스의 수레는 꽃송이와 화환으로 뒤덮이고, 그 멍에를 쓰고 표범과 호랑이가 성큼성큼 걸어간다. 베토벤의 '환희'의 송가[19]를 한

---

18   누가복음 15장 13절. "그 후 며칠이 안 되어 둘째 아들이 재물을 다 모아 먼 나라에 가서 거기서 허랑방탕하여 그 재산을 낭비하더니"

19   베토벤은 프리드리히 실러의 시 「환희의 송가Ode an die Freude」(1785)에 영감을 받아 1824년 이 노래를 제9번 합창교향곡 4악장에서 사용했다.
"오, 벗들이여! 이 곡조가 아니오!
좀 더 기쁨에 찬 노래를 부르지 않겠는가!
환희여, 아름다운 신의 광채여, 낙원의 딸들이여
우리 모두 정열에 취해 빛이 가득한 성소로 들어가자!
가혹한 현실이 갈라놓았던 자들을 신비로운 그대의 힘으로 다시 결합시키는도다.
그리고 모든 인간은 형제가 되노라. 그대의 부드러운 날개가 머무르는 곳에.
위대한 하늘의 선물을 받은 자여, 진실된 우정을 얻은 자여
여성의 따뜻한 사랑을 얻은 자여, 다 함께 모여 환희의 노래를 부르자!"

폭의 그림으로 바꾸어보라. 그리고 수백만의 사람들이 소름 끼치게도 먼지 속에 파묻힐 때 자신의 상상력을 발휘하여 뒤처지지 말라. 그러면 사람들은 디오니소스적인 것에 다가갈 수 있으리라. 이제 노예는 자유민이다. 이제 곤궁, 자의(恣意), 혹은 '파렴치한 풍조가 인간들 사이에 정해놓은 경직되고 적대적인 온갖 구분이 무너진다. 이제 세계의 조화라는 복음으로 각자는 자신의 이웃과 합일되고 화해하고 융합되어 있음을 느낄 뿐만 아니라, 마치 마야라는 베일이 갈가리 찢어져 신비로운 근원 일자(das Ur-Eine)[20] 앞에서 조각조각 펄럭이기라도 하는 것처럼, 자신의 이웃과 하나 됨을 느낄 것이다. 인간은 노래하고 춤추면서[21] 보다 높은 공동체의 일원임을 나타낸다. 그는 걷기와 말하기를 잊어버렸으며, 춤추며 허공으로 날아오르려는 참이다. 그의 몸짓으로 그가 마법에 걸려

---

20 플로티누스는 가시적 세계의 배후에 그 궁극적 원천으로서 근원 일자(一者)가 있다고 상정한다. 이것은 궁극적 실재로서 선이자 무한이다. 일자는 마치 광원과도 같아서 만물은 일자의 빛이 흘러넘침, 즉 유출함으로써 존재하게 된다. 그는 일체의 존재 혹은 생명이 네트워크 체제로서의 우주에 참여하고 있으며 그 근원은 모두 하나인 일자와 연결되어 있다고 보는 것이다. 이것은 곧 이 모든 존재는 일자로부터 나왔고 일자에 참여하고 있으며 일자에로 돌아가는 것이다. 플로티누스는 이렇게 말한다. "일자는 흘러넘치고, 그것의 충만함이 새로운 것들을 생산한다." 일자로부터 정신(nous)이 흘러나오고, 다음에는 영혼(psyche)이 흘러나오며, 마지막으로 질료가 흘러나온다는 것이다.

21 차라투스트라의 모토는 '웃고, 노래하고, 춤추라'이다.

있음을 알 수 있다. 이제 짐승들이 말을 하고 대지에는 젖과 꿀이 흐르는 것처럼, 그에게서도 뭔가 초자연적 것이 울려 나온다. 그는 스스로를 신이라 느낀다. 꿈속에서 신들이 거니는 것을 보았을 때처럼 이젠 그 자신이 환희에 차고 고양되어 걸어 다닌다. 인간은 더 이상 예술가가 아니다. 그는 예술 작품이 되었다. 전체 자연의 예술적인 힘이 근원 일자의 최고의 환희의 충족을 위해 여기 도취의 전율하에서 자신의 모습을 드러낸다. 여기에서 더없이 고귀한 점토, 더없이 값진 대리석, 즉 인간이 빚어지고 다듬어진다. 그리고 디오니소스적인 세계 예술가의 끌질에 맞춰 엘레우시스 비밀 의식[22]의 외침이 울린다. "억만의 인간들이여, 그대들은 엎드려 무릎을 꿇겠는가? 세계여, 그대는 창조주가 계심을 알아채겠는가?"[23]

---

22   Mysterium. 고대 그리스인의 삶과 죽음에 대한 생각이 종교의식으로 승화된 것이 아테네 근교에 있는 엘레우시스의 비밀 의식이다. 엘레시우스는 곡물의 여신 데메테르와 그녀의 딸 페르세포네의 성지이다. 이곳에서 그리스 시대부터 초기 기독교 시대까지 풍작과 인간의 생식 및 생사를 기원하는 밀의가 벌어졌다. 축제가 벌어져 몽환적 시간이 다가오면 참가자들은 동굴로 들어가 그 끝에 가서 곡식 한 알을 만나게 된다. 이 곡식 한 알은 세상 모든 것이 순환 관계에 있음을 보여주는 상징물이라 볼 수 있다.

23   「환희의 송가」의 한 구절.

2. 아폴론적인 꿈의 예술가와 디오니소스적인 도취의 예술가

우리는 지금까지 아폴론적인 것과 그 대립물인 디오니소스적인 것을 예술적인 힘들로 간주했다. 이 힘들은 **인간 예술가의 매개 없이** 자연 자체로부터 불쑥 튀어나오며, 이 힘들 안에서 자연의 예술 충동들이 맨 먼저 또 직접적으로 충족된다. 한편으로는 꿈의 영상 세계로 간주했는데, 이 세계의 완전성은 개인의 지적 수준이나 예술적 교양과는 아무 상관이 없다. 다른 한편으로는 도취적인 현실로 간주했는데, 이러한 현실은 다시금 개개인을 존중하지 않고 오히려 개체를 파괴하고는 신비로운 일체감을 통해 개체를 구원하고자 한다. 자연의 이러한 직접적인 예술 상태에 비하면 모든 예술가는 '모방자'이다. 그러니까 아폴론적인 꿈의 예술가이거나 디오니소스적인 도취의 예술가, 혹은 마지막으로—예컨대 그리스 비극에서처럼—도취의 예술가인 동시에 꿈의 예술가이다. 이 세 번째 예술가를 우리는 다음과 같이 생각할 수 있다. 즉 그는 디오니소스적 도취와 신비로운 자기 포기 상태에서 열광하는 합창단으로부터 홀로 벗어나 침몰하는 자이다. 그리하여 아폴론적 꿈의 작용을 통해 자신의 고유한 상태, 즉 세계의 가장 내적인 밑바탕과 그의 합일이 하나의 비유적인 꿈의 영상으로 그에게 모습을 드러낸다.

이러한 일반적인 전제 조건과 대조에 따라 저 **자연의 예술 충동들**이 그리스인들에게서 어느 정도 그리고 어느 수준까지 전개되었지 인식하기 위해 이제 그들에게 다가가 보자. 이를 통해 우리는 그리스 예술가가 그의 원상(原象)들과 맺는 관계, 혹은 아리스토텔레스의 표현에 따르면, '자연의 모방'[1]을 더 깊이 이해하고 평가할 상태에 놓이게 된다. 그리스인들의 꿈에 관해서는 꿈에 관한 그들의 온갖 문헌과 수많은 일화에도 불구하고 단지 추측으로만, 그러나 제법 확실하게 말할 수 있다. 믿을 수 없을 단호하고 확실한 그들 눈의 조형 능력과 그들의 밝고 솔직한 색채 욕망을 생각한다면, 후대에 태어난 모든 사람이 부끄럽게도, 그들 꿈을 위해서도 선과 윤곽, 색채와 배열의 논리적 인과성, 즉 가장 뛰어난 부조(浮彫)

---

1   아리스토텔레스는 플라톤과 마찬가지로 예술을 자연에 대한 모방으로 보았다. 그런데 플라톤은 철학만이 이데아의 세계를 파악할 수 있다고 본 반면 아리스토텔레스는 자연의 일반적 성질을 묘사하는 예술이 개별 사건을 서술하는 역사학보다 철학에 더 가깝다고 보았다.

와 유사한 일련의 장면이 있었음을 사람들은 전제하지 않을 수 없을 것이다. 만약 이런 비유가 가능하다면, 그러한 일련의 장면이 완벽한 까닭에, 꿈꾸는 그리스인들을 복수의 호메로스로 부르고, 호메로스는 한 명의 꿈꾸는 그리스인이라고 부를 만할 것이다. 근대적 인간이 그의 꿈과 관련해서 자신을 셰익스피어에 비유할 때보다 훨씬 심오한 의미에서 그러하다.

반면에 디오니소스적 그리스인을 디오니소스적 야만인과 분리하는 어마어마한 간격을 밝혀내야 할 때 우리는 추측으로만 말할 필요는 없다. 로마에서 바빌론에 이르는 옛 세계—근대 세계는 여기에서 제쳐두기로 한다면—의 구석구석에서, 우리는 디오니소스 축제의 실존을 입증할 수 있다. 이 축제의 전형과 그리스 축제의 전형과의 관계는 기껏해야 숫염소의 이름과 속성을 빌린 수염 달린 사티로스와 디오니소스 자신의 관계와 같다. 거의 어디에서나 이러한 축제들의 핵심은 지나친 성적 방종에 있었으며, 그 방종의 물결은 모든 가족제도와 그 존중할 만한 규약을 휩쓸고 지나갔다. 바로 자연의 가장 거친 야수들이 여기에서 풀려나와 육욕과 잔인함이 혐오스럽게 섞이기에 이르렀는데, 내게는 이 혼합이 언제나 본래적인 '마녀의 음료'[2]처럼 여겨졌다. 그 축제에 관

---

2   괴테의 『파우스트』 '마녀의 부엌' 2337행 이하 참조. 마녀의 음료를 마

한 소식이 모든 육로와 해로를 통해 그리스인들에게 밀려들었는데[3], 여기 당당하게 우뚝 서 있는 아폴론의 형상이 그들을 열에 들뜬 흥분으로부터 한동안 완전히 안전하게 지켜준 듯하다. 아폴론이 메두사[4]의 머리를 내밀어 맞설 수 있었던 것 중에 일그러진 모습의 이 흉측한 디오니소스적 힘보다 더 위험한 힘은 아무것도 없었다. 저 위엄있게 거부하는 아폴론의 태도가 영원히 표현된 것이 바로 도리스 예술이다. 헬라스적인 것의 가장 깊은 뿌리로부터 유사한 충동이 마침내 길을 열고 나오자 그 저항은 더 미심쩍어졌고 심지어 불가능해졌다. 이제 델포이 신의 활동은 제때에 화해를 맺어 막강한 적수의 손아귀에서 파괴적인 무기들을 빼앗은 일에 한정된다. 이 화해는 그리스 제식의 역사에서 가장 중요한 순간이다. 어디를 바라보든 이 사건의 획기적 성격이 눈에 띈다. 그

심으로써 늙은 파우스트는 젊음을 되찾는다.

3 니체는 디오니소스가 트라키아에서 그리스로 전파되었다고 생각했지만, 최근의 고고학적 연구에 따르면 BC 15세기부터 디오니소스 제사가 있었고 디오니소스라는 이름 자체가 미노아-미케네 문명과 관련있는 것으로 여겨진다.

4 메두사는 그리스 신화에서 해신 포세이돈과 정을 통했다는 이유로 아테나의 저주를 받아 뱀으로 된 머리카락을 가진 날개 달린 여성으로 묘사된다. 고르곤 중에서 메두사만이 불사의 능력이 없었으므로 페르세우스는 메두사의 머리를 베어 죽일 수 있었다. 메두사의 머리를 본 사람은 누구나 돌로 변하게 하는 힘이 있었는데, 아테나 여신은 이를 가져가 자기 방패에 걸었다고 전해진다.

것은 이제부터 지켜야 할 경계선을 분명하게 규정하고 주기적으로 기념품을 보내야 하는 두 적수의 화해였다. 따지고 보면 둘의 벌어진 틈이 메워지지는 않았다. 하지만 저 평화협정의 압력을 받고 디오니소스적 힘이 어떻게 드러나는지 본다면, 저 바빌론의 사카이아에서 인간이 호랑이와 원숭이로 퇴보하는 것과 비교하여, 그리스인의 디오니소스적 난음·난무의 주신제(酒神祭, Orgie)에서 세계 구원의 축제와 성화(聖化) 축일이 지니는 의미를 인식하게 된다. 그 주연에서 비로소 자연은 자신의 예술가적 환희에 도달하며, 그 주연에서 비로소 개별화의 원리의 파열이 하나의 예술가적 현상이 된다. 육욕과 잔인함으로 이루어진 저 혐오스러운 마녀의 음료는 여기서 힘을 쓰지 못했다. 디오니소스적 열광자의 감정 속에서 기이한 혼합과 이중성만이, 마치 약제가 치명적인 독을 상기시키듯 마녀의 음료를 상기시킬 뿐이다. 그것이 바로 고통이 쾌감을 일깨우고 환희가 가슴으로부터 고통스러운 음을 빼앗는 현상이다. 최고의 기쁨으로부터 경악의 외침이나 대체 불가능한 상실에 대한 비탄의 소리가 울려 나온다. 마치 자연이 개체들로 잘게 나누어지는 것을 탄식해야 하는 것처럼, 저 그리스인의 축제에서는 흡사 자연의 감상적인 특성이 불쑥 튀어나오는 듯하다. 그처럼 이중의 기분에 젖은 열광자의 노래와 몸짓 언어는 호메로스적인 그리스 세계에 새로운 것이자 전대미문의 것이었다. 그리고 특히 디오니소스적 **음악**은 그 세계에 공포와 전율을 일으켰다. 음악이 겉보기에 이미 하나의 아폴론적 예술로 알려져 있었다면, 이는 엄밀히 말하자면 단지 리듬의 파동으로서 그러한 것에 불과했다. 이 리듬의 조형적 힘은 아폴론적 상태를 묘사하기 위해 발전되었던 것이다. 아폴론의 음악은 도리스식 건축 양식[5]으로 구성된 음조였지만, 그것도 단지 키타라[6]의 고유한 특성인 넌지시 암시하는 음조로만 구성된 것이었다. 바로 그 요소, 즉 디오니소스적 음악과 이와 더불어 음악 일반의 성격을 이루는 요소인 마음을 뒤흔드는 음조의 힘, 선율의 통일적인 흐름, 그리고 도저히 비교 불가능한 화음의 세계는 비아폴론적인 것으로 조심스럽게 배제되었다. 디오니소스의 주신 찬가[7]에서 인간

---

5 도리스 양식은 질박하고 당당하여 남성적이라는 평을 받았다. 그리하여 도리스는 호전적인 스파르타와 관련된다. 이와 달리 이오니아 양식은 부드럽고 섬세한 특성을 지닌다. 델포이의 아폴론 신전은 도리스 양식으로 건축되었다.

6 활로 퉁기지 않고 손으로 타는 그리스 현악기.

7 주신 찬가(Dithyrambus)는 BC 7세기 그리스에서 주신(酒神) 디오니소스를 기린 즉흥 노래로 그리스의 디오니소스 축제에서 행해진 춤과 합창을 말한다. 그리스에서는 기원전 9세기경부터 풍요의 신 디오니소스를 기리는 축제를 열었다. 봄맞이 행사로 열린 축제의 초기 모습은 매우 단순했던 것으로 보이나 해를 거듭하면서 가무극의 형태로 발전했다. 기원전 6세기경에 이르러 연극의 초기 형태로 진화한 이 축제는 연극 경연 대회로 변모한 뒤 오늘날 서양 공연예술의 모태가 되었다.
디티람보스는 취하지 않은 상태에서 아폴론을 칭송하여 부른 좀 더 차분한 찬가와 대조를 이루었다. 이것이 문학 작품의 한 형태를 갖추게 된 것은 BC 600

58

은 자신이 지닌 모든 상징적 능력을 최고로 고양하도록 자극을 받는다. 전에는 경험해 보지 못한 어떤 느낌, 즉 마야의 베일을 찢는 느낌과 종속(種屬)의, 그러니까 자연의 수호신으로서 하나 됨의 느낌이 표현을 위해 고투(苦鬪)한다. 이젠 자연의 본질이 상징적으로 표현되어야 한다. 상징의 새로운 세계, 일단 신체 전체의 상징적 표현이 필요하다. 입, 얼굴, 말의 상징적 표현뿐 아니라 모든 사지를 율동적으로 움직이는 춤동작도 필요하다. 그다음에는 다른 상징적 힘들, 즉 리듬과 활력과 화음을 갖춘 음악의 힘들이 갑자기 격렬하게 자라난다. 모든 상징적 힘들이 이처럼 모두 풀려나는 것을 파악하려면, 인간은 저 힘들 속에서 스스로를 상징적으로 표현하고자 하는 저 자기 포기의 경지에 이미 도달해 있어야 한다. 주신 찬가를 부르는 디오니소스 숭배자는 따라서 자신과 동류의 사람들에 의해서만 이해되는 것이다! 아폴론적 그리스인은 얼마나 놀라워하며 그를 바라보아야만 했던가! 이 놀라움은 전율과 섞일 때 더욱 커졌다. 저 모든 것이 원래는 자신에게 그리 낯설지 않고, 그러니까 자신의 아폴론적 의식은 단지 하나

년경으로, 이 무렵 시인 아리온이 이러한 유형의 작품을 써서 코린트의 디오니소스 대축제에서 공식적으로 낭송했다. 이 낭송에서는 50명의 성인 남자와 소년들로 이루어진 합창단이 디오니소스 제단 둘레에서 원무를 추면서 노래를 불렀는데, 행사 동안 내내 갈대 피리로 반주했으며 개막사를 한 사람이 이 행사를 이끌었다.

의 베일처럼 자기 앞의 이 디오니소스적 세계를 은폐하고 있을 뿐이라는 전율과 섞일 때 말이다.

3. 아폴론적 문화

이것을 파악하기 위해 우리는 **아폴론적 문화**의 저 지극히 예술적인 건축물을 말하자면 돌 하나하나까지 허물어서, 그 건축물을 지탱하는 토대를 살펴보아야 한다. 여기에서 우리는 이제 맨 먼저 그 건축물의 박공 위에 있는 **올림포스** 신들의 장려한 형상을 알아볼 수 있다.[1] 그리고 그들의 행위는 멀리까지 빛을 발하는 부조(浮彫)로 묘사되어 그 건축물의 돌림띠를 장식하고 있다. 아폴론이 다른 신들 옆에 나란히 서 있는 하나의 개별적인 신으로서 제1인자의 위치를 주장하지 않고 그들 사이에 서 있다고 하더라도, 우리는 이런 사실에 현혹되어서는 안 된다. 아폴론에게서 구체적으로 표현된 그 충동이 무릇 올림포스 세계 전체를 탄생시켰으며, 이런 의미에서 우

---

1   아테네의 파르테논 신전을 암시하고 있다.

리는 아폴론을 그 세계의 아버지로 간주해도 된다. 올림포스 존재들의 저토록 찬란한 사회를 낳았던 그 어마어마한 욕구는 어떤 것이었을까?

다른 종교를 가슴에 품고 이 올림포스 신들에게 다가가 그들에게서 이제 윤리적인 수준, 즉 성스러움을 찾고, 비육체적인 정신화와 자비로 가득 찬 사랑의 눈길을 찾는 자는 불쾌해지고 실망한 나머지 곧 그들로부터 등을 돌려야만 할 것이다. 여기에는 금욕, 정신성 그리고 의무를 상기시키는 것이 아무것도 없다. 여기에서는 단지 거만한, 즉 의기양양한 현존만이 우리에게 말을 건다. 그 현존에서는 선악에 상관없이 존재하는 모든 것이 신격화되어 있다. 그래서 이를 바라보는 관찰자는 삶의 이 환상적인 과잉 앞에 적이 당혹해서 이렇게 자문할지도 모른다. 대체 몸속에 어떤 마법의 음료가 있기에 이 오만한 인간들은, 그들이 어느 쪽을 바라보든 헬레네가 그들에게 웃음으로 맞아주는 삶을 누렸을까?[2] '달콤한 관능 속에 떠도는'[3] 그들 자신의 존재의 이상적인 상인 헬레네가 말이다. 그러나 이미 등을 돌린 이 관찰자에게 우리는 이렇게 소리쳐 알려야 한다. "그곳에서 떠나지 말고, 여기서 도저히

---

2   『파우스트』 2003~2004행. "이 음료를 삼킨 이상, 네 눈은 여자는 모두 헬레네로 보게 될 거다."

3   『파우스트』 2001~2002행. "안 돼요! 안 되고 말고요! 이제 여자 중의 여자를 눈앞에서 생생하게 보게 될 거요."

설명할 수 없는 명랑함을 지니고 펼쳐져 있는 이 동일한 삶에 관해 그리스 민족의 지혜가 말하는 것을 먼저 듣게나." 미다스 왕[4]이 디오니소스의 동반자인 현자 **실레노스[5]**를 오랫동

---

4   미다스는 그리스 신화에서 만지는 것마다 황금으로 변하는 것으로 널리 알려진 기원전 8세기 프리기아의 왕이다. 매우 탐욕스러웠던 미다스 왕은 엄청난 재산을 가지고 있었음에도 더 많은 부귀를 원했다. 어느 날 디오니소스의 개인 교사인 반인반수의 실레노스가 샘물에 타 놓은 포도주를 마시고 취해 미다스 왕에게 잡혀, '사람은 태어나지 않는 것이 최선이고 태어났으면 빨리 죽는 것이 차선'이라는 등 철학적 대화를 나누었다. 이에 왕은 실레노스를 풀어주고 디오니소스가 보답으로 소원을 들어주겠다고 하자 그는 디오니소스에게 손에 닿는 모든 것을 황금으로 변하게 해달라고 간청했다. 술에 취한 상태에서 디오니소스는 소원을 들어주었고, 미다스는 정원수, 조각물, 가구 할 것 없이 닥치는 대로 황금으로 만들었다. 그러나 만지기만 하면 황금이 되니 도대체 음식을 먹을 수가 없었다. 상심한 그는 무심코 자기 딸을 안았다가 기겁을 했다. 사랑하는 딸이 금 조각상이 되었기 때문이다. 미다스는 디오니소스에게 다시 원래대로 되돌려 달라고 간청했으며, 디오니소스의 선심으로 미다스는 팍톨로스 강물에 목욕함으로써 원래의 미다스로 돌아올 수 있었다. 그러나 그 후에는 음악의 신 아폴로의 리라 연주와 목신 판의 피리 연주 대결에서 판을 편드는 어리석음을 저질러 아폴로의 응징을 받아 귀가 나귀 귀로 변해버렸다. 오늘날 미다스는 '탐욕, 과욕'을, 미다스의 손은 '돈 버는 재주'라는 뜻을 지닌다.

5   그리스 신화에서 등장하는 반인반수이자, 디오니소스의 동반자 또는 양부. 물의 요정이기도 하며 보기와는 달리 지혜가 많으며 예언의 힘을 지녔다고 한다. 머리에 덩굴 화환을 쓰고 술잔이나 포도를 들고 있으며, 보통 술 취한 배불뚝이 중년 아저씨 혹은 할아버지로 묘사되는 경우가 많다. 때론 말의 귀와 다리, 꼬리가 달린 반인반마로 종종 묘사되곤 한다. 또한 대부분의 사티로스들과 마찬가지로 호색한 성격이다. 일부 신화에 따르면 니사 산에 살던 히아데스들이나 물의 요정들과 함께 아기 디오니소스를 돌봐주었다고 한다. 디오니소스가 이 실레노스에게 포도주 양주법을 배웠다는 이야기도 전해진다. 포도주의 재료인 포도나무는 디오니소스의 절친 혹은 연인인 암펠로스가 사

안 숲속에서 추적했지만 그를 잡지 못했다는 옛 전설이 있다. 마침내 실레노스가 왕의 수중에 들어갔을 때 왕은 인간한테 가장 좋은 것과 가장 훌륭한 것이 무엇이냐고 그에게 묻는다. 그 데몬은 몸이 굳은 듯 꼼짝도 안 하고 침묵한다. 그러다가 왕이 강요하자 마침내 째질 듯한 소리로 웃으며 이런 말을 쏟아낸다. "가여운 하루살이여, 우연의 자식이여, 고난의 자식이여, 듣지 않는 게 그대에게 가장 유익할 텐데 왜 내게 말하라고 강요하는가? 가장 좋은 것은 그대가 도저히 실현할 수 없는 것이네. 태어나지 않는 것, 존재하지 않는 것, 무(無)로 존재하는 것이네. 하지만 그다음으로 그대에게 좋은 것은 곧바로 죽는 것이라네."**6**

이러한 민족 지혜와 올림포스 신들의 세계는 어떤 관계일까? 이는 고문받는 순교자의 황홀하기 그지없는 환영과 그의 고통과의 관계와 같다.

이제 말하자면 올림포스의 마법의 산이 열리고 우리에게 자신의 뿌리들을 보여준다. 그리스인은 현존의 공포와 경악

낮 중 사고로 죽어서 변한 것이라고 한다. 실레노스의 지혜로도 유명한데, 어느 날 미다스 왕이 그에게 "가장 좋은 건 무엇인가요?"라고 질문하자 이에 대한 답으로 "가장 좋은 건 태어나지 않는 것, 두 번째는 일찍 죽는 것이다."라고 답했다 한다.

6   소포클레스의 『콜로노스의 오이디푸스』 1224행 이하에도 "태어나지 않는 것이 가장 좋은 일이지만 이왕 태어났으면 되도록 빨리 왔던 곳으로 되돌아가는 가는 것이 그다음으로 좋은 일이라오"라는 구절이 나온다.

을 알았고 느끼고 있었다. 모름지기 그리스인은 살아갈 수 있기 위해 그 공포와 경악 앞에 올림포스 신들이라는 찬란한 꿈의 산물을 세워야 했다. 자연이라는 거인적인 힘에 대한 저 엄청난 불신, 모든 인식 위에 무자비하게 군림하는 저 운명의 여신 모이라, 인간의 위대한 벗 프로메테우스를 쪼아먹는 저 독수리, 지혜로운 오이디푸스의 저 끔찍한 운명, 오레스테스[7]로 하여금 모친 살해를 하도록 강요하는 아트레우스[8] 가문의

---

7   오레스테스(Orestes)는 그리스 신화에 나오는 인물로, 미케네(또는 아르고스)의 왕이었던 아가멤논과 그의 아내 클리타임네스트라 사이에서 태어난 아들. 아가멤논과 클리타임네스트라 사이에서 태어난 오레스테스는 어머니인 클리타임네스트라가 불륜을 저지르며 끝내는 연인인 아이기스토스와 함께 아버지인 아가멤논을 살해하기에 이르자 누나인 엘렉트라에 의해 포키스의 스트로피오스 왕에게 맡겨지게 되었다. 거기서 그는 스트로피오스의 아들인 필라데스와 돈독한 우정을 맺으며 자랐고, 성장한 뒤 아버지의 원수를 갚으라는 신탁을 받아 고향으로 돌아가 누나 이피게니아와 함께 아이기스토스와 클리타임네스트라를 죽였다. 후에 아가멤논의 왕국을 계승했으며, 헤르미오네와 결혼하여 살다가 뱀에 물려 죽었다.

8   아트레우스는 그리스 로마 신화에 등장하는 영웅이자 미케네의 대왕으로 오이디푸스 가문처럼 저주받은 가문이다. 그는 이 가문에 내린 저주의 발단이 되었던 탄탈로스의 손자뻘이다. 아가멤논과 메넬라오스가 그의 아들들이다. 아버지 펠롭스가 사생아인 크리시포스 왕자를 총애하자 아트레우스, 티에스테스 형제와 그들의 어머니 히포다메이아는 크리시포스에게 성욕을 품고 있던 라이오스를 부추겨서 그가 크리시포스를 납치하도록 만들었다. 결국 크리시포스는 라이오스에게 강간당하다가 자살했고, 펠롭스는 라이오스 왕에게 "네놈도 언젠가는 네 자식에게 죽임을 당할 것이다"라는 저주를 내리고 아트레우스와 티에스테스는 동생을 죽였다는 죄로 미케네로 추방했다. 한편 아트레우스의 아내 아에로페는 시동생 티에스테스와 위험한 사랑에 빠지고 말았을 뿐만 아니라 남편이 몰래 숨겨놓은 황금빛 새끼 양을 시동생에게

저주, 요컨대 우울한 에트루리아인[9]들을 파멸에 이르게 한 숲의 신의 철학 전체와 아울러 그 신화적 실례들—이 모든 것은 올림포스 신들의 저 예술가적인 **중간** 세계를 통해 그리스인에 의해 끊임없이 새롭게 극복되고, 아무튼 은폐되고 시야에서 멀어졌다. 그리스인은 살아갈 수 있기 위해 더없이 절

갖다주기까지 했으며 티에스테스는 이것으로 형을 몰아내고 미케네의 왕이 되려고 했다. 아트레우스는 결국 이 일을 알아차리고 티에스테스의 아들들을 죽인 다음, 손과 발만 남기고 요리해서 티에스테스에게 먹였다. 그리고 티에스테스가 먹은 고기가 아들들인 것을 알려주며 미리 잘라놨던 아들들의 손과 발로 약 올린 후, 그를 추방했다. 그리고 자신을 배신한 아내 아에로페 역시 살려두지 않았다.

분노한 티에스테스는 복수를 다짐했다. 그는 딸과 낳은 아이가 아트레우스에게 복수를 할 것이라는 신탁을 듣고 자신의 딸 펠로피아를 강간해서 아들 아이기스토스를 낳았다. 펠로피아는 아이기스토스를 수치스러워 하며 들판에 버렸지만, 목동이 그를 주워서 아트레우스에게 데려갔고 아트레우스는 아이기스토스가 조카인 줄도 모르고 양자로 키웠다. 후에 아트레우스는 티에스테스로부터 진실을 들은 자신의 조카에게 죽임을 당했으며 아트레우스의 자식들은 스파르타로 추방당했다.

이후 티에스테스는 미케네의 왕이 되었지만 훗날 아트레우스의 큰아들 아가멤논에게 왕의 자리를 빼앗기고 만다. 그리고 아이기스토스는 아가멤논의 아내 클리타임네스트라와 불륜을 저지르고 아가멤논을 죽였다가 아가멤논의 아들인 오레스테스에게 복수를 당해 둘 다 죽고 만다.

9   에트루리아는 이탈리아 중부에 있던 옛 나라로 그 영토는 지금의 토스카나주, 라치오주, 움브리아주에 해당한다. 로마 공화정 이전에 이탈리아에 존재했던 주요 문명이다. 고대 에트루리아인은 쾌락을 즐기던 사람들로 알려져 있으며, 자유분방하게 성적 쾌락을 즐긴 민족이라고 전해진다. 음악과 춤을 좋아한 고대 에트루리아인은 수금(竪琴)을 이용하여 음악을 만들었다. 그들의 춤은 신을 숭배하기 위한 것이었다.

실한 필연성에 따라 이 신들을 창조해야 했다. 그 과정을 우리는 다음처럼 상상해 볼 수 있다. 공포라는 원래의 거인적인 신의 질서가 저 아폴론적 미의 충동을 통해 서서히 이행과정을 거치면서 기쁨이라는 올림포스적 신의 질서로 발전되어 갔다. 마치 가시덤불에서 장미꽃이 불쑥 튀어나오듯이 말이다. 만약 현존이 보다 높은 광휘에 에워싸여 그리스 신들 속에서 나타나지 않았더라면, 그토록 예민하게 느끼고 그토록 격렬하게 탐하고 그토록 유일하게 **고뇌하는** 능력을 지닌 그 민족이 달리 현존을 어떻게 감내할 수 있었겠는가? 계속 살아가도록 유혹하는 현존의 보완이자 완성인 예술을 삶 속으로 불러들이는 그 동일한 충동이 올림포스 세계도 탄생시켰으며, 그 세계에서 헬라스적 의지는 변용시키는 거울을 자신 앞에 내밀었다. 그리하여 신들은 스스로 인간의 삶을 살아감으로써 인간의 삶을 정당화한다―이것만으로도 충분한 변신론(辯神論)[10]이라 할 수 있다! 그러한 신들의 밝은 햇빛을 받는 현존은 그 자체로 추구할 만한 가치가 있는 것으로 느껴진다. 그리고 호메로스적인 인간들의 본래적 **고통**은 현존과

---

10 Theodicee. 신정론(神正論)이라고도 한다. 독일의 라이프니츠가 『변신론(辯神論)』(1710)에서 처음 제창한 용어로 창조주인 신이 창조한 이 세계에 악이 존재하는 것이 신의 의지에 반하는 것이 아니라고 신을 변호하는 이론. 세계에 존재하는 악에 대해서는 이 세상의 창조주인 전능한 신이 책임을 져야 한다는 주장과 달리 그것이 신의 선성(善性)과 모순되지 않는 것임을 주장했다.

의 분리, 무엇보다도 즉각적인 분리와 관계된다. 그리하여 우리는 이제 실레노스의 지혜를 뒤집어 그리스인들에 관해 이렇게 말할 수 있을지도 모른다. "그들에게 가장 나쁜 것은 곧 죽는 것이고, 그다음으로 나쁜 것은 언젠가는 죽는다는 것이다." 이러한 탄식이 한번 울려 퍼지면, 그것은 단명한 아킬레우스에 관해, 인간종족의 잎새와도 같은 변전(變轉) 무상[11]에 관해, 영웅시대[12]의 몰락에 관해서도 다시 울리게 된다. 비록 날품팔이일지언정 계속 살아가기를 동경하는 것이 가장 위대한 영웅의 체면을 손상시키는 일은 아니다.[13] 아폴론적 단계에서 '의지'가 이러한 삶을 격렬하게 갈망하고, 호메로스적 인간은 이러한 현존과 하나 됨을 느껴서 탄식조차 그 삶에 대한 찬가가 된다.

---

11   호메로스의 『일리아스』 21권 464행 이하에 나오는 구절. "인간이란 가랑잎과도 같아/ 한때는 들녘의 결실을 머금고 붉게 타오르다가도/ 이내 생기를 잃고 시들어버린답니다."

12   영웅시(英雄詩)의 주인공이 활약했다고 생각되는 시대. 대략 원시 공동체 사회로부터 국가 형성에 이르기까지의 과도기적 시대에 해당한다. 그리스적인 의미에서 영웅은 부모 중 하나를 신으로 하면서 죽어서는 별이 되어 영생을 누리는 신인(神人)을 의미한다.

13   『오디세이아』 11권에서 하계를 방문한 오디세우스가 아킬레우스를 만나 영혼들의 장수 노릇을 하는 그를 보고 감탄하자 아킬레우스는 이렇게 말한다. "죽음에 대해 나를 위로하려 들지 마시오, 훌륭한 오디세우스여. 나는 이미 죽은 자들의 무리 전체를 지배하느니, 차라리 시골의 머슴이 되어 농토도 없고 재산도 많지 않은 다른 사람 밑에서 날품팔이라도 하는 게 더 낫소"라고 답한다.

근대인들이 그토록 동경에 차 바라보았던 이러한 조화, 그러니까 인간의 자연과의 합일은, 실러는 이에 대해 '소박한 naiv'[14]이라는 예술 용어로 유효하게 관철시켰는데, 우리가 모든 문화의 문턱에서 인류의 낙원으로 마주칠 수밖에 없는 몹시 단순하고, 저절로 생겨나는 불가피한 상태가 아님을 이제 여기서 말해두어야겠다. 루소의 에밀을 예술가로도 생각하려 했고, 호메로스에게서 자연의 품에서 양육된 예술가 에밀을 발견했다고 잘못 생각한 어느 시대만이 그런 사실을 믿을 수 있었다. 예술에서 '소박한 것Naive'과 마주치는 곳에서 우리는 아폴론적 문화의 최고의 작용을 인식해야 한다. 아폴론적 문화는 항상 거인의 나라를 먼저 무너뜨리고 괴물을 죽여야 한다. 그리고 강력한 광기의 기만과 즐거운 환상을 통해 세계관이라는 끔찍한 깊이와 지극히 예민한 고통 극복 능력에 대한 승리자가 되었음이 분명하다. 하지만 소박한 것, 즉 가상의 아름다움 속에 저같이 완전히 뒤엉켜 있는 상태에 도달하기란 얼마나 희귀한 일인가! 그 때문에 호메로스는 얼마나 말할 수 없이 숭고한가! 그 개별자와 저 아폴론적 민족 문

---

14   실러는 「소박 문학과 감상 문학」이라는 논문에서 "인간이 자연과 일치되어 있지 않고 분리되어 자연을 그리워하는 상태를 '감상적' 상태라고 한다. 반면에 자연과 일치한 상태를 '소박한' 상태라고 하였다. 그는 자연과 일치하는 작가, 즉 소박 문학의 대표적인 작가는 고대 그리스의 호머와 현대의 셰익스피어와 괴테라고 하고, 자연과 분리되어 자연과 일치하도록 노력하는 작가로 자신을 비롯한 근대 작가를 들었다."

화의 관계는 개별적인 꿈의 예술가와 민족과 자연 일반의 꿈의 능력의 관계와 같은 것이다. 호메로스의 '소박성Naivetät'은 단지 아폴론적 환상의 완전한 승리로 파악되어야 한다. 이것은 자연이 자연의 의도를 실현하기 위해 자주 활용하는 것과 같은 환상이다. 그 참된 목적은 환영에 의해 은폐된다. 우리가 이 환영을 향해 손을 뻗고, 자연은 우리의 착각을 통해 참된 목적을 달성한다. 그리스인들에게서 '의지'는 천재와 예술 세계의 변용 속에서 자기 자신을 직관하고자 했다.[15] 의지의 피조물들은 자신을 찬미하기 위해 자기 자신을 찬미할 만한 가치가 있는 것으로 느껴야만 했다. 이 완성된 직관의 세계가 명령이나 혹은 비난으로 작용하지 않게 하면서 그 의지의 피조물들은 보다 높은 권역에서 서로 재회해야 했다. 이것은 아름다움의 영역이었고, 그 속에서 그리스인들은 자신들의 거울상인 올림포스적인 것을 보았다. 헬라스적 '의지'는 이러한 아름다움의 거울상을 가지고 고통과 고통의 지혜를 위해 예술적 재능과 상관관계에 있는 그 재능에 맞서 싸웠다. 그리고 그 승리의 기념비로서 호메로스, 그 소박한 예술가가 우리 앞에 서 있다.

15　실러는 진정한 천재는 소박해야 하며, 소박성만이 천재를 천재답게 만든다고 했다.

4. 아폴론적 그리스인

이러한 소박한 예술가들에 대해서는 꿈의 비유가 우리에게 몇 가지 가르침을 준다. 꿈의 세계가 만들어내는 환상 한 가운데에서 그리고 그것을 방해하지 말고 "이것은 꿈이야, 이 꿈을 계속 꿀 거야"라고 스스로에게 외치는 어떤 꿈꾸는 사람을 머릿속에 떠올려보자. 우리가 이런 사실로부터 꿈의 직관이 깊은 내면적 쾌감을 가져다준다는 것을 추론해야 한다면, 다른 한편으로 우리가 직관 속에서 내적 쾌감을 가지고 꿈꿀 수 있기 위해 낮과 낮에 일어난 끔찍하고 성가신 일들을 완전히 잊어야 한다면, 우리는 이 모든 현상을 꿈 해석자 아폴론의 지도로 가령 다음과 같은 식으로 해석해도 좋으리라. 삶의 두 절반, 즉 깨어 있는 절반과 꿈꾸는 절반 중에서 우리는 깨어 있는 상태를 훨씬 선호하고, 더 중요하고, 하지만 나는 더 값어치 있고, 더 살 만한 가치가 있는 것, 그러니까 유일하게 진짜 산 것으로 여긴다. 하지만 모순적으로 들릴지도 모르지만 나는 우리 존재의 저 비밀스러운 근거와 관련하여—그 존재의 현상이 바로 우리다—꿈에 대해 상반되는 가치 평가를 주장하고 싶다. 말하자면 내가 자연 속에서 저 강력한 예술 충동을 지각하고, 이 충동들 속에서 가상에 대한, 가상을 통한 열렬한 동경을 지각할수록, 그만큼 더 다음과 같은 형이상학적 가정을 하지 않을 수 없음을 느끼게 된다. 참으로 존재하는 자, 근원 일자는 영원히 고통받는 자이자 모순에 가득 찬 자로서 자신의 항구적인 구원을 위해 매혹적인 환영(幻影)과 동시에 즐거운 가상을 필요로 한다는 가정이 그것이다. 우리가 그 속에 완전히 사로잡혀 있고, 그것으로 이루어져 있는 그 가상이라는 것을, 우리는 참된 비존재자(Nichtseiende), 시간, 공간과 인과율 속에서의 지속적인 생성으로 다른 말로 하면 경험적 실재로 느끼지 않을 수 없다. 그러므로 우리가 한번 우리 자신의 '실재'로부터 한순간 눈을 돌리고, 우리의 경험적 현존을 세계 일반의 현존처럼 매 순간 만들어진 근원 일자의 표상으로 파악한다면, 이제 우리에게 그 꿈은 **가상의 가상**으로, 따라서 가상에 대한 근원적 욕망의 더욱 고차원적인 충족으로 여겨져야 한다. 이러한 같은 근거에서 자연의 가장 내적 핵심은 소박한 예술가에게서, 그리고 마찬가지로 단지 '가상의 가상'에 불과한 소박한 예술 작품에서 이루 형언할 수 없는 즐거움을 느낀다. 그 자신이 저 불멸의 '소박한 예술가들' 중의 한 명이었던 라파엘로는 어느 비유적인 그림에서 가상이 단순한 가상으로 축소되는 과정, 즉 소박한 예술가와 또한 아폴론적 문화의 근원적 과정을 묘사했다. 그의 그림 「그리스도의 변용」[1]에서 신들린 소년, 절망한 운반인들, 어찌할 바 모르고 겁에 질린 사도들이 그려진 아래쪽 절반은 영원한 근원적 고통, 세계의 유일한 근거의 거울상을 우리에게 보여준다. 여기서 '가상'은 영원한 모순, 즉 만물의 아버지의 반영이다. 이 가상으로부터 이제 영묘한 향기처럼 환영 같은 새로운 가상 세계가 떠오른다. 첫 번째 가상에 사로잡힌 자들은 그 가상 세계에 관해 아무것도 보지 못한다―그 세계는 더없이 순수한 환희와 크게 뜬 눈으로부터 빛을 발하는 고통 없는 직관 속에서 반짝이며 떠다니고 있다. 여기서 우리는 최고의 예술 상징 속에서 저 아폴론적 아름다움의 세계와 그 토대, 즉 실레노스의 섬뜩한 지혜를 눈앞에 보게 된다. 그리고 우리는 직각(直覺, Intuition)을 통해 그것들 상호 간의 필연성을 파악하게 된다. 하지만 아폴론은 다시금 '개별화의 원리'의 신격화로 우리에게 나타난다. 이 개별화의 원리 속에서만 근원 일자의 영원히 성취된 목표, 즉 가상을 통한 그의 구원이 실현된다. 아폴론은 숭고한 몸짓

---

1   마태복음 17장 1~2절 참조. "엿새 후에 예수께서 베드로와 야고보와 그 형제 요한을 데리시고 따로 높은 산에 올라가셨더니 그들 앞에서 변형되사 그 얼굴이 해같이 빛나며 옷이 빛과 같이 희어졌더라."

으로 고통의 세계 전체가 얼마나 필요한지 우리에게 보여준다. 그럼으로써 개개인은 이 고통을 통해 구원의 환영을 만들어내도록 내몰리고, 그런 다음 이 환영의 직관에 침잠하여 바다 한가운데의 흔들리는 조각배 위에 조용히 앉아 있게 된다.

개별화의 이러한 신격화는, 만약 그것이 무릇 명령적이고 규정을 지시하는 것으로 생각된다면, 개체라는 하나의 법칙만을 알고 있을 뿐이다. 즉 개체의 한계의 준수, 헬라스적 의미에서의 절도가 그것이다. 윤리적 신으로서의 아폴론은 자신을 따르는 이들에게 절도를 요구하고, 이를 지킬 수 있기 위해 자기인식을 요구한다. 그리하여 아름다움의 미학적 필연성 이외에 "너 자신을 알라"[2]와 "너무 지나치지 마라"[3]라는 요구가 공존한다. 반면에 자만과 과도함은 비아폴론적 영역에 속하는 본래 적대적인 데몬들로, 그 때문에 아폴론 이전 시대, 거인 시대와 아폴론 바깥의 세계, 즉 야만 세계의 특성으로 간주되었다. 프로메테우스는 인간에 대한 거인적 사

2　Erkenne dich selbst. 고대 그리스인들은 현실에서의 삶이 여의치 않을 때나 삶의 방향을 잃었을 때, 신전을 찾아가 예언의 말인 신탁을 받았다. 물론 신은 인간의 목소리를 빌려 말한다. 우리에게 잘 알려진 "너 자신을 알라!"라는 말은 소크라테스가 남긴 경구로 알려져 있지만, 실은 델포이(Delphoe)에 있는 아폴론 신전에 적힌 말이라고 한다. 그 경구가 강조하고자 한 바는 "인간아! 깨달아라. 너는 신이 아니라는 사실을" 또는 "너는 기껏 죽어 없어질 인간임을 명심하라"는 뜻이었다.

3　Nicht zu viel.

랑 때문에 독수리한테 갈기갈기 찢겨야 했고, 오이디푸스는 스핑크스의 수수께끼를 풀 정도의 과도한 지혜 때문에 범죄라는 당황스러운 소용돌이[4] 속에 빠져들어야 했다. 델포이의 신은 그리스의 과거를 그렇게 해석했다.

디오니소스적인 것이 일으킨 영향도 아폴론적 그리스인에게는 '거인적'이고 '야만적'으로 생각되었다. 이때 그는 그 자신 역시 내적으로는 저 파멸한 거인이며 영웅 들과 유사하다는 사실을 스스로에게 숨길 수 없었다. 그렇다, 그는 그 이상을 느끼지 않을 수 없었다. 즉 그의 전체 현존은 온갖 아름다움과 절도를 갖추고 있음에도 저 디오니소스인 것을 통해 그에게 다시 모습을 드러내게 된 고통과 인식의 은폐된 토대에 근거하고 있었다, 그런데 보라! 아폴론은 디오니소스 없이는 살아갈 수 없었다! '거인적인 것'과 '야만적인 것'은 결국 아폴론적인 것만큼이나 필연적인 것이었다! 그럼 이제 생각해 보자. 가상과 절도 위에 세워져 인위적인 제방으로 둘러싸인 이 세계 속으로 디오니소스 축제의 황홀한 음조가 어떻게 점점 더 유혹적인 마법의 선율로 울려 퍼질 수 있었을까. 이러한 선율로 즐거움, 고통과 인식 면에서 자연 전체의 **과도함**이 어떻게 귀청을 찢는 듯한 외침이 될 정도로 시끄럽게 울

4　『오이디푸스 왕』 1184~1185행. "나야말로 태어나서는 안 될 사람에게서 태어나, 결혼해서는 안 될 사람과 결혼하여, 죽여서는 안 될 사람을 죽였구나!"(천병희 역, 숲, 219쪽)

릴 수 있었던가.

　이 데몬적인 민족 노래와 비교할 때 시편을 낭송하는 아폴론적 예술가가 유령 같은 하프 소리로 대체 무엇을 의미할 수 있었겠는지 생각해 보기로 하자! '가상'의 예술들의 뮤즈들은 도취 속에서 진리를 말한 예술 앞에서는 창백해졌다. 실레노스의 지혜는 명랑한 올림포스 신들에 맞서 '아, 슬프도다! 아, 슬프도다!'라고 외쳤다. 온갖 한계와 절도를 지닌 개인은 여기에서 디오니소스적 상태의 몰아경에 잠겼고, 아폴론적 규약들을 잊어버렸다. **과도함**이 진리로서 모습을 드러냈고, 모순, 즉 고통에서 태어난 환희가 자연의 가슴으로부터 자기 자신에 관해 말했다. 그리고 디오니소스적인 것이 침투한 곳은 어디서나 아폴론적인 것이 지양되고 파괴되었다. 그러나 첫 번째 맹공격을 버텨낸 곳에서는 델포이 신의 명성과 위엄이 이전 어느 때보다 더 굳건하고 더 위협적으로 나타났다는 것 역시 확실하다. 말하자면 나는 **도리스** 국가와 도리스 예술을 아폴론적인 것의 지속적인 진영으로서만 설명할 수 있다. 디오니소스적인 것의 거인적이고 야만적인 본질에 끊임없이 저항함으로써만이 성벽으로 둘러싸인 그토록 완강하고 쌀쌀맞은 예술, 그토록 호전적이고 준엄한 교육[5], 그토록

5　니체는 고대로부터 이어진 전승에 따라 도리스인을 스파르타인과 동일시하고 있다.

잔인하고 가차 없는 국가 제도가 비교적 장시간 존속할 수 있었다.

내가 서두에서 언급한 것을 이 대목에 이르기까지 그 이상으로 상세하게 서술했다. 즉 디오니소스적인 것과 아폴론적인 것이 항상 번갈아 가며 새로 태어나며, 그리고 그때마다 서로를 강화시켜 가면서 어떻게 헬라스적 본질을 지배했는지 서술했다. 거인족과의 투쟁과 준엄한 민중 철학이 있었던 '청동' 시대[6]로부터 아폴론적 미의 충동의 지배하에 호메로스적인 세계가 어떻게 발전했는지, 디오니소스적인 것의 물결이 다시 밀어닥쳐 어떻게 이 '소박한' 장엄을 집어삼켰는지 설명했다. 그리고 이 새로운 힘에 직면하여 아폴론적인 것이 어떻게 도리스식 예술과 세계관의 군건한 위엄으로 고양되는지 설명했다. 이런 식으로 고대 헬라스 역사가 저 적대적인 두 원리의 투쟁 속에서 네 가지의 주요 예술 단계[7]로 나뉜다면, 가령 마지막으로 도달한 시기, 즉 도리스식 예술의 시기가 저 예술 충동들의 정점이자 목표로 간주되지 않을 경우,

---

6 헤시오도스는 자신의 책 『일과 나날』에서 인류는 황금시대, 은 시대, 청동 시대, 영웅시대, 철 시대, 이 다섯 가지 시대를 겪는다고 말한다. 그는 인류의 다섯 가지 시대를 설명하면서 자신은 철의 시대에 살고 있다고 말했다.

7 니체는 그리스 예술의 단계를 다섯 단계로 나눈다. 그것은 호메로스 이전의 거인시대, 아폴론적 정신이 지배한 호메로스 시대, 디오니소스적인 시대, 아폴론적인 도리스 예술의 시대, 마지막으로 아티카 비극의 시대이다.

우리는 이러한 발전 과정의 최종 계획에 관해 계속 묻지 않을 수 없다. 여기서 아티카 비극과 극적 주신 찬가라는 숭고하고 높이 칭송받은 예술 작품[8]이 두 가지 충동의 공동 목표로서 우리의 시야에 제공된다. 이전의 오랜 투쟁 끝에 이루어진 두 충동의 비밀스러운 혼인은—안티고네[9]이면서동시에 카

---

8 플라톤의 대화편 『고르기아스』에서 소크라테스가 비극을 반어적으로 언급한 표현인데, 니체는 이를 다시 정상으로 되돌린다.

9 오이디푸스와 그의 어머니 이오카스테 사이에서 태어난 딸이다. 오이디푸스는 테베의 왕이 되어 자신이 아버지를 죽였고 아내 이오카스테가 자신의 어머니였음을 알고 자신의 눈을 찔러 멀게 했다. 안티고네는 아버지의 길 안내자가 되어, 그가 테베에서 추방되어 아테네 근처에서 죽을 때까지 동행했다. 테베로 다시 돌아온 안티고네와 여동생 이스메네는 왕위를 놓고 싸우는 두 남자 형제 에테오클레스와 폴리네이케스를 화해시키려고 노력했다. 에테오클레스는 테베와 왕관을 지키려 했고 폴리네이케스는 테베를 공격하고 있었는데, 결국 그들은 둘 다 서로를 죽이고 삼촌인 크레온이 왕이 되었다. 크레온은 에테오클레스의 장례식은 성대히 치렀지만, 폴리네이케스는 반역자임을 선포하고 그의 시체를 들에 내다 버려 짐승의 밥이 되게 하며, 이를 거역하는 사람은 사형에 처한다고 포고했다. 그러나 안티고네는 그 명령이 자연법에 반한다고 여겨 그의 시체를 몰래 매장했다. 화가 난 크레온은 안티고네에게 처형령을 내리는 한편 동굴에 가두었고 그녀는 거기서 목매어 자살했다. 이런 일이 있은 뒤 그녀의 연인이자 크레온의 아들인 하이몬도 스스로 목숨을 끊었고, 크레온의 아내 에우리디케도 자해하여 크레온은 파멸에 이르게 되었다. 이러한 내용은 소포클레스의 『안티고네』에 따른 것이고, 에우리피데스에 따르면 안티고네는 하이몬과 도망쳐 행복하게 살았다고 한다. 니체는 자연법을 중시한 안티고네를 아폴론적 성격을 지닌 것으로 보았을 것이다.

10 그리스 신화에 나오는 트로이 최후의 왕 프리아모스와 헤카베 사이에서 태어난 딸. 아폴론의 총애를 받았으며 아폴론은 그녀가 자기의 요구에 따르기만 한다면 예언의 능력을 주겠다고 약속했다. 카산드라는 그 제안을 받아들여

78

산드라[10]이기도 한—그러한 자식으로 축복받았다.

예언 능력은 받았지만 그 후 아폴론의 구애는 거절했다. 그러자 아폴론은 사람들이 그녀의 예언을 전혀 믿지 않게 만듦으로써 복수했다. 트로이가 함락된 후에 전리품을 분배하는 과정에서 카산드라는 아가멤논에게 돌아갔으며 결국 아가멤논과 운명을 함께 하며 그의 왕비 클리타임네스트라와 그의 정부에 의해 살해되었다. 그녀는 알렉산드라라는 이름으로 아폴론과 함께 숭배되었다. 어떤 개념이나 법칙이 아닌 휘몰아치는 신성에 함몰되고 만 카산드라는 니체에게 디오니소스 쪽에 가까운 인물로 비쳤을 것이다.

5. 미적 현상으로서만 정당화되는 현존과 세계

이제 우리는 원래의 연구 목표에 다가서고 있다. 그것은 디오니소스적-아폴론적 수호신과 그의 예술 작품을 인식하고, 적어도 저 통일성의 신비를 예감하고 이해하는 것이다. 여기서 우리 이제 나중에 비극과 극적 주신 찬가로 발전해갔던 저 새로운 싹이 우선 헬라스 세계의 어디에서 모습을 드러내는지 먼저 묻기로 하자. 이 문제에 관해서는 고대 세계 자체가 우리에게 구체적인 해답을 주고 있다. 고대 세계가 그리스 문학의 시조이자 햇불을 든 사람으로서 **호메로스와 아르킬로코스**[1]를 조각품과 보석 등에 나란히 내세운다면, 이는 오

---

1 아르킬로코스(Archilochos, BC 675?~BC 635?): 호메로스 이후 그리스 최고의 시인으로 평가되기도 하는 시인·군인. 귀족과 여자 노예 사이에서 사생아로 태어났지만, 네오불레라는 여자에게 구혼했다가 거절당한 사실 말고는 사생아라고 해서 사회적 지위에 큰 지장을 받지는 않았다. 아마도 구애를

직 두 사람만이 완전히 똑같은 독창적인 천성을 지녔다고 여겨진다는 확실한 느낌을 갖고 그랬던 것이다. 이 두 사람으로부터 발원해 불의 강이 후대의 그리스 세계 전체로 흘러들었다. 자신의 내면으로 침잠한 백발의 몽상가, 아폴론적 소박한 예술가의 전형인 호메로스는 거칠게 현존을 살아온 호전적인 뮤즈 숭배자 아르킬로코스의 열정적인 두상을 이제 놀라워하며 바라본다. 그리고 근대 미학은 여기서 최초의 '주관적' 예술가가 '객관적' 예술가와 얼굴을 마주하고 있다[2]는 해석을 덧붙일 수 있을 뿐이었다. 이러한 해석은 우리에게 그리 도움이 되지 않는다. 우리는 주관적 예술가를 단지 나쁜 예술가로 알고 있을 뿐이고, 모든 종류의 예술과 그 수준에서 무

거절당한 결과로 타소스섬으로 갔을 것이며 그곳에서 용병이 되어 트라키아 지방을 비롯한 여러 곳에서 활동하며 틈틈이 시를 썼다. 그는 앞서 활동한 작가들과는 달리 전쟁을 전혀 영예로운 것으로 보지 않았다는 점에서 주목할 만하다. 훗날 호라티우스가 모방하게 될 한 편의 시에서 그는 자신의 목숨을 구하기 위해 방패를 던져버린 명예롭지 못한 행동에 대해 "상관없다, 방패는 또 구할 수 있으니까"라고 말했다. 전해지는 바에 의하면 그는 타소스인들과 낙소스인들 사이에 벌어진 전투 중에 죽었다고 한다. 아르킬로코스는 단장격의 대가였고 후세의 시인들, 특히 호라티우스로부터 큰 찬사를 받았다. 훗날 그의 시가 얻은 인기와 영향력을 보면 그의 천재성이 지닌 힘과 독창성뿐 아니라 보편성을 증명해 준다. 그의 서정시는 거의 개인적인 체험만을 내용으로 삼고 있으며, 감정의 표현에 집중되어 있다. 그의 작품은 약 100여 수의 토막글로 남아 있다.

2   헤겔은 『미학』에서 서사시를 '순수하게 객관적인 것'으로, 서정시를 '철저히 주관적인 것'으로 보았다.

엇보다도 먼저 주관적인 것의 정복, '자아'로부터의 해방, 모든 개인적 의지와 욕망의 침묵을 요구하기 때문이다. 사실 우리는 객관성, 무관심적 순수 직관이 없으면 참으로 조금도 예술적인 창조를 상상할 수 없다고 믿기 때문이다. 따라서 우리의 미학은 우선 '서정시인'이 예술가로서 어떻게 가능한가 하는 저 문제를 해결해야 한다. 모든 시대의 경험에 따르면 사실 서정시인의 경우 언제나 '내'가 말하고, 자신의 열정과 갈망의 반음계 전부를 우리에게 노래한다. 바로 이 아르킬로코스는 호메로스 곁에서 증오와 조소의 외침을 통해, 취한 상태에서 자신의 욕구 분출을 통해 우리를 깜짝 놀라게 한다. 주관적이라 불린 최초의 예술가인 그는 그것으로 볼 때 본래적인 비예술가가 아닌가? 그렇다면 '객관적' 예술의 진원지인 바로 델포이의 신탁마저 매우 주목할 만한 발언들에서 그 시인에게 경의를 표한 것[3]은 무슨 까닭인가?

실러는 그 자신에게 설명되진 않지만 진지하게 여겨지지 않은 심리학적 관찰을 통해 시작(詩作) 과정에 대해 우리에게 해결의 실마리를 던져주었다. 그는 시작 행위 전에 준비하는 상태에서 사상의 질서정연한 인과율에 따라, 가령 일련의 이미지들을 자신의 앞에 그리고 자신의 내부에 떠올리는 게 아

---

3 아르킬로코스가 태어나기 전에 그의 아버지는 아들이 불멸의 유명한 시인이 되리라는 신탁을 받았다고 한다.

니라, 오히려 **음악적 분위기**를 느낀다고 고백한다("그 느낌은 나의 경우 처음에는 분명한 특정 대상을 지니고 있지 않습니다. 이 대상은 나중에 가서야 형성됩니다. 어떤 음악적 기분이 먼저 일어나고, 그에 이어 시적 착상이 떠오릅니다."**4**). 어디서나 자연스러운 것으로 여겨지는 **서정시인**과 **음악가**의 통합, 또는 동일성 — 이것은 우리의 근대 서정시와 비교하면 흡사 머리 없는 신상처럼 여겨진다 — 이라는 고대 서정시 전체의 가장 중요한 현상을 우리 이제 덧붙여 생각해 보면, 우리는 이제 앞서 서술된 미적 형이상학을 근거로 서정시인을 다음과 같은 식으로 설명할 수 있다. 서정시인은 먼저 디오니소스적 예술가로서 근원 일자, 그의 고통 그리고 모순과 완전히 하나가 되어서 이 근원 일자의 모상(模像)을 음악으로 만들어낸다. 만약 우리가 이 음악을 세계의 반복, 그 세계의 재주조(再鑄造)라고 부르는 게 정당하다면 말이다. 하지만 이제 음악은 그에게 다시 아폴론적인 꿈의 영향으로 마치 **비유적인 꿈의 영상**에서처럼 다시 눈에 드러나게 된다. 음악 속에서 저 이미지도 개념도 없는 근원적 고통의 반영은 가상 속에서 구원받음으로써, 개별적인 비유 혹은 실례로서 이제 제2의 거울상을 만들어낸다. 예술가는 이미 디오니소스적 과정에서 자신의 주관성을 포기했다. 이제 그에게 세계의 가슴과 그의 통일을 보여주는 그

---

4   실러가 괴테에게 1796년 보낸 편지 내용.

영상은 가상 속에서 근원적 즐거움과 함께 근원적 모순과 근원적 고통을 상징적으로 보여주는 하나의 꿈의 장면이다. 그러므로 서정시인의 '나'는 존재의 심연으로부터 울려 나온다. 근대의 미학가들이 사용하는 의미에서 그의 '주관성'은 하나의 망상이다. 그리스인들 가운데 최초의 서정시인인 아르킬로코스가 뤼캄베스[5]의 딸들에게 자신의 미친 듯한 사랑과 동시에 자신의 경멸을 알린다면, 그것은 우리 앞에서 주신제적 광란의 황홀경에 빠져 춤추는 열정이 아니다. 우리는 디오니소스와 마이나데스들[6]을 보고 있으며, 도취한 열광자인 아르킬로코스가 쓰러져 잠들어 있는 모습을 보고 있다―에우리피데스[7]가 『바쿠스의 여신도들』에서 알프스의 고산 목

5 뤼캄베스는 아르킬로코스에게 자신의 딸 네오블레를 주겠다고 약속해 놓고 다른 남자에게 시집보냈다. 그러자 아르킬로코스는 뤼캄베스와 그의 딸을 비방하는 시를 써서 웃음거리로 만들자 그들은 창피를 견디지 못하고 자살하고 말았다고 한다.

6 주신 디오니소스(바쿠스)의 시중을 드는 무녀들을 말함. 마이나데스란 디오니소스를 숭배하는 여자들로 '광란하는 여자들'이라는 뜻이다.

7 에우리피데스(Euripides, BC 484?~BC 406?): 고대 아테네 3대 비극 시인 가운데 한 사람으로 소피스트의 영향을 크게 받은 진보적 작가였다. 합리주의적 성향이 심판관의 비위에 거슬렸는지 우승 횟수는 그의 사후에 받은 것까지 합해 5회에 불과했고, 국면을 해결을 위해 갑자기 신을 등장시키는 수법 등을 시도하여 그리스 비극을 크게 변화시켰다. 고대인들은 에우리피데스가 쓴 희곡을 92편으로 알고 있었지만 20세기에는 제목만 알려진 것까지 포함해 67편으로 알려져 있고, 현재 남아 있는 희곡은 19편이다. BC 431년 스파르타와 아테네 사이에 전쟁이 일어났는데, 에우리피데스는 전쟁 초기에 『헤라클

초지에서 한낮의 태양 아래 잠들어 있는 모습을 묘사하고 있 듯이.[8] 그리고 이제 아폴론이 그에게 다가와 월계수 잎으로 그를 건드린다. 잠자는 사람의 디오니소스적-음악적 마력은

레스의 아이들』과 『탄원하는 여자들』을 썼다. 이후 전쟁의 양면성을 그린 『헤 카베』와 『트로이의 여인들』을 썼다.

에우리피데스는 적을 만들었고, 신성모독죄로 고발되었으며(몇 년 뒤의 소크 라테스처럼), 부도덕한 여인들을 무대에 세워 사람들의 감정을 상하게 하는 가 하면, 존경할 만한 견해를 은밀한 수단으로 공격했다고 한다. 특히 그는 여 성을 혐오한다는 비난을 받았다. 억압받는 여주인공들은 처음에는 동정을 받 지만, 마지막에는 그들을 억압하는 사람들만큼 사악한 복수심을 품게 된다. 예를 들면 『메데이아』에서 여성 합창단은 처음에는 메데이아를 위해 분개하 지만, 마지막에는 메데이아가 한 짓에 대해 훨씬 더 분개하게 된다. 『히폴리토 스』에서 파이드라는 처음에는 의붓아들에 대한 억누를 수 없는 열정을 혐오 하고, 그 열정을 겉으로 드러내기보다는 차라리 죽음을 택하겠다고 생각하는 충실한 아내이지만, 마음속에 감추어 둔 비밀이 서서히 드러나자 다른 사람들 을 자신의 비참한 운명 속에 끌어들이게 될 허위 고발장을 쓴다. 이 모든 것과 에우리피데스의 비극 전체를 이해할 수 있는 실마리는 『메데이아』에서 찾아 볼 수 있다. 메데이아가 황금 양털을 구하러 원정을 떠난 남편 이아손이 아니 라 이아손과 관계있는 다른 모든 사람을 죽였을 때, 메데이아는 죽은 자기 자 식들을 품에 안고 아무도 닿을 수 없는 높은 지붕 위에 서 있는 모습으로 나타 난다.

8   마이나데스들, 즉 바쿠스의 여신도들이 은신하고 있는 곳을 알아오라는 명에 따라 그곳을 염탐하고 돌아온 전령이 펜테우스 왕에게 보고하는 장면이 다. 문란한 성관계, 폭력적인 가축 살해, 미친 듯한 행패로 익히 알려진 마이나 데스들이 역설적이게도 숲속에서 평온하게 낮잠을 자고 있다. 이 평온한 잠 에서 깨어난 마이나데스들은 펜테우스 왕을 찢어 죽인다. "그들은 모두 사지 를 뻗고 잠들어 있었는데, 일부는 등나무 가지에 등을 대고 있었고, 일부는 땅 바닥을 베고 참나무 잎 속에 쓰러져 자고 있었습니다."(『바쿠스의 여신도들』, 677행 이하 참조)

이제 자신의 주위에 영상의 불꽃들을 발산하는데, 이것들이 바로 그 발전의 정점에서 비극과 극적 주신 찬가[9]라고 불리게 되는 서정시들이다.

조형 예술가는, 그와 친족 관계에 있는 서사시인과 마찬가지로 이미지에 대한 순수 직관에 몰두해 있었다. 디오니소스적 음악가는 어떠한 이미지도 없이 전적으로 근원적 고통이자 그것의 근원적 반향일 뿐이다. 서정적 천재는 자기 포기와 합일이라는 신비한 상태로부터 이미지들과 비유의 세계가 자라나는 것을 느낀다. 이 세계는 조형 예술가나 서사시인의 저 세계와는 전혀 다른 색채와 인과율과 속도를 지니고 있다. 조형 예술가와 서사시인은 이 이미지들 속에서, 또 단지 그 이미지들 속에서만 즐겁고 안락하게 살고, 그 이미지들을 극히 세세한 특성들에 이르기까지 애정을 갖고 직관하면서 결코 지칠 줄 모른다. 반면 분노한 아킬레우스[10]의 모습 자체는 그에게 하나의 이미지에 불과하며, 그는 그 분노하는 표정을 가상 속에서 꿈의 즐거움을 가지고 즐긴다. 그래서 그는 이

---

9 빌라모비츠는 '극적 주신 찬가'에 대해 역사적 증거가 없는 날조라고 반박한다.

10 『일리아스』제1권 1행 이하. "노래하소서, 여신이여! 펠레우스의 아들 아킬레우스의 분노를, 아카이오이족에 무수한 고통을 안겨주었으며, 숱한 영웅들의 굳센 혼백을 하데스에게 보내고 그들 자신은 개와 온갖 새의 먹이가 되게 한 그 잔혹한 분노를!"

가상의 거울을 통해 자신의 형상과 하나가 되어 용해되는 것을 막아준다. 이와는 반대로 서정시인의 이미지는 다름 아닌 시인 그 자신이며, 말하자면 그 자신의 상이한 객관화일 뿐이다. 그 때문에 서정시인은 저 세계의 움직이는 중심점으로서 '나'라고 말할 수 있다. 다만 이 자아는 깨어 있는 자아, 경험적으로 실재하는 인간의 자아가 아니라, 유일하게 무릇 참으로 존재하는 영원한 자아, 사물의 밑바탕에 깃들어 있는 자아이다. 서정적 천재는 이 자아의 모상들을 통해 사물들의 밑바탕에 이르기까지 꿰뚫어 본다. 우리 이제 다음 사실을 한번 생각해 보자. 서정적 천재가 어떻게 이러한 모상들 중에서 자기 자신을 비천재로, 즉 그의 '주체'로, 그에게 실재하는 것으로 생각되는 특정한 사물을 향하는 주관적 열정과 의지의 동요가 뒤섞인 전체로 바라보는지 생각해 보자. 이제 만약 서정적 천재, 그리고 그와 연결되어 있는 비천재가 하나인 것처럼 보인다면, 그리고 서정적 천재가 자기 자신에 관해 '나'라는 저 짧은 말을 말하는 것처럼 보인다면, 이제 이 가상은 서정시인을 주관적 시인으로 불렀던 사람들을 유혹했던 것처럼 우리를 더 이상 유혹할 수 없을 것이다. 열정에 불타올라 사랑하고 미워하는 인간 아르킬로코스는 사실 단지 천재의 환영에 불과하다. 이 천재는 더 이상 아르킬로코스가 아니라 세계 천재이며, 자신의 근원적 고통을 인간 아르킬로코스에 관한 저 비유 속에서 상징적으로 표현한다. 반면에 저 주관적으로 의욕하고 욕망하는 인간 아르킬로코스는 결코 시인일 수 없다. 하지만 서정시인은 자기 앞의 아르킬로코스라는 현상만을 영원한 존재의 반영으로 볼 필요는 없다. 그리고 비극은 서정시인의 환영세계가 가장 가까이 있는 저 현상으로부터 얼마나 멀리 떨어져 있을 수 있는지를 증명해 준다.

예술에 대한 철학적 고찰이 문제가 될 때 서정시인에 의해 제기된 어려움을 감추지 않은 **쇼펜하우어**는 내가 함께 갈 수 없는 하나의 탈출구를 발견했다고 생각한다. 하지만 심오한 음악의 형이상학으로 저 어려움을 결정적으로 제거할 수 있는 수단이 그의 손에 쥐어졌다. 나는 그의 정신에 따라 그리고 그의 명예를 위해 여기서 같은 어려운 문제를 해결했기를 믿는다. 반면에 그는 노래의 원래적 본질을 다음과 같이 묘사했다(『의지와 표상으로서의 세계』, 제1부 295쪽). "종종 속박에서 벗어난 충족된 의욕(기쁨)으로서, 그런데 보다 자주 억압된 의욕(슬픔)으로서, 언제나 흥분과 열정, 감동받은 기분으로서, 노래하는 사람의 의식을 채우는 것은 의지의 주체, 즉 자신의 의욕이다. 그렇지만 이것 외에, 또 동시에 그것과 함께 노래하는 사람은 주변 자연을 바라봄으로써 자기 자신을 의지가 없는 순수한 인식 주체로서 자각하게 된다. 이때부터 그 인식의 흔들림 없는 복된 평정은 항상 제한을 받고, 여전히 무엇을 필요로 하는 의욕의 충동과 대조를 이루게 된다. 이 대조와 다채로운 변전의 느낌이야말로 본래적으로 노래의 전체에서 나타나며, 일반적으로 서정적인 상태를 이룬다. 이 상태에서 말하자면 의욕과 그 충동으로부터 우리를 구원하기 위해 순수한 인식 작용이 우리에게 다가온다. 그래서 우리는 그것에 따른다. 하지만 이것도 한순간뿐이다. 늘 새로이 의욕과 우리의 개인적 목적에 대한 회상이 우리를 조용한 정관에서 벗어나게 한다. 그러나 또한 의지가 없는 순수한 인식이 우리에게 나타나게 하는 아름다운 주변 환경이 늘 다시 우리의 의욕을 유혹한다. 그 때문에 노래나 서정적인 분위기 속에서는 의욕(목적에 대한 개인적인 관심)과 나타나는 환경에 대한 순수 직관 작용이 기묘하게 서로 섞이게 된다. 즉 의욕과 직관 사이의 관계를 찾고 상상하게 된다. 주관적인 기분, 즉 의지의 촉발은 자신의 색채를 직관된 환경에 전달하고, 이 환경은 다시 반사 작용으로 그 색채를 기분에 전달한다. 진정한 노래란 이렇게 섞이고 전달된 이 모든 기분의 복제품이다."[11]

이러한 묘사에서 서정시가 불완전하게 성취된 예술, 도약에 의해서만 가능할 뿐 좀처럼 목표에 이르지 못하는 예술로서 특징지어지고 있음을 누가 이해하지 못하겠는가? 그러니까 의욕과 순수 직관, 즉 비미학적 상태와 미학적 상태의 기이한 혼합을 그 **본질**로 하는 반쪽 예술로 규정되어 있음을 누

---

11   『의지와 표상으로서의 세계』, 앞의 책, 354~355쪽.

가 인식하지 못하겠는가? 오히려 우리는 쇼펜하우어조차도 예술 분류에 있어서 하나의 가치척도처럼 사용하는 전체 대립, 주관적인 것과 객관적인 것의 대립이 미학에서는 발붙일 곳이 없다고 주장한다. 왜냐하면 주체, 의욕하고 자신의 이기적 목적을 추구하는 개인은 예술의 근원으로서가 아니라 단지 적으로서만 생각될 수 있기 때문이다. 하지만 그 주체가 예술가인 한, 그는 이미 자신의 개인적 의지로부터 해방되었으며, 말하자면 참으로 존재하는 주체가 가상 속에서 자신의 구원을 축하하도록 하는 매개물이 되었다. 왜냐하면 예술희극[12] 전체는 결코 우리를 위해, 가령 우리의 향상과 교양을 위해 상연되는 것이 아니며, 그러니까 마찬가지로 우리가 저 예술세계의 본래적인 창조자가 아니라는 사실이, 우리를 낮추기도 하고 드높여주기[13]도 하지만, 무엇보다 우리에게 명백해져야 하기 때문이다. 하지만 사실 우리가 그 예술세계의 참된 창조자에게는 벌써 이미지들이고 예술적 투영이며 그

12　16~18세기에 이탈리아에서 나타난 즉흥 희극(commedia dell'arte)을 독일 문학사가들은 예술희극(Kunstkomödie)으로 잘못 옮겼다. 배우들은 가면으로 이중역을 맡기도 했지만 대부분은 자신의 가면 역을 만들어내거나 기존의 것을 발전시켰다. 예술희극은 그리스에서는 가면을 쓰고 공연한 희극을 가리킨다.

13　빌립보서 제2장 8~9절 참조. "사람의 모습으로 나타나사 자기를 낮추시고 죽기까지 복종하셨으니 곧 십자가에 죽으심이라, 이러므로 하나님이 그를 지극히 높여 모든 이름 위에 뛰어난 이름을 주사."

리고 예술 작품의 의미에서는 최고의 품위를 지닌다는 사실을 우리 자신에 관해 가정해도 되겠다― 왜냐하면 오직 **미적 현상**으로서만 현존과 세계는 영원히 **정당화되기** 때문이다.[14] 반면에 물론 이러한 우리의 의미에 대한 우리의 의식은 화폭 위에 그려진 전사가 그 위에 묘사된 전투에 대해 갖는 의식과 거의 다르지 않다. 따라서 우리의 예술지식 전체는 근본적으로 완전히 망상적인 것이다. 왜냐하면 인식하는 자로서의 우리는 저 예술 희극의 유일한 창조자이자 관객으로서 스스로를 위해 영원한 향유를 준비하는 존재와 하나도 아니고 동일하지도 않기 때문이다. 천재는 예술적 창조의 행위에서 세계의 저 근원적 예술가와 융합되는 한에서만, 예술의 영원한 본질에 대해 무언가를 알게 된다. 왜냐하면 그러한 상태에서 그는 놀랍게도 눈을 돌려서 자기 자신을 직관할 수 있는 동화 속의 섬뜩한 이미지와 같기 때문이다. 이제 그는 주체인 동시에 객체이고, 시인인 동시에 배우이자 관객인 것이다.

---

14   삶의 종교적·도덕적·학문적 정당화 대신 삶의 예술적 정당화는 이 지상에서의 고난과 고통에도 불구하고 이 지상에서의 삶을 비극에서처럼 근원 의지의 발현으로 봄으로써 긍정하는 것이다. "현존과 세계는 오직 미적 현상으로만 정당화된다"라는 니체의 주장은 24장에서 다시 상세하게 다루어진다.

6. 의지로서 현상하는 음악

아르킬로코스와 관련하여 학문적 연구는 그가 **민요**를 문학에 도입했고, 이러한 업적 때문에 그리스인들의 일반적인 평가에서 호메로스와 어깨를 견줄 만한 유일한 지위를 차지한다는 것을 밝혀냈다. 하지만 전적으로 아폴론적인 서사시와 대비되는 민요란 무엇인가? 아폴론적인 것과 디오니소스적인 것의 합일의 영원한 흔적[1]이 아니고 무엇이란 말인가? 모든 민족에게 퍼져나가며 늘 새로운 탄생을 통해 강화되는 민요의 엄청난 전파력은 자연의 저 이중적 예술 충동이 얼마나 강한지를 우리에게 말해주는 증거다. 한 민족의 주신제적 광란의 움직임이 그 민족의 음악 속에 영원히 흔적을 남기는 것과 유사한 방식으로 자연의 이중적 예술 충동은 그 흔적을

---

1   perpetuum vestigium.

민요 속에 남긴다. 그렇다, 민요가 풍부했던 모든 생산적인 시기가 디오니소스적 조류에 가장 강력하게 자극받았다는 사실은 역사적으로도 증명 가능할 것이다. 우리는 그 디오니소스적 조류를 언제나 민요의 토대이자 전제 조건으로 간주해야 한다.

그러나 민요는 우리에게 무엇보다 세계에 대한 음악적인 거울이며, 이제 꿈속에서 하나의 유사한 현상을 찾아 문학에서 그것을 표현하는 근원적인 선율로 간주된다. **선율은 그러므로 1차적인 것이자 보편적인 것이다.** 이것이 다양한 텍스트들에서 다양한 객관화를 견뎌낼 수 있는 것은 그 때문이다. 또한 선율은 민중의 소박한 가치평가에서 훨씬 더 중요하고 필수적인 것이다. 선율은 자신으로부터 문학을 낳는데, 그것도 늘 다시 새로운 것을 낳는다. 다름 아닌 **민요의 연의 형식이** 바로 그런 사람을 우리에게 말해준다. 나는 마침내 이런 설명을 생각해 낼 때까지 그런 현상을 늘 놀라워하며 관찰했다. 예컨대 『소년의 마술피리』[2] 같은 민요집을 이 이론에 비추어 살펴본 사람은 끊임없이 발생시키는 선율이 자기 주위에 이미지

---

2   아르힘 폰 아르님(Archim von Arnim)과 클레멘스 브렌타노(Clemens Brentano)가 1806년부터 1808년에 걸쳐 민간 전승시들을 수집하여 만든 민요집으로 독일 낭만주의에 중대한 공헌을 했다. '소년의 마술피리'라는 제목은 여제에게 마술피리를 갖다주는 한 소년에 관한 내용에서 따왔다. 이 책에 철학적인 정확성이 결여되어 있다고 비판하는 사람도 있었으나 괴테는 이 책의 진가를 인정하여 좋게 평했다.

의 불꽃을 흩뿌리는 무수한 사례를 발견할 것이다. 이 이미지의 불꽃들은 그 다채로움, 급격한 변전, 그러니까 광포한 돌진이라는 점에서 서사시적 가상이나 그 고요한 흐름과는 완전히 이질적인 힘을 드러낸다. 서사시의 관점에서 보면 서정시의 이러한 불균형하고 불규칙적인 이미지 세계는 간단히 유죄 판결을 받아야 한다. 그리고 확실히 테르판드로스[3] 시대에 아폴론 축제의 장엄한 서사적 음유시인들이 바로 그렇게 했던 적이 있었다.

그러므로 우리는 민요의 시가가 **음악을 모방하기 위해** 극도로 긴장하고 있는 언어라고 생각한다.[4] 그 때문에 가장 깊은 밑바탕에서 호메로스의 시문학과 모순되는 시학의 새로운 세계가 아르킬로코스와 함께 시작된다. 이로써 우리는 시학과 음악, 언어와 음조 사이에서 유일하게 가능한 관계를 자세히 설명했다. 언어, 이미지, 개념은 음악과 유사한 표현을 추구하고, 이제는 자신에게 미치는 음악의 힘을 감수한다. 이런 의미에서 우리는 그리스 민족의 언어사에서 언어가 현상세

3　테르판드로스(Terpandros): BC 647년경 소아시아의 레스보스섬에서 활동한 그리스의 시인·음악가. 리라와 비슷하게 생긴 7현 악기인 키타라를 발명하여 반주하며 노래하는 가수로 유명했는데, '기타'라는 말은 '키타라'에서 유래한 것이다.

4　빌라모비치는 반박문에서 서정시의 언어가 음악에 따라 생겨난다는 니체의 견해를 반박한다.

계나 이미지 세계를 모방했는가, 아니면 음악 세계를 모방했는가에 따라 두 가지 주된 흐름을 구별할 수 있다. 이런 대립의 의미를 파악하려면 우리는 호메로스와 핀다로스[5]에게서 나타나는 색채, 통사 구조, 어법의 차이점에 관해 한 번쯤 좀 더 깊이 생각할 필요가 있다고 하겠다. 그러면 호메로스와 핀다로스 시대 사이에 **올림포스[6]의 광란적 피리 가락[7]**이 울려 퍼

---

5 핀다로스(Pindaros, BC 518~BC 438): 고대 그리스의 가장 위대한 서정 시인, 피티아 제전, 올림피아 제전, 이스트미아 제전 및 네메아 제전에서 거둔 승리를 축하하는 합창용 송가인 에피니키온의 대가. 그리스 합창용 서정시의 전통은 핀다로스의 송가에서 절정에 이르렀다. 수십 세기가 지난 오늘날에는 핀다로스가 호메로스의 서사시나 소포클레스의 비극처럼 직접적으로 우리에게 말하지는 못한다. 그러나 그는 정교하고 복잡한 예술 형태를 능숙하게 다룸으로써 유례를 찾아볼 수 없을 만큼 웅대하고 고귀한 합창용 서정시를 창조했다.

6 프리기아 출신의 올림포스는 BC 8세기 무렵의 전설적 시인으로 오보에와 유사한 아울로스의 새로운 양식을 확립했다고 알려지고 있다.

7 아나톨리아 출신의 피리의 명수인 마르시아스의 피리 가락을 가리킨다. 올림포스의 아들인 마르시아스는 피리를 연주하는 데 익숙해지자 아폴론에게 연주 시합을 하자고 도전했다. 아폴론은 리라를 가지고 마르시아스는 피리를 가지고 실력을 겨루었으나 승부를 가리지 못하자, 아폴론은 각자의 악기를 거꾸로 쥐고 연주하자는 제의를 했다. 심판관으로 뽑힌 프리기아의 미다스 왕이 마르시아스에게 유리한 판정을 하자 아폴론은 미다스의 귀를 당나귀 귀로 변하게 하는 벌을 주었다. 또 다른 전설에 의하면 뮤즈 여신들이 심판관이 되어 아폴론이 이겼다고 판정하자 아폴론은 마르시아스를 나무에 묶고 살가죽을 벗겼다고 한다. 로마의 광장에 서 있던 마르시아스 상은 널리 애호되는 미술의 주제가 되었고, 로마의 식민지들은 이 상을 모방하여 그들 나름대로의 마르시아스 상을 만들었는데 그들은 이것을 자치의 상징으로 여겼다.

졌음에 틀림없다는 사실이 우리에게 즉각 명백해진다. 이 피리 가락은 아리스토텔레스의 시대에조차도 무한히 더 발전된 음악의 한가운데서 사람들을 도취적인 열광상태로 몰아넣었고, 확실히 그 근원적 영향력을 발휘하여 동시대 사람들로 하여금 온갖 시적 표현 수단을 가지고 그 음악을 모방하도록 자극했다. 여기서 나는 우리 시대의 어떤 잘 알려진 현상, 우리의 미학에서는 단지 언짢게 생각될 뿐인 어떤 현상을 상기시키고자 한다. 어떤 악곡에 의해 생겨나는 다양한 이미지 세계들의 조합이 꽤 환상적으로 다채롭게, 심지어 모순되게 보인다 할지라도, 우리는 베토벤의 교향곡에 의해 개개의 청중이 이미지로 그에 관해 말하지 않을 수 없도록 하는 것을 거듭 체험한다. 그러한 조합에는 빈약한 기지를 발휘하면서도 참으로 설명할 가치가 있는 현상은 무시하는 것, 그것이 바로 저 미학의 방식이다. 사실 그 작곡가가 이미지로 작곡에 관해 말했다 하더라도, 가령 그가 어떤 교향곡을 '전원 교향곡'이라 부르고, 어떤 악장을 '시냇가 풍경', 그리고 다른 악장을 '농부들의 즐거운 모임'이라고 이름 붙인다면, 그것들 역시 단지 음악에서 태어난 비유적인 표상에 지나지 않을 뿐이다―그리고 그것들은 가령 음악의 모방된 대상들이 아니다―그것들은 음악의 **디오니소스적** 내용에 관해 우리에게 아무것도 가르쳐줄 것이 없는 표상들이고, 그러니까 다른 이미지들에 비해 아무런 배타적인 가치를 갖지 않는 표상들이다.

연으로 나누어진 민요가 어떻게 생겨나고, 언어능력 전체가 음악의 모방이라는 새로운 원칙에 의해 어떻게 자극받는지 예감하기 위해, 우리는 음악이 이미지로 발산되는 이 과정을 이제 신선하고 언어적으로 창조적인 젊은 사람들에게 넘겨 줘야 한다.

그러므로 우리가 서정적 시문학을 이미지와 개념으로 음악을 모방하는 광채로 볼 수 있다면, 우리는 이제 다음과 같이 물을 수 있다. 음악은 이미지와 개념의 거울 속에서 무엇으로서 현상하는가? 음악은 의지[8]로서 현상한다. 이때 의지라는 단어는 쇼펜하우어적인 의미에서 말하는 것으로, 미학적이

---

8 니체는 의지(Wille)의 개념을 쇼펜하우어로부터 받아들인다. 두 사람이 사용하는 의지라는 단어는 그 전의 철학자들이 사용한 의지와는 다른 개념이다. 플라톤, 아리스토텔레스, 스토아학파, 토마스 아퀴나스, 데카르트, 스피노자, 라이프니츠, 로크, 홉스, 칸트, 헤겔은 의지가 지성에 의지하여 생겨난다고 보았다. 반면에 쇼펜하우어와 니체는 의지가 모든 존재를 규정하는 근거·원동력이라고 주장한다. 칸트의 사물 자체가 쇼펜하우어에게는 의지이고 프로이트에게는 무의식이다. 쇼펜하우어에 의하면 세계의 본질은 의지이고 의지는 이성적이 아니며 비합리적이고 맹목적이다. 의지는 불구의 이성을 어깨에 메고 있는 힘센 장님과 같다. 얼핏 보기에 인간의 행위를 이성이 이끌어가고 있는 것 같지만 앞으로 나아가는 힘은 의지로부터 나오는 충동이다. 이성은 의지에 봉사하는 의지의 심부름꾼일 뿐이다. 쇼펜하우어에게 '의지'란 개념은 일반적인 의미의 뜻뿐만 아니라, 인간의 다른 맹목적인 감성인 '욕망', '욕구', '갈망', '추구', '노력', '고집'까지 포괄하는 개념이다. 그 뿐만 아니라 쇼펜하우어는 식물의 성장을 가능케 하는 힘, 광물이 결정을 만드는 힘, 나침반이 북쪽을 향하는 것, 중력의 작용 등 모두를 의지로 보았다. 이처럼 쇼펜하우어는 의지를 자연 속에 있는 모든 힘이라고 표현한다.

고, 순전히 정관적이며 무의지적인 상태와 반대되는 의미를 지닌다. 여기서 우리는 본질의 개념과 현상의 개념을 되도록 명확하게 구별해야 한다. 왜냐하면 그러한 의지로서의 음악은 예술의 영역에서 완전히 배제되어야 할 것이므로, 음악은 본질상 의지일 수 없기 때문이다―왜냐하면 의지는 본래 미학적이지 않기 때문이다―하지만 음악은 의지로서 현상한다.[9] 왜냐하면 이미지 속에서 음악의 현상을 표현하기 위해서 서정시인은 애정의 속삭임에서부터 광기의 으르렁거림에 이르기까지 열정의 온갖 동요를 필요로 하기 때문이다. 아폴론적 비유를 통해 음악에 관해 말하려는 충동하에서 서정시인은 자연 전체와 그 속에 있는 자신을 영원히 의욕하는 자, 갈망하는 자, 동경하는 자로 이해한다. 그러나 서정시인이 음악을 이미지 속에서 해석하는 한, 그가 음악이라는 매개체를

---

9 "말하자면 음악은 세계 자체와 마찬가지로, 즉 다양한 모습으로 나타나 개별적 사물의 세계를 이루는 이념들이 그러하듯이 전체 의지의 직접적인 객관화이자 모사이다. 그러므로 음악은 다른 예술들과 달리 이념의 모사가 아니라 의지 자체의 모사이며, 이념도 이 의지의 객관성에 불과하다. 바로 그 때문에 음악이 주는 효과가 다른 예술들이 주는 효과보다 훨씬 강렬하고 감동적이다. 다른 예술은 그림자에 관해 말하는 것에 불과하지만, 음악은 본질에 관해 말하기 때문이다. 그런데 이념들 속에서뿐만 아니라 음악에서, 다만 이념과 음악 양자에서 각기 전혀 상이한 방식으로 객관화되는 것이 동일한 의지이므로, 음악과 이념, 즉 다수성과 불완전성 속에서 가시적인 세계를 현상으로 나타내는 이념들 사이에 사실 직접적인 유사성은 없다 하더라도, 어떤 병행하는 유사성이 있음에 분명하다."(『의지와 표상으로서의 세계』, 앞의 책, 364쪽 참조)

통해 직관하는 모든 것이 그의 주위에서 급박하게 이리저리 요동칠지라도 그 자신은 아폴론적 정관이라는 고요한 바다의 한가운데서 편히 휴식을 취한다. 사실 그가 같은 매개체를 통해 자기 자신을 바라본다면 불만족스러운 감정 상태에 있는 자신의 고유한 모습이 보일 것이다. 즉 자신의 고유한 의욕, 동경, 신음, 환호는 그에게 음악을 해석하는 데 사용하는 하나의 비유이다. 이것이 서정시인의 현상이다. 즉 의지의 탐욕으로부터 완전히 해방된 그 자신은 흐려지지 않은 순수한 태양의 눈인 반면, 아폴론적 천재로서의 그는 의지의 이미지를 통해 음악을 해석한다.

이러한 논의 전체를 통해 나는 음악 자체는 그것의 절대적 주권성 때문에 이미지나 개념을 **필요로 하지** 않고, 자기 곁에 있는 그 개념을 단지 **감내하고** 있을 뿐이라는 것과 같은 정도로, 서정시가 음악의 정신에 의존하고 있다는 생각을 견지하고 있다. 서정시인의 시문학은 그에게 이미지의 언어를 사용하지 않을 수 없게 하는 음악 속에 최고의 보편적 타당성을 갖고 이미 존재하지 않는 것에 대해서는 아무것도 말할 수 없다. 바로 이런 이유에서 음악의 세계 상징성은 언어로는 충분히 해석될 수 없다. 왜냐하면 음악은 근원 일자의 가슴 속에 있는 근원적 모순이며 근원적 고통과 상징적으로 관계하고 있기 때문이다. 이로써 음악은 모든 현상의 너머와 앞에 있는 어떤 영역을 상징하고 있다. 음악에 비하면 모든 현상은 오히려 단지 비유에 불과하다. 따라서 현상의 기관이자 상징으로서의 언어는 음악의 가장 깊은 핵심을 결코 알아낼 수 없으며, 음악의 모방을 시도하는 즉시 늘 음악과 피상적인 접촉에 머무를 뿐이다. 반면에 온갖 서정적인 달변도 음악의 가장 심오한 의미[10]에 한 걸음도 더 가까이 다가갈 수 없다.

---

10   같은 책, 368쪽. "음악은 결코 현상을 표현하는 것이 아니라 오로지 모든 현상의 내면적 본질인 즉자태, 즉 의지 그 자체를 표현하기 때문이다."

7. 그리스 비극의 기원

우리는 그리스 비극의 기원을 미로라고 칭할 수밖에 없는데, 이 미로에서 빠져나갈 길을 찾기 위해 지금까지 논의해온 모든 예술원리의 도움을 받아야만 한다. 고대적 전승의 너덜너덜해진 조각들이 벌써 아무리 자주 다양한 조합으로 함께 꿰매졌다가, 그리고 다시 쪼개졌다 하더라도 그리스 비극의 기원에 관한 문제가 해결되기는커녕 지금까지 진지하게 제기된 적조차 없었다고 말한다면, 나는 결코 불합리한 주장을 한다고 생각하지 않는다. 이러한 전통은 비극은 비극 가무 합창단[1]에서 생겨났으며, 비극은 원래 합창일 뿐이고 그 외에 아무

---

[1] 그리스 고전극에서 합창단(Chor)은 노래·춤·낭송으로 극의 주요 줄거리를 묘사하고 언급하는 일군의 배우들이었다. 그리스 고전극에서 50명의 남자가 무리 지어 춤추고 주신 찬가를 부른 것이 효시였다. 배우들은 적극적인 역할을 한 반면 합창단은 소극적인 역할에 머물렀다. 비극의 주인공들은 신이

것도 아니라는 점을 아주 단호하게 우리에게 말해주고 있다. 비극 합창단은 이상적인 관객이라든가, 또는 무대 장면의 호사스러운 영역에 맞서 민중을 대변해야 한다든가 하는 진부한 예술적 상투어에 아무튼 우리가 만족하게 하지 않고, 본래의 원시 연극으로서 이 비극 합창의 핵심을 부득이하게 꿰뚫어 보지 않을 수 없게 하는 것이 바로 여기서 비롯한다. 후자의 언급, 즉 비극 합창단이 민중을 대변해야 한다는 언급은, 마치 일반 대중의 합창 속에 민주적 아테네 시민들의 불변의 윤리 법칙이 서술되어 있으며, 이 민중의 합창은 왕들의 열정적인 월권과 방종을 넘어서 정당하기라도 한 것처럼, 일부 정치인들에게는 고상하게 들리는 해석일지도 모른다. 사실 이런 해석은 아리스토텔레스의 어떤 말에 의해 암시되었을지도 모르지만, 그는 비극의 원래적 형성에는 아무런 영향을 행사하지 못한다. 민중과 제후가 전반적으로 대립하고 있다는 생각, 일반적으로 모든 정치적-사회적 영역은 저 순수하게 종교적인 기원으로부터 배제되어 있기 때문이다. 하지만 아

인간에게 내린 한계에 반항하려 했고 합창은 공포와 희망, 국가와 일반 시민들의 판단을 표현했다. 배우의 역할이 중요해지면서 합창단원의 수가 줄어들고 합창의 중요성도 약해져서 막 사이의 장식 부분이 되었다. 그러다가 르네상스 시대에 합창단의 역할이 다시 부활했다. 영국 엘리자베스 여왕 시대의 연극에서는 '코러스'라는 말이 서문이나 맺음말을 담당하는 독백자를 뜻하는 말로 사용되었다. 많은 현대극에서 여러 명으로 구성된 합창이 부활되었다.

이스킬로스[2]와 소포클레스로[3]부터 우리가 잘 알고 있듯이 합창의 고전적 형식과 관련하여 그것에서 '입헌적 인민 대의제'를 예감한다는 생각을 우리는 모독이라고 간주하고 싶다. 하지만 다른 사람들은 그런 신성 모독을 하는 것에 겁먹고 위축되지 않았다. 고대의 국가 제도는 실제로 입헌적 인민 대의제를 알지 못하며, 고대의 비극은 아마도 그것을 예감조차 하지 못했을 것으로 생각된다.

A. W. 슐레겔의 생각이 합창에 대한 이러한 정치적 서명보다 훨씬 유명하다. 그는 합창을 어느 정도는 많은 관객의 총화이자 정수로, 이상적인 관객으로 볼 것을 우리에게 간곡히 권유한다. 원래 비극은 합창에 불과했다는 저 역사적 전승과 나란히 놓고 비교해 보면, 이러한 견해는 그 실상을 잘 파

---

2   아이스킬로스(Aeschylos, BC 525~BC 456): 그리스 비극의 창시자로 합창과 낭송만으로 이루어진 초기의 극예술을 노래와 대사 및 행위가 어우러진 완전한 형태의 극예술로 끌어올렸다. 그는 그리스 연극에 별도의 역할과 대사를 가진 2번째 배우를 도입하여, 1명의 배우와 합창단만으로 연극을 꾸려나가는 관례를 바꾸었다고 한다.

3   소포클레스(Sophocles, BC 496?~BC 406): 아이스킬로스 및 에우리피데스와 더불어 고대 그리스의 3대 비극작가 가운데 한 사람. 123편의 희곡을 썼지만 지금까지 남아 있는 것은 『오이디푸스 왕』, 『아이아스』, 『트라키스의 여인들』, 『안티고네』, 『콜로노스의 오이디푸스』, 『엘렉트라』, 『필록테테스』 7편뿐이며, 가장 널리 알려진 작품은 『오이디푸스 왕』이다. 그는 희곡을 통하여 긴 생애 동안 최고의 존경을 받았을 뿐 아니라, 고전 문명의 본질적 요소를 영원히 사람들의 관심을 끄는 연극으로 바꾸었다. 가장 널리 알려진 작품은 아리스토텔레스가 『시학』에서 비극의 전형으로 격찬한 『오이디푸스 왕』이다.

악한 것으로, 거칠고 비학문적이긴 하지만 훌륭한 주장으로 입증된다. 하지만 이 주장은 다만 그 표현의 농축된 형식으로 인해, '이상적'이라고 불리는 모든 것에 대한 진정 게르만적인 편애로 인해, 우리의 순간적인 놀라움으로 인해서만 그 찬란한 광채를 보존해 왔을 뿐이다. 말하자면 우리에게 잘 알려진 연극 관객을 저 합창단과 비교하여, 이 관객으로부터 비극 합창단과 유사한 무언가를 끄집어내어 이상화하는 것이 가능한지 자문해 보자마자 우리는 놀라게 된다. 우리는 이러한 점을 내심 부정하며, 슐레겔이 하는 주장의 대담성뿐 아니라 그리스 관객의 전적으로 상이한 본성에 대해서도 마찬가지로 놀라워하게 된다. 다시 말해 우리는 진정한 관객이라면 그가 누구라 하더라도, 경험적 실재가 아니라 예술 작품을 눈앞에서 보고 있음을 항상 의식한 상태로 있어야 한다고 늘 생각해 왔다. 반면 그리스인의 비극 합창단은 무대 위의 인물을 신체를 지닌 실존 인물로 인식하도록 요구받았다. 오케아노스[4] 딸들로 구성된 합창단은 거인 프로메테우스를 실제로 눈

---

4   오케아노스는 가이아와 우라노스의 아들들인 티타네스의 장남이며 티타니데스, 키클로페스, 헤카톤케이레스의 남매이다. 오케아노스는 여동생인 테티스와 결혼하여 오케아니데스라는 3000명의 딸들을 낳고 세상의 모든 강을 만든다. 오케아노스의 딸들은 강과 샘과 바다와 바람과 구름의 님프들이었으며 이 중 바람과 구름의 님프들은 각각 아우라이와 네펠라이라고 불렸다. 고대 그리스인들은 세계가 원형의 평평한 판처럼 생겼고 그 주위를 오케아노스라는 큰 강이 둘러싸고 흐른다고 생각했다. 이 신이 로마 신화와 융합되며 오

앞에 보고 있다고 믿으며, 자기 자신을 무대의 신과 곡 마찬가지로 실재한다고 간주한다. 그러면 최고의 가장 순수한 종류의 관객은 오케아노스의 딸들처럼 프로메테우스를 신체를 가진 현존하는 실재 인물로 간주한단 말인가? 그리고 무대 위에 뛰어올라 그 신을 고문의 고통에서 해방시키는 것이 이상적인 관객의 징표란 말인가? 우리는 미학적 관객의 존재를 믿어왔고, 개개의 관객이 예술 작품을 예술로서, 즉 미학적으로 받아들이는 능력이 클수록 그를 그만큼 더 유능하다고 간주했다. 그런데 이제 슐레겔의 표현[5]은 완전한 이상적인 관객이란 무대의 세계로부터 결코 미학적 영향이 아니라 신체적으로 경험적 영향을 받는다는 점을 우리에게 암시했다. 오, 이런 그리스인들이라니! 우리는 탄식한다. 그들이 우리의 미학을 뒤엎고 있다니! 하지만 그것에 익숙해져서 우리는 합창단이 언급될 때마다 슐레겔의 발언을 되풀이했다.

그러나 저 확실한 전승이 여기서 슐레겔에 반대되는 말을 한다. 무대가 없는 합창단 자체, 그러므로 원시적 형태의 비

케아누스(Oceanus)가 되었고, 이는 대양(ocean)의 어원이 되었다. 오케아노스의 딸들은 아이스킬로스의 비극 『결박된 프로메테우스』에서 합창단으로 나온다.

5 A. W. 슐레겔은 『연극 예술과 문학에 대한 강의』에서 "합창단은 한마디로 말해 이상화된 관객이다"라고 말했다. 무대를 하나의 허구적 예술 작품으로 인식하는 니체는 무대의 신을 실제의 신으로 보는 관객을 이상화된 관객으로 여기는 슐레겔의 정의를 피상적인 관찰에 불과하다고 본다.

극과 이상적인 관객의 저 합창단은 서로 양립할 수 없는 것이다. 관객이라는 개념을 토대로 하는, 즉 '관객 그 자체'를 본래적 형식으로 간주하는 것은 대체 어떤 종류의 예술 장르일까? 연극에 관객에 없다는 것은 불합리한 일이다. 우리는 비극의 탄생이 대중의 도덕적 지성에 대한 존경과 관련해서도, 연극 없는 관객이라는 개념과 관련해서도 설명될 수 없는 게 아닌가 우려한다. 그리고 이 문제를 그처럼 얄팍한 고찰방식으로는 건드리기만 하기에도 너무 심오하다고 간주한다.

실러는 합창단의 의미에 대한 무한히 더 소중한 통찰을 『메시나의 신부』의 유명한 서문[6]에서 이미 보여주었다. 그는 합창단을, 자신을 현실 세계로부터 완전히 격리하고 자신의 이상적 지반과 자신의 시적 자유를 보존하기 위해, 비극이 자기 주변에 쳐놓은 살아 있는 성벽으로 간주했다.

실러는 이러한 통찰을 자신의 주요 무기로 사용하여 자연적인 것이라는 진부한 개념에 대항하여, 즉 극문학에 일반적으로 요구되는 환영에 대항하여 싸운다. 낮 자체는 무대 위에서 단지 인위적인 낮일 뿐이고, 건축술은 단지 상징적인 것일 뿐이며, 운율적 언어는 이상적 성격을 지니는 반면 여전히 오류가 전체적으로 지배하고 있다는 것이다. 즉 실러에게는 모

---

6 『메시나의 신부』의 서문에 '비극에서의 합창단 사용에 대하여'라고 나와 있다. 실러는 거기에서 '이 장벽은 현실 세계에서 격리해 자신의 상상의 세계, 창조적 자유를 지켜주기 위해 비극을 둘러싸고 있어야 한다'고 말한다.

든 시문학의 본질이라는 것을 단지 시적 자유로 용인하는 것만으로는 충분하지 않다는 것이다. 합창단의 도입은 예술에서의 모든 자연주의에 대해 공개적으로 명예롭게 선전포고를 하는 결정적인 발걸음이라는 것이다. 내 생각에 그것은 스스로 우월하다는 망상에 빠진 우리 시대가 '사이비 이상주의'라는 경멸적인 표어를 사용하는 종류의 고찰 방식인 듯하다. 그와 반대로 우리가 오늘날 자연적인 것과 현실적인 것의 숭배를 통해 이상주의의 반대극, 말하자면 밀랍 세공품 진열장의 영역에 도달했다는 점이 우려된다. 현재 인기 있는 어떤 소설들의 경우에서처럼 밀랍 세공품 진열장에도 예술은 존재한다. 다만 이러한 예술에 의해 실러와 괴테의 '사이비 이상주의'가 극복되었다는 식의 주장을 하면서 우리를 괴롭히지 않았으면 한다.

물론, 실러가 올바로 통찰했듯이 근원적 비극의 합창단인 그리스 사티로스 합창단이 거닐곤 했던 대지는 '이상적인' 대지이며, 죽기 마련인 인간들이 걸어 다니는 현실적인 통로보다 훨씬 높이 솟아 있는 대지이다. 그리스인은 이 합창단을 위해 허구의 **자연 상태인** 공중에 떠 있는 비계를 만들었고, 그 위에다가 허구의 **자연물들을** 세워놓았다. 비극은 이런 토대 위에서 자라났고, 물론 이런 이유로 애당초부터 현실의 정밀한 모사를 면제받았다. 하지만 그것은 하늘과 땅 사이에 끼워 맞추기 위해 아무렇게나 상상해서 만들어진 세계는 아니다. 그것은 오히려 믿음이 깊은 헬라스인들이 올림포스산과 그곳의 여러 신에 대해 지녔던 것과 똑같은 현실성과 신뢰성을 지닌 세계다. 디오니소스적인 합창 윤무의 무용수인 사티로스는 신화와 제식의 재가를 받아 종교적으로 용인된 현실 속에서 살고 있다. 비극이 그와 함께 시작되고, 비극의 디오니소스적 지혜가 그를 통해 말한다는 점은 비극이 합창으로부터 생겨났다는 것만큼이나 우리에게는 당혹스러운 현상이다. 내가 허구의 자연물인 사티로스와 문화인의 관계가 디오니소스 음악과 문명의 관계와 똑같다는 주장을 내세운다면, 혹시 우리는 고찰의 출발점을 얻게 될지도 모른다. 문명과 관련해 리하르트 바그너는 등불의 빛이 대낮의 빛에 의해 소멸하듯이 문명은 음악에 의해 그 빛을 잃는다고 말한다.[7] 이와 같은 방식으로, 그리스의 문화인은 사티로스 합창단 앞에서는 소멸한 것처럼 느꼈을 것으로 생각된다. 그리고 이것은 국가와 사회, 무릇 인간과 인간을 분리시키는 간극이 자연의 심장부로 되돌아가는 압도적인 일체감에 자리를 내주는 것은 디오니소스적 비극의 직접적 영향이다. 형이상학적 위안(내가 벌써 여기서 암시하고 있듯이, 모든 진정한 비극은 그러한 위안을

---

7 바그너의 논문 「베토벤론」에 나오는 말이다. "그러나 이제, 가장 진지한 의미로 이해하자면, 이것이 우리 현대의 전체 문명에 미치는 음악의 변함없는 효과이다. 대낮의 빛이 등불의 빛을 소멸시키듯, 음악은 문명이 그 빛을 잃게 한다."

주고 우리를 떠나보낸다), 현상들이 아무리 변전한다 해도, 삶이란 사물의 밑바탕에서는 파괴할 수 없을 만치 힘차고 즐겁다는 이러한 위안은 사티로스 합창단으로서, 자연물의 합창단으로서 구체적으로 분명한 형태를 띠고 나타난다. 이 자연물은 흡사 모든 문명의 배후에 근절할 수 없이 살아 있는 듯하며, 세대와 민족사가 아무리 변전한다 해도 영원히 똑같은 것으로 남아 있다.

더없이 섬세한 고통과 더없이 깊디깊은 고통을 받아들이는 유일무이한 능력을 지닌 사려 깊은 헬라스인은 이러한 합창으로 스스로를 위로했다. 그는 예리한 시선으로 자연의 잔인성뿐만 아니라 소위 세계사의 무시무시한 파괴 활동을 꿰뚫어 보았고, 불교도처럼 의지의 부정을 동경하는 위험에 처해 있다.[8] 예술이 그를 구원한다. 그리고 예술을 통해 그 헬라스인을 구원하는 것은—삶이다.

현존의 통상적 제한과 한계를 파괴하는 디오니소스적 상태의 황홀은 말하자면 그것이 지속되는 동안, 과거의 모든 개인적인 체험을 그 속에 가라앉히는 **무기력한** 요소를 포함한다. 이리하여 망각의 이러한 간극을 통해 일상적 현실의 세계와 디오니소스적 현실의 세계가 서로 분리된다. 그러나 저 일

---

8   니체는 『비극의 탄생』에서 쇼펜하우어의 철학을 수용하고 있지만, 이미 삶에의 의지를 부정하는 쇼펜하우어의 가르침을 취하지 않고 삶에의 의지를 긍정하는 그리스 비극의 정신을 따른다.

상의 현실이 다시 의식 속으로 들어오는 즉시 그 현실은 구역질 그 자체로 지각된다. 금욕적이고 의지를 부정하는 기분이 그와 같은 상태의 결실이다. 이런 의미에서 디오니소스적 인간은 햄릿과 유사한 점이 있다. 둘 다 한번 사물의 참된 본질을 들여다보았고, 그들은 인식을 얻었다. 그리고 행동은 그들을 구역질 나게 한다. 왜냐하면 그들의 행위는 사물의 영원한 본질 면에서 아무것도 변화시킬 수 없고, 그들은 망가진 세계[9]에 질서를 회복하라고 요구받는 것을 우스꽝스럽거나 치욕스럽게 느끼기 때문이다. 인식은 행동을 죽이고, 환영의 베일이 드리워진 상태가 행동에 속한다―이것이 햄릿의 가르침이며, 너무 많이 반성하여, 말하자면 지나치게 많은 가능성 때문에 행동에 이르지 못하는 몽상가 한스의 저 값싼 지혜가 아니다.[10] 반성이 아니라, 그것은 아니다!―참된 인식, 무서운 진실에 대한 통찰이 햄릿의 경우뿐만 아니라 디오

---

9   셰익스피어의 『햄릿』 제1막 5장 참조. "세상 관절이 다 어긋났어, 오, 저 주스러운 악연, 내 굳이 태어나 이를 바로잡아야 하다니."(『햄릿』, 설준규 역, 창비, 52쪽, 195~196행.)

10   셰익스피어의 『햄릿』 제2막 2장에 나오는 말. 적극적인 행동에 나서지 못하고 머뭇거리던 햄릿은 독백의 형식으로 자신을 탓하며 '백일몽에 취한 얼간이]John-a-dreams'라는 표현을 쓴다. A. W. 슐레겔은 이를 '몽상가 한스 Hans der Träumer'라고 번역했다. "둔하고 멍청한 이 잡놈은, 백일몽에 취한 얼간이처럼 빌빌대며 제 도리는 오불관언, 말 한마디도 못해"(같은 책, 86쪽, 544~545행)

니소스적 인간의 경우에도 행동으로 몰아가는 모든 동기보다 더 중요하다. 이제 위로는 더 이상 쓸모가 없고, 동경은 사후 세계와 신들 자신을 넘어선다. 현존은, 신들 속에서 혹은 불멸의 저편에서 빛나는 자신의 거울상과 함께 부정된다. 한번 흘낏 바라본 진리를 의식하고 있는 상태에서 이제 인간은 어디서나 존재의 끔찍함이나 부조리를 볼 뿐이다. 이제 그는 오필리아의 운명[11] 속의 상징적인 것을 이해하고, 이제 그는 숲의 신 실레노스를 인식한다. 그것이 그를 구역질 나게 한다.

여기, 의지에 대한 이러한 최고 위험 속에서 이제 **예술이** 구원과 치료의 여자 마법사로서 다가온다. 예술만이 현존의 끔찍함이나 부조리에 대한 저 구역질 나는 생각들을 삶과 양립할 수 있는 표상들로 변화시킬 수 있다. 이 표상들은 끔찍함의 예술적 제어로서 **숭고한** 것이고, 부조리의 구역질로부터의 예술적 해방으로서 **희극적인** 것이다. 디오니소스 주신 찬가의 사티로스 합창단은 그리스 예술의 구원하는 행위다. 이 디오니소스의 시종들의 중간 세계에서는 앞에서 묘사한 저 변덕스러운 기분들이 모두 고갈되었다.

---

11 햄릿이 자신의 아버지를 살해한 것을 알게 된 오필리아는 실성하여 자살을 택한다. 니체에게 오필리아는 존재의 끔찍함이나 부조리를 상징한다.

8. 그리스 비극의 합창단

우리 근대의 전원적 목자(牧者)와 마찬가지로 사티로스는 모두 근원적인 것과 자연적인 것을 향한 동경의 산물이다. 하지만 그리스인은 얼마나 단호하고 대담무쌍하게 이 숲의 인간을 손아귀에 움켜잡았던가! 그리고 근대인은 얼마나 소심하고 유약하게 민감하고 나약한 피리 부는 목자의 알랑거리는 이미지와 시시덕거렸던가! 아직 인식의 영향을 받지 않고, 또 문화의 빗장이 여전히 열리지 않은 자연—그리스인은 이것을 그의 사티로스에게서 보았다. 그리고 그런 이유로 그리스인은 아직은 사티로스를 원숭이와 똑같이 취급하지 않았다. 이와 반대로, 사티로스는 인간의 원형이었고, 인간 최고의 그리고 가장 강렬한 감정들의 표현이었다. 그는 신이 가까이 있는 것에 황홀해진 감격한 열광자로서, 신의 고통을 되풀이해서 겪는 연민의 동료로서, 자연의 더없이 깊은 가슴에서 나오는 진리의 고지자로서, 그리스인이 외경심으로 놀라워하며 바라보는 데 익숙해진 자연의 성적 전능의 상징이었다. 사티로스는 무언가 숭고하고 신적인 것이었다. 특히 고통스럽게 기가 꺾인 디오니소스적 인간의 눈길에는 그렇게 비쳤음에 분명하다. 그는 겉만 번지르르하게 꾸민 목자에 의해 감정이 상했을지도 모른다. 그의 눈은 숭고한 만족감을 느끼며 숨기지 않고 위축됨이 없이 자연의 웅대한 필적 위에 머물렀다, 여기서 문화의 환상은 인간의 원형에 의해 지워졌고, 참된 인간, 자신의 신에게 환호하는 수염 달린 사티로스가 자신의 모습을 드러낸 곳이 바로 여기였다. 그의 앞에서 문화인은 허위의 희화로 오그라들었다. 비극 예술이 이렇게 시작되었다고 본 실러의 견해도 옳았다. 즉 합창단은 공격해 오는 현실에 맞서는 살아 있는 성벽이다. 그 이유는 그 합창단이―사티로스 합창단이―대개 자기 자신을 유일한 실재로 여기는 문화인에 비해 보다 진실하고, 보다 현실적이며, 보다 완전하게 현존을 모사하기 때문이다. 시의 영역은, 시인의 두뇌가 만들어놓은 환상적인 불가능으로서 세계의 바깥에 있지 않다. 즉 시는 그와 정반대의 것, 진리의 꾸밈없는 표현이고자 한다. 바로 그 때문에 시는 문화인이 추정하는 저 현실의 거짓된 치장을 떨쳐버려야 한다. 이러한 본래적 자연의 진리와 유일한 실재인 척하는 문화 가식의 대조는 사물의 영원한 핵심인 사물 자체와 현상세계 전체의 대조와 유사하다. 형이상학적 위안의 성격을 지닌 비극이 현상들의 지속적인 몰락의 와중에 저 현존의 핵심의 영원한 삶을 가리키듯이, 이미 사티로스 합창단의 상징성은 하나의 비유 속에서 사물 자체와 현상 사이의 저 근원적 관계를 말해준다. 근대인의 저 전원적 목자는 그에게 자연으로 간주되는 교양이라는 환상들의 총합을 모사한 것에 불과하다. 디오니소스적 그리스인은 진리와 힘의 정점에 있는 자연을 원한다―그는 마법에 걸려 사티로스로 변모한 자신의 모습을 본다.

디오니소스 숭배자들의 열광하는 무리는 그러한 분위기와 인식의 영향 아래 환호한다. 그들의 힘은 그들 자신을 바로 눈앞에서 변모하게 만들어서, 그들은 자신을 부활한 자연의 정령, 즉 사티로스로 느낀다고 착각한다. 훗날의 비극 합창단의 구조는 저 자연적 현상의 예술적 모방이다. 물론 이러한 모방의 과정에서 디오니소스적 관객과 마법에 걸린 디오니소스적 숭배자의 분리가 필요해졌다. 다만 사람들은 아티카 비극의 관객은 극장 오케스트라의 합창단에게서 자신을 재발견했으며, 기본적으로 청중과 합창단 사이의 대립이 없었음을 항시 잊지 말아야 한다. 왜냐하면 모든 것이 단순히 춤추고 노래하는 사티로스의 사람들로 이루어지거나 혹은 이 사티로스들에 의해 대표되는 그러한 사람들로 이루어진 숭고한 거대 합창단이기 때문이다. 슐레겔의 말은 여기서 좀 더 깊은 의미로 우리에게 규명되어야 한다. 합창단은, 그것이 유일한 **구경꾼**[1], 즉 무대 위 환영 세계의 구경꾼인 한에서 '이상적인 관객[2]'인 것이다. 그리스인은 우리가 알고 있는 바와 같은 관객으로서의 관중[3]은 알지 못했다. 동심원의 아치를 이루며 올라가는 계단식 구조로 된 그들의 극장에서는 모두가 자기 주변의 전체 문화 세계를 완전히 **간과하고** 또 무대를 만족스럽게 바라보면서 자기 자신을 합창단의 일원으로 착각할 수 있었다. 이러한 통찰에 따라 우리는 원시 비극의 초기 단계에서의 합창단을 디오니소스적 인간의 자기 반영이라고 불러도 된다. 이러한 자기 반영 현상은 우리가 배우에 대해 생각한다면 가장 분명하게 상상할 수 있다. 정말 재능 있는 배우의 경우 자신이 재연해야 할 역할의 상이 자기 눈앞에서 손에 잡힐 듯이 선명하게 맴도는 것을 볼 수 있다. 사티로스 합창단은 무엇보다도 디오니소스적 군중의 환영이며, 마찬가지로 무대 위의 세계는 다시금 사티로스 합창단의 환영이다. 이 환영의 힘은 '실재'가 주는 인상에 대한, 즉 주위의 관객석에 자리 잡은 교양인들에 대한 시선을 무디게 하고 민감하게 만들지 않을 만치 충분히 강력하다. 그리스 극장의 모양은 외딴 숲속의 골짜기를 연상시킨다. 무대의 건축술

---

1 Schauer.

2 Zuschauer.

3 Publicum.

은 산속을 떼지어 몰려다니는 바쿠스 신도들이 높은 곳에서 내려다보는 빛나는 구름의 형태처럼 보이고, 훌륭한 액자처럼 보이는데, 그 액자의 한가운데에서 디오니소스의 모습이 그들에게 나타난다.

우리가 여기서 비극 합창단을 설명하기 위해 논의하고 있는 저 예술적 근원 현상은 기초적 예술 과정에 대한 우리의 학자적 관점에서 보면 거의 불쾌할 것이다. 반면에 시인이란 그가 자신 앞에서 살아서 행동하는 형상들에 의해 둘러싸여 있다고 간주하고, 또 그 형상들의 가장 내적인 본질을 들여다본다는 사실을 통해서만 시인이라는 사실보다 더 확실한 것은 아무것도 있을 수 없다. 우리는 근대적 재능이라는 독특한 약점으로 말미암아 미적 근원 현상을 너무 복잡하고 추상적인 방식으로 생각하는 경향이 있다. 은유는 진정한 시인에게는 수사학적 형상이 아니라 어떤 개념 대신에 그의 눈앞에 실제로 맴도는 하나의 대리하는 이미지이다. 그에게 인물은 찾아서 모은 개별적 특징들로부터 합성한 전체 같은 것이 아니고 그의 눈앞에서 끈질기게 살아가는 인간이다. 그는 지속적으로 살아가고 계속 행동한다는 점에 의해서만 화가의 동일한 환영과 구별될 뿐이다. 호메로스는 어떻게 다른 모든 시인보다 훨씬 더 눈에 생생하게 묘사할 수 있었을까? 그가 그만큼 더 많이 응시하기 때문이다. 우리가 시에 대해 그토록 추상적으로 이야기하는 것은 우리 모두가 형편없는 시인이기 때문이다. 기본적으로 미적 현상은 단순하다. 단지 지속적으로 생동하는 유희를 바라보고 줄곧 정령의 무리에 둘러싸여 살아가는 능력을 갖추기만 하면 시인이 될 것이다. 단지 스스로 변신하여 다른 사람의 몸과 영혼으로부터 말하려는 충동을 느끼기만 하면 극작가가 될 것이다.

디오니소스적 흥분은 자신이 그러한 정령의 무리에 둘러싸여 있는 것을 보는 전체 군중에 이러한 예술적 재능을 전달할 수 있으며, 그 군중은 자신이 그 정령의 무리와 내적으로 하나가 되어있음을 알고 있다. 비극 합창단에서 일어나는 이러한 과정은 **드라마**의 근원적 현상이다. 즉 자기 자신이 변신한 것으로 간주하고, 그리고 이제 어떤 사람이 실제로 다른 사람의 몸속으로, 다른 인물 속으로 들어간 것처럼 행동하는 것이다. 이러한 과정은 연극 발전의 초창기에 일어난다. 여기에는 음유시인과는 무언가 다른 점이 있다. 그는 자신의 이미지들과 융합하지 못하고 화가와 유사하게 그것들을 자신의 바깥에서 관찰하는 눈으로 본다. 여기에는 다른 존재 속으로 들어감으로 인해 이미 개체의 포기가 있다. 더구나 이러한 현상은 전염병처럼 번져나가, 무리 전체는 이런 식으로 마법에 걸렸다고 느낀다. 따라서 주신 찬가는 다른 모든 합창 가요들과 근본적으로 다르다. 월계수 가지를 손에 들고 행진곡을 부르면서 엄숙하게 아폴론 신전을 향해 움직이는 처녀들은 여전히 그들의 원래 모습으로 남아 있으며, 시민으로서의 그들

이름을 간직한다. 반면에 디오니소스 합창단은 변신한 사람들로 이루어진 합창단이며, 이들의 경우에는 시민으로서의 그들의 과거와 그들의 사회적 지위가 완전히 잊힌 상태에 있다. 그들은 시간을 초월해 모든 사회 영역의 바깥에서 생활하는, 그들 신의 숭배자(Diener)가 되어버렸다. 헬라스인들의 다른 모든 합창 서정시는 단순히 아폴론적 독창 가수의 엄청난 강화에 불과하다. 반면 디오니소스 주신 찬가에서는 무의식적인 배우들의 공동체가 자신들이 변신했다고 생각하면서 우리 앞에 서 있다.

마법에 걸린 상태야말로 모든 극예술의 전제 조건이다. 이런 마법에 걸린 상태에서 디오니소스적 열광자는 자신을 사티로스로 간주하고, **다시금 사티로스로서 신을 바라본다.** 즉 그는 자신의 변신을 통해 자신의 바깥에서, 그의 상태의 아폴론적 완성으로서 새로운 환영을 본다. 이 새로운 환영으로 그 드라마가 완벽해진다.

이러한 인식에 따르면 우리는 그리스 비극을, 아폴론적 영상 세계 속에 자신을 늘 새로이 방출하는 디오니소스적 합창으로 이해해야 한다. 비극과 밀접하게 엮여 있는 저 합창 파트는 그러므로 어느 정도는 소위 전체 대화, 즉 전체 무대 세계, 원래적 연극의 모태라고 할 수 있다. 비극의 이러한 근원은 연속해서 이어지는 몇 번의 방출 속에서 연극의 저 환영을 방사한다. 그 환영은 전적으로 꿈의 현상이고, 그런 한에서 서사적 성질을 지니고 있지만, 다른 한편으로 디오니소스적 상태의 객관화라는 점에서 가상 속에서의 아폴론적 구원이 아니라 그와 반대로 개체의 분열, 그 근원적 존재와의 합일을 나타낸다. 그러므로 연극은 디오니소스적 인식과 효과의 아폴론적 구체화이며, 그로 인해 엄청난 간극이 벌어지듯 서사시와 분리된다.

그리스 비극의 **합창단**, 디오니소스적 흥분 상태에 빠진 전체 군중의 상징인 이 합창단은 우리의 이러한 견해로 완전히 설명될 수 있다. 근대 무대에서 합창단, 특히 오페라 합창단의 기능에 익숙해진 우리는 그리스인의 저 비극 합창단이 원래의 '연극Action'[4]보다 더 오래되었고 더 근원적이고, 사실 더 중요하다는 사실을 전혀 이해할 수 없었다—전승이 그토록 분명하게 우리에게 말해주었는데도.[5] 우리는 다시금 저 전승된 커다란 중요성과 근원성을 고려하면 왜 합창단이 오로지 신분이 낮은 숭배자들, 그러니까 처음에는 숫염소 같은 사티로스로만 구성되어야 했는지 우리는 파악할 수 없었고, 그리고 무대 앞에 오케스트라가 있다는 것은 우리에게 늘 수수께끼로 남아 있었다. 우리는 이제 연극이 벌어지는 무대는

---

4   Action(Aktion)은 고어 독일어에서 '연극'을 의미한다.

5   그러나 니체의 주장과는 달리 역사적 자료 어디에도 합창단이 연극보다 더 오래되었고 더 근원적이고, 더 중요하다는 전승은 없다.

기본적으로 또 원래 **환영**으로만 간주되었고, 유일한 '실재'는 바로 합창단이라는 사실을 깨닫게 되었다. 이 합창단은 자신으로부터 환영을 만들어내고, 춤과 음악, 말의 전체 상징성을 동원하여 이 환영에 관해 말해준다. 이 합창단은 그 환영 속에서 자신의 주인이자 우두머리인 디오니소스를 바라보며, 따라서 영원히 **숭배자**의 합창단이다. 합창단은 이 디오니소스, 그 신이 어떻게 고통을 겪고 찬양받는지 본다. 그 때문에 스스로 **행동**하지는 않는다. 신을 전적으로 섬기는 이러한 기능에서 합창단은 **자연**의 지고한, 즉 디오니소스적 표현이다. 그 때문에 합창단은 이 자연처럼 황홀경에서 신탁과 금언을 말한다. 그는 자신의 **고통을 나누는** 자인 동시에 **현자**이며, 세상의 심장으로부터 진리를 알리는 자다. 그리하여 현명하고 열광적인 사티로스라는 저 환상적이면서 그토록 혐오스러운 인물이 생겨난다. 그는 신과는 달리 '우직한 인간'이다. 사티로스는 자연의 모사이며, 자연의 가장 강력한 충동의 모사, 그러니까 자연의 상징인 동시에 자연의 지혜와 예술의 고지자다. 다시 말해 그는 음악가와 시인, 무용가와 심령술사를 한 몸에 지닌 자다.

원래의 무대의 주인공이며 환영의 중심점인 **디오니소스**는 이러한 인식과 전승에 따르면 처음에, 비극의 가장 오래된 초창기에는 실제로 존재하는 것이 아니라 존재하는 것으로 상상될 뿐이다. 즉 비극은 원래 '연극'이 아니라 '합창'일 뿐이다. 신을 실제의 신으로 보여주려는 시도, 그리고 환영 형상을 그 변용 액자와 아울러 모두의 눈에 보이는 형태로 나타내려는 시도는 이제 나중에 가서야 행해진다. 이로써 보다 좁은 의미에서의 '연극'이 시작된다. 이제 주신 찬가적 합창단은 청중[6]의 기분을 디오니소스적으로 자극해서, 비극의 주인공이 무대 위에 등장할 때 청중은 가령 흉측하게 가면을 쓴 그의 모습[7]을 보는 것이 아니라, 말하자면 그들 자신의 황홀경에서 생겨난 환영의 형상을 보게까지 만드는 과제를 얻는다. 우리 얼마 전에 사별한 왕비 알케스티스[8]를 그리워하면

---

6   Zuhörer

7   그리스 비극의 합창단이 가면을 쓴 것에서 비극의 가면이 유래한다.

8   알케스티스는 고대 그리스 신화에 등장하는 공주로 이올코스의 왕 펠리아스의 딸이다. 남편에 대한 지극한 사랑으로 잘 알려져 있다. 많은 남자들이 알케스티스에게 청혼했으나 펠리아스 왕은 사자와 멧돼지(또는 곰)에 멍에를 씌워 전차를 끌고 오는 사람에게 딸을 주겠다고 했다. 아드메토스 왕이 아폴론의 도움을 받아 이를 해내고 알케스티스와 결혼했다. 아드메토스가 죽음을 맞이할 때, 아폴론은 운명의 여신 모이라이를 취하게 만들어 그 대신 죽어줄 사람을 구한다면 아드메토스를 데려가지 않겠다는 약속을 받아냈는데, 아드메토스의 부모도 대신 죽어주지 않겠다고 하자 알케스티스가 나서게 된다. 죽어서 하데스에 가자 헤라클레스가 아드메토스에 대한 은혜를 갚기 위해 죽음의 신과 격투를 벌인 끝에 알케스티스를 구출해 아드메토스에게 돌려준다. 에우리피데스가 쓴 고대 그리스 비극 작품 『알케스티스』의 주인공이다. 그리스 신화 속의 왕 아드메토스와 그를 대신해서 죽는 왕비 알케스티스의 이야기를 소재로 하고 있다. 전반부에서는 알케스티스가 남편과 자녀들 곁을 떠나 세상을 하직하는 장면이 그려져 있고, 후반부에서는 그녀의 죽음이 남편에게 어떤 영향을 주는지가 그려져 있다. 이기주의자였던 그는 아내 없는 삶이

서 깊은 생각에 잠겨 있는, 그리고 왕비에 대한 정신적인 직관 속에서 완전히 수척해진 아드메토스를 생각해 보자—그리고 비슷한 모습과 발걸음을 지닌 한 여인이 위장하고 갑자기 그의 앞으로 인도되어 오는 것을 생각해보자. 그 순간 전율케 하는 갑작스러운 그의 불안, 그의 성급한 비교, 본능적 확신을 생각해 보자—그러면 우리는 디오니소스적으로 흥분상태에 있는 관객, 이미 신의 고통과 하나가 된 관객이 무대 위로 걸어오는 신을 보았을 때 느꼈을 감정을 유추할 수 있을 것이다. 자기도 모르는 사이에 관객은 마법에 걸려 그의 영혼 앞에 떨고 있는 신의 영상을 저 가면 쓴 인물에게 옮기고는, 말하자면 그의 실재성을 유령 같은 비현실성으로 해체해 버렸다. 이것이 아폴론적인 꿈의 상태다. 그 상태에서 낮의 세계는 베일에 싸이고, 그 세계보다 더 분명하고 더 잘 이해할 수 있으며 더 인상적이면서도 더 그림자 같은 새로운 세계가 끊임없이 모습을 바꾸며 우리 앞에 새로 태어난다. 그에 따라 인해 우리는 비극에서 결정적인 양식의 대조를 인식할 수 있다. 즉 언어, 색채, 유동성, 말의 역동성은 합창단의 디오니소스적 서정시와 다른 한편으로 무대 위의 아폴론적 꿈의 세계에서 완전히 별개의 표현 영역으로 나타난다. 디

무의미하다는 것을 너무 늦게 깨닫는다. 죽음의 신에게서 알케스티스를 억지로 빼앗아 아드메토스에게 돌려주는 헤라클레스는 장난기 넘치고 재치 있으며 의리 있는 인물로 그려져 있다.

오니소스가 객체화되어 있는 아폴론적 현상은 합창단의 음악처럼 더 이상 '영원한 바다, 변화무쌍한 씨실, 타오르는 생명'[9]이 아니다. 그리고 그 현상은 열광적인 디오니소스 숭배자가 신과 가까이 있음을 느끼게 해주는 저 힘, 다만 감지될 뿐인 힘, 이미지로 응축되지 못한 힘이 더 이상 아니다. 이제 무대로부터 서사적 형상의 명확성과 견고성이 디오니소스 숭배자한테 말을 건다. 이제 디오니소스는 더 이상 힘을 통해서가 아니라 서사적 주인공으로서, 거의 호메로스의 언어로 말을 한다.

---

9 『파우스트』, 앞의 책, 501~509행 참조. 지령이 파우스트에게 다음과 같이 말한다. "생명의 범람 속에서, 활동의 폭풍우 속에서 나는 오르락내리락 물결치며, 이리저리 존재의 직물을 짠다! 탄생과 무덤, 영원한 바다, 변화무쌍한 씨실, 타오르는 생명, 그렇게 나는 시간이라는 쏴쏴거리는 베틀에서 신성의 살아 있는 옷을 짠다."

9. 프로메테우스의 이중적 본질

그리스 비극의 아폴론적 부분, 즉 대화에서 겉으로 드러나는 모든 것은 단순하고 투명하며 아름다워 보인다. 이런 의미에서 대화는 헬라스인들의 모사이고, 그들의 본성은 춤에서 드러난다. 춤에는 더없이 큰 힘이 잠재되어 있을 뿐이지만, 유연하고 화려한 율동 속에서 드러나기 때문이다. 그러므로 소포클레스의 주인공들의 언어는 아폴론적인 확실함과 명료함을 통해 우리를 놀라게 한다. 그래서 우리는 즉각 그들의 본질의 가장 깊은 밑바탕까지 보았다고 착각하게 되고, 이 밑바탕에 이르는 길이 그토록 짧다는 사실에 적이 놀란다. 그러나 우리가 일단 겉으로 드러나 눈에 보이게 되는 주인공의 성격을 도외시한다면—이 성격은 기본적으로 검은 동굴 벽[1]에 투사된 빛의 영상, 다시 말해 전적으로 하나의 현상에 지나지 않는다—우리는 오히려 이 밝은 반사된 영상 속에 투사된 신화 속으로 뚫고 들어가게 되며, 우리에게 익숙한 광학 현상과는 반대되는 어떤 현상을 갑자기 체험하게 된다. 태양을 정면으로 바라보려는 결연한 시도를 하다가 눈이 부셔 몸을 돌릴 경우, 우리는 눈앞에 흡사 치료제로서 어두운 색채의 반점을 보게 된다. 이와는 반대로 소포클레스의 주인공의 저 빛의 영상의 현상은, 요컨대 아폴론적 가면은 자연의 내부와 끔찍한 것을 들여다본 시선이 만들어낸 불가피한 산물로, 말하자면 소름 끼치는 밤을 보고 손상된 눈을 치유하는 빛나는 반점인 셈이다. 우리는 '그리스인의 명랑성'이란 진지하고 중요한 개념을 이런 의미에서만 제대로 파악했다고 생각해도 될 것이다. 반면에 물론 오늘날 우리는 명랑함이라는 이 개념이 위험하지 않은 편안함의 상태라는 의미로 잘못 이해되는 현상과 어디서나 끊임없이 마주치고 있다.

소포클레스는 그리스 무대에서 가장 고뇌에 찬 인물, 불행한 **오이디푸스**를 고귀한 인물로 이해했다. 그는 자신의 지혜에도 불구하고 오류와 비참에 빠지도록 정해졌지만, 결국 자신의 엄청난 고통을 통해 자신의 주위에 유익한 마성적인 힘

---

1   소크라테스의 '동굴과 죄수'의 비유를 말한다. 뒤돌아볼 수 없는 죄수 뒤에는 사물과 불이 있는데, 사물의 그림자만이 그의 눈앞에 있는 벽면에 비친다. 그는 사물을 볼 수 없고 벽면 위의 그림자만 볼 수 있다. 이 비유에 따르면, 세상을 살면서 우리가 부딪히는 모든 도덕적인 상황과 사건은 동굴 벽을 떠도는 그림자에 불과하다는 것이다.

을 행사하고, 이 힘은 그의 사후에도 계속 효력을 미친다. 그 심오한 시인이 말하려는 점은 고귀한 인간은 죄를 범하지 않는다는 것이다. 그의 행동을 통해 모든 법과 자연 질서, 즉 도덕 세계가 파괴될 수 있다. 그리고 바로 이런 행동을 통해 무너진 낡은 세계의 폐허 위에 새로운 세계를 세우는 영향들의 보다 높은 마법의 동그라미가 그어진다. 시인 소포클레스는 그가 동시에 종교적 사상가인 한에서 그것을 우리에게 말하고자 한다. 즉 시인으로서 그는 우리에게 먼저 기이하게 얽힌 심리 과정의 매듭들을 우리에게 보여준다. 재판관은 이 매듭을 하나씩 서서히 풀어가다가 결국 자신의 파멸을 초래한다. 이러한 변증법적 해결에 대한 진정한 헬라스인의 기쁨이 너무 컸으므로 이로 인해 작품 전체에 무척이나 명랑한 분위기가 감돌고 있으며, 전반적으로 이런 분위기가 저 심리 과정에서의 끔찍한 전제들의 위험한 성격을 무디게 한다. 『콜로노스의 오이디푸스』[2]에서 우리는 이런 똑같은 명랑성을 접하

---

2   기원전 406년, 소포클레스가 죽기 직전에 쓴 비극으로 『오이디푸스 왕』, 『안티고네』와 아울러 소포클레스가 지은 테베 3부작 중의 하나이다. 이 비극은 오이디푸스의 비극적인 삶의 마지막을 묘사하고 있다. 전설에서는 오이디푸스가 죽는 장소가 다르다. 소포클레스는 그 장소를 소포클레스 자신의 고향이기도 한 아테네 근교의 한 마을 콜로노스에 눈이 먼 오이디푸스가 그의 딸 안티고네, 이스메네와 함께 오는 것으로 설정하고 있다.

『오이디푸스 왕』에서와는 달리 『콜로노스의 오이디푸스』에서의 오이디푸스는 모르고 저지른 범죄와 정당방위는 죄가 아니라고 강변한다. 그렇다고 그의 죄가 면죄될 수 있는 것은 아니다. 운명의 비밀을 집요하게 캐내려는 지나친

게 된다. 그러나 이 명랑성은 끝없는 변용의 과정 속에 드높여져 있다. 자신을 덮치는 온갖 불운에 순전히 **고통받는** 자로서 자포자기한 상태에 있는 과도하게 비참한 일을 당한 노인은 초지상적인 명랑함과 마주하고 있다.[3] 신적인 영역에서 내려오는 이 명랑함은 우리에게 다음 사실을 암시한다. 즉 주인공은 자신의 순전히 수동적 태도를 통해 자신의 생애를 훨

호기심과 행동에는 이미 오만이라는 죄가 내재되어 있기 때문이다. 그리고 오만한 인간에게 신의 심판은 불가피하다. 과거에 라이오스를 죽였던 오이디푸스의 성급한 성격은 크레온과, 그리고 아들 폴리네이케스와의 대립에서 다시 반복되고 있다. 『콜로노스의 오이디푸스』에는 『오이디푸스 왕』에서처럼 운명에 저항하는 개인의 의지가 그리 크게 드러나지 않는다. 콜로노스의 오이디푸스는 도리어 운명에 순종하고 자신에게 다가올 죽음을 담담하게 받아들이기 때문이다. 코러스는 자신의 운명을 피하기 위해 아무리 발버둥을 쳐도 그것이 헛된 일임을 상기시키고 운명에 순응하지 않으면 안 된다는 메시지를 강하게 전달한다. 오이디푸스의 죽음을 전하는 사자(使者)는 오이디푸스의 신비로운 죽음을 두고 이승과 저승, 삶고 죽음 사이에 놓인 신비한 경계를 언급한 뒤, 오이디푸스가 정화 의식을 통해 자신이 삶의 굴레를 벗어나 마침내 신들의 구원을 받았다고 언급한다.

3   쇼펜하우어는 명랑성에 대해 이렇게 말한다. "우리는 앞에서 악인은 의욕의 격렬함을 통해 끊임없이 기력을 갉아먹는 내적 고통을 당하고, 의욕의 모든 대상이 고갈되면 급기야 남의 고통을 바라봄으로써 자신의 의지의 격심한 갈등을 진정시키고자 하는 것을 보았다. 이와는 달리 자신의 내부에 삶에의 의지의 부정이 생겨난 사람은 내적 기쁨과 천국 같은 참된 마음의 평정에 충만해 있다. 그의 상태가 외부에서 볼 때 아무리 가련하고 기쁨이 없으며 결핍으로 가득 차 있다 하더라도 말이다. 그것은 삶을 즐기는 사람의 품행을 이루는 것과 같은 불안한 삶의 언, 격심한 고통을 선행 조건이나 후속 조건으로 삼는 환호하는 희열이 아니라, 흔들림 없는 평온함, 깊은 평정, 내적인 명랑함이다."(『의지와 표상으로서의 세계』, 앞의 책, 517쪽)

씬 넘어서까지 영향을 미치는 최고의 능동성에 도달하며, 반면에 이전의 삶에서 그의 의식적인 노력은 그를 단지 수동성으로 이끌었을 뿐이다. 이처럼 죽을 운명을 지닌 존재의 눈에는 풀 수 없을 만치 엉켜 있는 오이디푸스 이야기[4]의 심리 과정에서의 매듭들이 서서히 풀린다—그리고 변증법의 이러한 신적인 대응물을 보는 우리는 인간으로서 더없이 심원한

---

4 테베의 왕으로, 자신의 부모인 줄 모르고 아버지를 살해한 뒤 어머니와 결혼했다. 호메로스에 따르면, 그의 어머니는 오이디푸스와의 진정한 관계가 밝혀지자 목을 매어 자살했으나 오이디푸스는 죽을 때까지 테베를 통치했다고 한다. 호메로스 이후 오이디푸스에 관한 내용은 소포클레스의 『오이디푸스 왕』과 『콜로노스의 오이디푸스』가 유명한데, 강조점이나 구체적인 사항에 있어 예전과 다소 차이가 난다. 전설에 따르면, 테베의 왕 라이오스는 아들에게 살해될 것이라는 신탁을 듣고 아들을 키타이론 산에 버렸다. 그때 그는 아이의 두 발목에 못질했으며, '부어오른 발'을 의미하는 오이디푸스라는 이름은 거기에서 유래된 것이다. 아이는 한 목동에게 발견되었고, 코린트의 왕 폴리보스의 양자가 되어 자랐났다. 청년이 되어 델포이를 방문한 그는 아버지를 죽이고 어머니와 결혼하게 될 운명을 갖고 태어났다는 것을 알게 되어, 결코 코린트로 돌아가지 않겠다는 결심으로 방랑의 길에 올랐다. 테베로 가던 중에 만난 라이오스가 싸움을 걸어 결국 오이디푸스는 라이오스를 죽이게 되었다. 여행을 계속하던 중 그는 스핑크스가 지나가는 사람을 붙잡아 수수께끼를 내서 풀지 못하면 죽여버림으로써 테베 사람들을 괴롭히고 있다는 것을 알았다. 오이디푸스가 그 수수께끼를 풀자 스핑크스는 절벽에 몸을 던져 자살했다. 이에 대한 보상으로 그는 테베의 왕이 되었으며 미망인이 된 왕비 이오카스테, 즉 그의 어머니를 취하게 되었다. 그들 사이에서 에테오클레스·폴리네이케스·안티고네·이스메네가 태어났다. 그 후 진실이 밝혀지자 이오카스테는 자살했으며, 오이디푸스는 자신의 눈을 찔러 눈을 멀게 한 다음, 처남 크레온을 섭정으로 남기고 딸 안티고네·이스메네와 함께 나라를 떠났다고 한다. 마침내 그는 아테네 근처 콜로노스에서 죽었으며, 그곳 땅이 그를 삼켰고 그는 땅의 수호신이 되었다고 전해진다.

기쁨에 사로잡힌다.

이런 설명이 시인 소포클레스에 대한 올바른 평가라면 우리는 그것으로 신화의 내용이 충분히 설명되었는지라는 물음이 여전히 제기될 수 있다. 여기서 드러나는 것은 시인의 견해 전체는 심연을 들여다본 후 치유하는 자연이 우리 앞에 내미는 저 빛의 영상에 불과하다는 사실이다. 친아버지의 살해자인 오이디푸스, 친어머니의 남편이며 스핑크스의 수수께끼를 푼 오이디푸스! 우리는 이러한 운명적 행위들의 불가사의한 삼위일체로부터 무엇을 배울 수 있는가? 현명한 마법사는 근친상간에 의해서만 태어날 수 있다는 태곳적의, 특히 페르시아의 민간신앙이 있다. 수수께끼를 풀고 자기 생모와 결혼하는 오이디푸스와 관련해서 우리는 이 신앙을 즉각 이렇게 해석해야 한다. 즉 예언적이고 마성적인 힘을 통해 현재와 미래의 마력, 개별화의 엄격한 법칙, 그리고 본래적인 자연의 마법이 깨진 곳에서는, 자연에 반하는 엄청난 범죄가―이 경우의 근친상간처럼―원인으로서 먼저 일어났음이 틀림없다. 왜냐하면 인간이 자연에 저항해 승리를 거두는 것을 통해, 즉 비자연적인 행위를 통해서가 아니라면, 어떻게 자연이 자신의 비밀을 하는 수 없이 털어놓도록 할 수 있겠는가? 나는 이러한 인식이 오이디푸스의 운명을 보여주는 저 끔찍한 삼위일체 속에 뚜렷이 나타난 것으로 간주한다. 자연의―저 이중적 성질을 지닌 스핑크스의―수수께끼를 푸는 자는 아버지의 살해자이자 어머니의 남편으로서 더없이 신성한 자연 질서도 깨뜨려야만 한다. 사실인즉, 이 신화는 우리에게 이렇게 속삭이려는 듯이 보인다. 지혜, 특히 디오니소스적 지혜는 자연을 거스르는 하나의 만행이라고, 또 자신의 지식을 통해 자연을 파괴의 심연 속으로 빠뜨리는 자는 그 자신도 자연의 해체를 경험해야 한다고. "지혜의 칼끝은 지혜로운 자를 향한다. 지혜는 자연에 대한 범죄다." 이 신화는 이런 끔찍한 명제를 우리에게 소리쳐 알리고 있다. 그러나 그 헬라스의 시인이 마치 햇빛처럼 신화의 숭고하고 무서운 멤논[5]의 석상(石像)[6]을 부드럽게 쓰다듬자, 이 기둥은 갑자기 소리내

5　그리스 신화에 등장하는 에티오피아의 왕. 호메로스 이후의 작품에 나오는 인물로 티토노스와 새벽의 여신 에오스 사이에서 태어났다. 그는 트로이의 용사 헥토르가 죽은 뒤 그리스인들과 싸우고 있던 트로이의 마지막 왕인 숙부 프리아모스를 돕기 위해 트로이로 가서 비범한 무용을 발휘했지만 그리스 영웅 아킬레스에게 죽임을 당했다. 한편 이집트에서 멤논의 이름은 테베 근처에 있는 아멘호테프 3세의 22미터짜리 거대한 석상들과 관계가 있는데, 그중 두 개는 아직도 남아 있다. 특히 북쪽에 있는 것은 BC 27년에 지진으로 일부가 파손되면서 신비로운 현상을 일으키기 시작했는데, 즉 매일 아침 떠오르는 햇빛이 석상에 닿으면 하프 줄이 울리는 것과 같은 소리를 내었다.

6　이집트의 상이집트 지방 키나 주 룩소르에 있는 아멘호테프 3세의 유적. 이곳은 고대 이집트에서 죽은 왕들을 예배하고 죽은 왕들에게 바칠 물건과 음식을 저장하던 곳이다. 아멘호테프 3세가 지은 장제전은 후세의 파라오들이 완전히 파괴하여, 남아 있는 것은 몇 개의 토대와 높이가 10미터나 되는 거대한 돌기둥, 그리고 멤논의 거상이라고 부르는 2개의 조상(彫像)뿐이다. 이 조상들은 아멘호테프 3세를 나타내고 있다. 머리에 쓴 관을 합하면 높이가 거의 22미터나 된다. 북쪽에 있는 조상은 새벽 첫 햇살이 닿으면 기묘하게 높

기 시작한다—소포클레스의 선율로!

 이제 나는 이러한 수동성의 영광에 아이스킬로스의 **프로메테우스** 주위를 비추는 능동성의 영광을 대비시키려고 한다. 여기서 사상가 아이스킬로스가 우리에게 말하고자 했던 것, 그러나 시인으로서 자신의 비유적인 이미지를 통해 우리에게 단지 예감하게 할 뿐인 것을 젊은 괴테는 자신의 시 「프로메테우스」의 대담한 말에서 우리에게 드러내 보일 줄 알았다.

 "나 여기에 앉아 인간을 빚노라

 내 모습을 따라,

 나와 같아지려는 한 종족을

 고통스러워하고, 울며

 즐기고 기뻐하는

 그리고 그대[7]를 존중하지 않는,

 내가 그러듯이!"

은 소리를 냈기 때문에 고대에는 노래하는 멤논으로 유명했다. 사람들은 멤논이 자신의 어머니 새벽의 여신과 인사하는 것이라고 해석했다. 로마 황제 하드리아누스와 그의 왕비인 사비나를 비롯하여 수많은 로마 관광객들이 이 놀라운 소리를 듣기 위해 테베를 찾았다. 그러나 이 조상을 군데군데 수리한 후로 노래하는 멤논은 두 번 다시 노래를 부르지 않았다.

7   여기서 그대는 제우스 신을 가리킨다.

거인의 경지로 올라간 인간은 자신의 문화를 쟁취하며 그 자신의 지혜로 신들의 실존과 한계를 좌지우지할 수 있기 때문에 자신과 결속하도록 신들을 강요한다. 그러나 그 근본 사상에 의하면 불경의 본래적인 찬가인 프로메테우스 시에서 가장 놀라운 점은 정의에 대한 아이스킬로스적 갈망이다. 한편으로는 대담한 '개개인'의 헤아릴 수 없는 고통이 있고, 다른 한편으로는 신적인 고난, 즉 신들의 황혼[8]에 대한 예감이 있다. 저 두 고통의 세계의 힘은 화해와 형이상학적 합의를 강요한다―이 모든 것은 더없이 강력하게 아이스킬로스적 세계관의 핵심과 주된 명제를 상기시킨다. 그 세계관에 의하면 운명의 여신 모이라이[9]가 신들과 인간 위에 영원한 정의로서 군림한다고 여긴다. 올림포스의 세계를 정의의 저울에

8 〈신들의 황혼〉은 바그너의 악극 〈니벨룽의 반지〉의 마지막 네 번째 부분으로, 신들마저 모두 파멸을 맞는 세상의 종말을 상징한다.

9 그리스 신화에서 인간의 운명을 결정하는 3명의 여신으로 클로토·라케시스·아트로포스를 말한다. 한 사람의 수명, 운명, 불행과 고통을 할당하고 집행하는 여신이다. 초기에는 이름이 없었으나 헤시오도스 시대부터 인격화된 신으로 묘사되었다. 훨씬 나중에 상상력이 풍부한 일부 작가들은 이들 3명의 여신에게 각각 다른 임무를 부여했다. 클로토는 인간의 운명의 실을 잣고, 라케시스는 그 실을 분배했으며, 아트로포스는 실을 끊음으로써 개인이 죽는 순간을 결정했다. 이들은 지하세계에 머물렀으며, 그들이 정한 규칙은 제우스도 바꿀 수가 없었다. 로마인들은 성격이 확실하지 않은 파르카이(Parcae)라는 토착 여신을 그리스의 모이라와 동일시했으며 운명이라는 그리스의 개념을 받아들였다.

다는 아이스킬로스의 놀랄 만한 대담성을 보면서, 우리는 심원한 그리스인은 형이상학적 사유를 위한 확고부동한 토대를 비밀 의식에 두고 있었고, 올림포스 신들에게 자신의 모든 회의적인 변덕을 부릴 수 있었다는 사실을 잊지 말아야 한다. 그리스 예술가는 특히 이 신들과 관련하여 상호 의존이라는 애매한 감정을 느끼고 있었다. 그리고 이런 감정은 바로 아이스킬로스의 『결박된 프로메테우스』에 상징적으로 표현되어 있다. 거인적 예술가 프로메테우스는 자신이 인간들을 창조하고 올림포스 신들을, 그것도 보다 우월한 자신의 지혜로 최소한 파괴할 수 있다는 불손한 믿음을 자신의 내부에서 발견했다. 물론 그는 그 지혜를 얻은 대가로 물론 영원한 고통을 통해 속죄하지 않을 수 없었다. 사실 영원한 고통에 비하면 너무 미미한 대가에 지나지 않는 위대한 천재의 훌륭한 '능력', 예술가의 엄중한 자긍심—이것이 바로 아이스킬로스 시문학의 내용이자 영혼이다. 반면에 소포클레스는 『오이디푸스 왕』에서 성자에 대한 승전가를 서곡으로서 읊조리기 시작한다.

그러나 아이스킬로스의 저 신화 해석으로도 이 신화가 지닌 놀랄 만한 공포의 깊이가 충분히 측량된 것은 아니다. 오히려 예술가의 발전에 대한 갈망, 어떠한 불운에도 저항하는 예술적 창조의 명랑성은 단지 슬픔의 검은 호수에 비치는 구름과 하늘의 밝은 영상에 지나지 않는다. 프로메테우스의 전설은 전체 아리아 민족 공동체의 원래 소유물이며 심오한 것과 비극적인 것에 대한 그들 재능의 증거이다. 그러니까 원죄 신화가 셈족의 본질에 대해 갖는 것과 마찬가지로, 이 신화는 아리아인 본질에 대한 그와 똑같은 특징적 의미를 지니며, 두 신화 사이에 마치 남매지간과 같은 촌수가 존재한다는 것도 개연성이 없지는 않을 것이다. 저 프로메테우스 신화의 전제는 떠오르는 모든 문화의 진정한 수호상[10]인 불에 대해 원시 인류가 부여하는 과도한 가치이다. 그러나 인간이 마음대로 불을 다룬다는 것과 불을 붙이는 번갯불이나 뜨겁게 데우는 뙤약볕과 같은 하늘의 선물을 통해서만 불을 얻지 않는다는 것은 저 관조적인 원초 인간들에게는 신적인 자연에 대한 신성 모독이자 약탈로 여겨졌다. 이리하여 최초의 철학적 문제가 인간과 신 사이에 해결할 수 없는 곤혹스러운 모순을 만들어, 이것을 모든 문화의 입구에 하나의 바윗덩어리처럼 옮겨놓는다. 인류는 자신이 가질 수 있는 최선의 것이자 최고의 것을 신성 모독을 통해 얻어냈고, 이제 다시 밀물처럼 밀려드는 고통과 걱정거리라는 그 결과들을 감수해야 한다—다시 말해 모욕당한 천상의 신들은 뜻을 이루려고 고상하게 애쓰는 인류를 이런 것들로 괴롭힌다. 이것은 신성 모독에 부

---

10   팔라디움(Palladium)은 아테네 여신상인 팔라스 상으로 트로이의 수호신을 의미한다.

여하는 위엄을 통해 셈족의 원죄 신화와 기묘한 대조를 이루는 가혹한 생각이다. 셈족의 신화에서는 호기심, 허위적 기만, 유혹에 약함, 음란함, 요컨대 주로 여성적인 일련의 속성들이 악의 근원으로 간주되었다. 아리아인적 사고의 두드러진 점은 **능동적 죄**를 프로메테우스 본연의 미덕으로 간주하는 숭고한 견해다. 이로써 동시에 인간적 악의 **정당화**로서, 더구나 인간적 죄과뿐만 아니라 그로 인해 야기된 고통의 **정당화**로서 염세적 비극의 윤리적 토대가 마련된다. 사물의 본질에 깃든 액운이—관조적인 아리아인은 그러한 액운에 대해 억지 해석을 잘 하지 않는 편이다—세계의 심장에 깃든 모순이 그에게는 상이한 세계들, 예컨대 신적 세계와 인간적 세계의 혼란으로서 드러난다. 그 각각의 세계는 독립된 개체로는 정당하지만, 다른 세계 옆에 병존하는 개별적인 세계로서는 자신의 개별화로 인해 고통을 겪지 않을 수 없다. 개인에게 보편성을 성취하려는 영웅적 충동이 생기는 경우, 개별화의 마력(魔力)에서 벗어나 그 유일한 세계 본질 자체가 되려고 시도하는 경우, 개인은 사물 속에 숨겨진 근원적 모순과 마주치게 된다—즉 그는 신성 모독을 저지르고 고통을 당하게 된다. 이렇게 아리아인은 신성 모독을 남성으로 이해한 반면, 셈족은 죄를 여성으로 이해한다. 이와 마찬가지로 원초적 신성 모독은 남성이, 원죄는 여성이 저지른 것으로 된다. 그나저나 마귀들의 합창은 이렇게 말한다.

"여자가 천 걸음이나 앞서간다 해도
우린 그런 것에 개의치 않아
여자가 제아무리 서둘러도
남자는 한달음에 따라잡으니까."[11]

프로메테우스 전설의 저 가장 심오한 핵심—다시 말하면 거인적 노력을 하는 개인은 불가피하게 신성 모독을 하게 된다는 점—을 이해하는 사람은 동시에 이 비관주의 사상의 비아폴론적 성질 또한 느낄 것이 틀림없다. 왜냐하면 아폴론은 개인들 사이에 경계선을 그어, 그들이 자기인식을 하고 절도를 지킬 것을 요구하면서 이 경계선을 가장 신성한 세계 법칙으로서 거듭 상기시킴으로써 개별 존재들을 달래려고 하기 때문이다. 그러나 이 아폴론적 경향이 이집트적인 딱딱함과 차가움으로 모든 형식을 굳어지게 하지 않도록, 또 호수 위의 하나하나의 물결에 그 궤도와 영역을 지정해주려는 노력이 호수의 움직임을 멈추게 하지 않도록, 이따금 디오니

---

11   『파우스트』 제1부 「발푸르기스의 밤」에 나오는 마귀들의 합창 구절. 여자가 천 걸음이나 앞서간다는 말은 여자가 악에 쉽게 맹목적으로 물든다는 의미이고, 남자가 한달음에 따라잡는다는 말은 남자는 일단 악에 물들면 무섭게 빠져들고 그 정도가 심하다는 의미이다. 또한 여기에는 성적인 함의도 은폐되어 있다. 남자는 한 번의 사정으로 쾌락의 절정에 도달한다는 의미일 수도 있다.(『파우스트』, 앞의 책, 3982~3985행)

소스적인 것의 큰 물결이 저 작은 모든 동심원을 파괴해버렸다. 일방적인 아폴론적 '의지'가 헬라스 정신을 사로잡아 집어놓으려고 한 그 동심원들 말이다. 마치 프로메테우스의 형인 거인 아틀라스가 지구를 등에 짊어지듯이, 갑자기 불어나는 디오니소스적인 것의 큰 물결은 개인들의 개개의 잔물결들을 등에 짊어진다. 흡사 모든 개인의 아틀라스가 되어 그것들을 넓은 등 위에 지고 점점 더 높이, 점점 더 멀리 실어나르려는 이러한 거인적 충동(Drang)은 프로메테우스적인 것과 디오니소스적인 것 사이의 공통점이다. 이런 점에서 아이스킬로스적인 프로메테우스는 디오니소스적인 가면이다. 반면에 아이스킬로스는 이미 언급한 정의에 대한 저 심원한 동경 속에 개별화의 신이자 정의의 경계들의 신인 아폴론이 자신의 부계 조상이란 것을 통찰력 있는 자에게 드러내 보인다. 그러므로 아이스킬로스적인 프로메테우스가 지닌 이중적 본질, 즉 디오니소스적인 동시에 아폴론적인 본질은 개념적 공식으로 이렇게 표현할 수 있다. 즉 "현존하는 모든 것은 정당하고 부당하며, 두 가지 면에서 똑같이 정당화된다."

이것이 너의 세계다! 이것이 세계란 말이다![12]

---

12 『파우스트』제1부 「밤」의 구절. 답답한 서재에 갇혀 있는 파우스트는 지식의 희뿌연 안개에서 벗어나 자연의 신선한 공기를 맛보고 싶어 한다. "제기랄! 내가 아직도 이 감옥에 처박혀 있단 말인가? 빌어먹을 칙칙한 골방, 하늘의 다정한 빛조차도 여기 채색 유리창을 통하면 흐릿해진다! 나를 둘러싼 책

10. 비극의 주인공 디오니소스

그리스 비극이 그 가장 오래된 형태에서 디오니소스의 고통만을 다루었으며, 비교적 오랜 기간 동안 디오니소스가 바로 유일한 연극 주인공이었다는 사실은 논란의 여지가 없는 전승이다.[1] 그러나 에우리피데스에 이르기까지 디오니소스가 비극의 주인공이 아니었던 적은 한 번도 없었으며, 프로메테우스나 오이디푸스 등과 같은 그리스 무대의 유명한 인물들 모두 저 원래의 주인공인 디오니소스의 가면들에 불과하

더미는 좀에 갉아 먹히고 먼지로 뒤덮이고, 빛바랜 종이들이 여기저기 꽂힌 채 높다랗게 둥근 천장까지 닿았구나. 유리 용기와 상자들이 사방에 널려 있고, 실험 기구들이 가득하고. 조상 대대로 물려받은 가구들도 자리 잡고 있는 곳, 이것이 너의 세계란 말이다!"(같은 책, 398~409행)

[1] 그러나 빌라모비츠는 디오니소스가 비교적 오랜 기간 동안 연극의 유일한 주인공이었다는 니체의 주장을 사실이 아니라고 반박한다.

다는 사실 역시 똑같이 확실하게 주장할 수 있다. 이 모든 가면 뒤에 어떤 신성이 숨어 있다는 사실은 저 유명한 인물들이 전형적인 '이상성', 너무나 자주 놀라움을 불러일으켰던 그 '이상성'을 갖게 된 하나의 주요 이유이다. 누구 말인지는 몰라도, 모든 개인은 개인으로서는 우스꽝스럽고 따라서 비극적이지 않다는 주장이 있다.[2] 이런 사실에서 우리는 그리스인들이 실은 개인이 비극 무대에 서는 것을 참을 수 없었다는 사실을 추론할 수 있다. 그들은 실제로 그렇게 느꼈던 것 같다. 즉 '이데아'를 '우상', 즉 모상[3]과는 달리 구별해 가치 평가하는 저 플라톤적 사고방식이 헬라스적 본질의 깊은 곳에 자리하고 있듯이 말이다. 그러나 플라톤의 용어를 사용하자면, 우리는 헬라스 무대의 비극적 인물들에 대해 가령 이렇

---

2 쇼펜하우어의 『의지와 표상으로서의 세계』제58장 참조. "모든 개인의 삶을 전체적이고 일반적으로 개괄하고 가장 의미심장한 특징만을 끄집어내서 보면 본래 언제나 하나의 비극이다. 그런데 하나하나를 자세히 살펴보면 개인의 삶은 희극의 성격을 지니고 있다. 왜냐하면 하루하루의 활동과 골칫거리, 순간순간의 그칠 새 없는 조롱, 매주의 소망이나 두려움, 매시간의 사고들은 끊임없이 짓궂은 장난을 염두에 둔 우연한 사건에 의한 순전히 희극 장면에 불과하기 때문이다. 그러나 결코 성취되지 않은 소망, 수포로 돌아간 노력, 운명에 의해 무자비하게 짓밟힌 희망, 전체 삶의 불운한 오류는, 고뇌가 커지다가 끝내 죽음에 이르는 것을 보면, 언제나 하나의 비극이다."(『의지와 표상으로서의 세계』, 앞의 책, 438쪽)

3 플라톤은 이 세상에서 보는 모든 개별 사물이 그것들의 영원한 이데아의 불완전한 모상이자 복사품으로 보았다. 아이돌은 이데아의 모상이라는 뜻이다.

게 말할 수 있으리라. 즉 한 명의 진짜 디오니소스는 투쟁하는 영웅의 가면을 쓰고, 말하자면 개별적 의지의 그물망에 얽혀 다양한 인물의 형태로 등장한다. 이제 무대 위에 등장하는 신이 말하고 행동하듯이, 그는 방황하고 노력하며 고통을 겪는 개인을 닮아간다. 그리고 그가 이렇게 서사적으로 확실하고 분명한 모습으로 **나타나는** 것은 저 비유적인 출현을 통해 합창단에게 자신의 디오니소스적 상태를 보여주는 꿈의 해석자, 아폴론의 영향 때문이다. 하지만 사실상 저 영웅은 비밀 의식의 고통스러워하는 디오니소스이며, 개별화의 고통을 직접 겪고 있는 그 신이다. 그 신에 관한 놀랄 만한 신화들이 전해지고 있다. 디오니소스가 소년 시절 거인들에 의해 사지가 잘렸으며, 이런 상태에서 자그레우스[4]로 숭배받는다는 것이다. 이 신화는 이렇게 사지가 잘린 상태, 즉 원래 디오니소스의 **고통**은 마치 공기, 물, 흙, 돌로 탈바꿈하는 것과 같은 것이며, 따라서 우리는 개별화의 상태를 모든 고통의 원천이자 근원, 즉 그 자체로 비난받을 만한 것으로 간주해야 한다는 것을 암시한다. 이 디오니소스의 미소로부터 올림포스의

---

4 오르페우스 신화에 등장하는 인물로 제우스와 페르세포네 사이에서 태어났다. '자그레우스'라는 이름은 '위대한 사냥꾼'을 뜻했다. 그는 헤라에 의해 죽임을 당했지만, 그 심장을 삼킨 제우스는 세멜레와 동침해 다시 자그레우스를 낳았다. 이후 자그레우스는 디오니소스와 동일시되었으며, 아이스킬로스에 의해 처음으로 언급되었다. 또한 그는 죽음을 상징하기도 하여 작품에서는 지하에서 리라를 지닌 모습으로 묘사되었다.

신들이 탄생했고, 그의 눈물에서 인간들이 생겨났다. 잘린 신이라는 그의 실존에서 디오니소스는 잔인하고 야만적인 악령, 다른 한편으로는 부드럽고 온순한 지배자라는 이중적 성질을 지니게 되었다. 그러나 에폭푸테스[5]들의 희망은 디오니소스의 부활[6]이었는데, 우리는 이제 그것을 불길한 예감을 주는 개별화의 종말로 파악할 수 있다. 에폭푸테스들의 떠나갈 듯한 환희의 노래는 이 세 번째 디오니소스[7]가 오는 것을 축하했다. 그리고 이러한 희망만이 갈기갈기 찢기고 개체로 분열된 세계의 얼굴에 기쁨의 빛을 던진다. 신화는 이러한 사실을 영원한 슬픔에 잠긴 데메테르를 통해 비유적으로 표현하고 있다. 그녀는 **또 한 번** 디오니소스를 낳을 수 있다는 말을 듣자 처음으로 다시 **기뻐한다**. 앞서 언급한 견해들 속에는 이미 심오한 비관주의적 세계관의 모든 구성 요소, 그리고 이

---

5   여신 테메테르의 제사를 지내는 엘레시우스 비밀 의식에 참가한 입회자를 말함. 원래 뜻은 보는 자, 목격자이며, 보통 예언자, 광신자의 의미로 쓰인다.

6   니체는 디오니소스의 부활을 개별화의 끝으로 본다. 그는 디오니소스의 이야기를 통해 고통이란 우리가 개별적 실존을 너무 중요하게 생각해서 전체 속에 참여하고 있다는 인식을 하지 못해서 생겨난다고 말한다.

7   디오니소스는 세 번 태어났다. 제우스가 디오니소스를 세멜레의 몸에서 꺼내 자기 허벅지에 넣었으며, 거기에서 그는 달을 채우고 다시 태어났다. 헤라에게 사주받은 거인족이 어린 디오니소스를 갈가리 찢었으나 대지의 여신이 찢어진 사지를 모아 부활시킴으로써 디오니소스는 세 번째로 태어나게 된다.

와 동시에 비극의 신비스러운 가르침이 함께 들어있다. 다시 말해 현존하는 모든 것의 통일에 관한 기본 인식, 즉 개별화는 악의 근원이고 예술은 개별화의 마력을 깨뜨릴 수 있다는 기쁜 희망이자 회복된 통일의 예감이라고 간주하는 것 말이다.

우리는 호메로스의 서사시는 올림포스 문화의 시이며 올림포스 문화는 이 시로 거인과의 전쟁의 공포에 대한 그 자신의 승전가를 불렀다는 사실을 이전에 암시했다. 이제 비극 문학의 압도적인 영향 아래 호메로스 신화들이 새로이 태어나고, 이러한 윤회[8](Metempsychose) 속에서 그러는 사이 올림포스 문화 역시 좀 더 심오한 어떤 세계관에 의해 정복당했음을 보여준다. 반항적인 거인 프로메테우스는 올림포스의 자신의 박해자에게 그가 적시에 자신과 협정을 맺지 않을 경우, 언젠가 그의 패권이 극도의 위험에 처할 것이라고 통고했다. 우리는 아이스킬로스의 비극에서 깜짝 놀라 자신의 종말을 두려워하는 제우스가 어쩔 수 없이 거인 프로메테우스와 동맹을 맺는 것을 보게 된다. 이렇게 하여 예전의 거인 시대가 뒤늦게 저승(Tartarus)으로부터 다시 불려 나와 빛을 보게 된다.[9] 거칠고 적나라한 자연의 철학이 춤추며 지나가는 호

---

8 서양 고대 전통에서 윤회는 오르페우스, 디오니소스, 엘레우시스 비밀 의식 등과 관련되어 있다.

9 거인족은 제우스에 의해 저승으로 추방되었다가 다시 지상과 천상으로 불려 나왔다는 신화가 있다.

메로스적 세계의 신화들을 진리의 노골적인 표정을 지으며 응시한다. 신화들은 이 여신의 번개 같은 눈앞에서 창백해지고 몸을 떤다—디오니소스적 예술가의 강력한 주먹이 이 새로운 신을 섬기라고 신화들에게 강요할 때까지. 디오니소스적 진리는 신화의 전체 영역을 자신의 **고유한** 인식의 상징적 표현으로서 떠맡는다. 그리고 이 진리는 한편으로는 비극이라는 공공 제식을 통해, 그리고 다른 한편으로는 극적인 비의 축제를 비밀리에 벌임으로써, 그렇지만 항상 옛 신화의 외피를 두르고 자신의 목소리를 낸다. 프로메테우스를 독수리로부터 해방시키고 신화를 디오니소스적 지혜의 수단으로 탈바꿈시킨 이 힘은 무엇이었을까? 이것은 음악의 헤라클레스적인 힘이다. 즉 비극에서 최고로 분명하게 드러나는 그 힘은 신화를 새로이 더없이 심오하고 의미심장하게 해석할 수 있었다. 이것은, 우리가 이미 앞에서 보여주었듯이, 음악의 가장 강력한 능력이었다. 왜냐하면 모든 신화는 점차 소위 역사적 현실의 좁은 틀 안으로 살금살금 기어 들어가서 어떤 후대에 의해 역사적 진실에 대한 요구를 지닌 일회적 사실로 취급되는 것이 운명이기 때문이다. 더구나 그리스인들은 이미 그들의 신화적인 청년기 꿈 전체를 총명하게 또 제 마음대로 하나의 역사적-실용적 **청년기 역사**로 재구성하는 과정에 완전히 들어서 있었다. 왜냐하면 이것이 바로 종교들이 사멸하곤 하는 방식이기 때문이다. 즉 어느 종교의 신화적 전제 조건들이 정통 신앙의 독단론이 지닌 엄격하고 지적인 눈길에 의해 이미 역사적 사건들의 고정된 합계로 체계화될 때, 그리고 사람들이 신화의 신빙성을 초조하게 옹호하면서도 신화의 모든 자연스러운 연명과 지속적 변성에 대해서는 반기를 들기 시작할 때, 그러므로 신화에 대한 감각이 소멸하고 그 대신 역사적 토대에 대한 종교의 요구가 등장할 때 종교들은 사멸한다. 이 사멸해가는 신화를 이제 디오니소스적 음악의 새로 탄생한 수호신이 붙잡은 것이다. 그리고 이 음악의 손에서 그 신화는 이제까지 한 번도 보여주지 않았던 색채를 띠고, 형이상학적 세계의 존재에 대해 동경 어린 예감을 불러일으켰던 향기를 내뿜으며 새로이 꽃피웠다. 이렇게 마지막으로 빛을 발한 후에 그 신화는 사그라지고, 그 이파리는 시들어버린다. 곧 고대의 조소적인 루키아노스[10]들이 바람

---

10 루키아노스(Lucianos, BC 120?~BC 180?): 고대 그리스의 웅변가, 팸플릿 저자, 풍자 작가로 강연과 저술에 전념했다. 그는 문명비평과 통렬한 풍자로 세인의 호평을 얻었다. 인간 행동의 거의 모든 측면을 풍자했으며, 그가 즐겨 다룬 주제 가운데 하나는 명예와 재물의 덧없음을 깨닫지 못하는 인간의 어리석음이다. 루키아노스가 풍자한 인간의 약점은 제물을 가지고 신들과 흥정하는 어리석음, 가족이 죽은 뒤에야 지난 일을 후회하며 우는 어리석음, 이상한 이야기를 하거나 듣기를 좋아하는 어리석음 등이다. 그는 남에게 설교만 하고 스스로는 실천하지 않는 철학자들을 가장 나쁜 사기꾼으로 간주했다. 그는 잘난 척 우쭐대는 당시의 철학자들을 비롯한 사기꾼들의 천박함을 무자비하게 폭로하는 일에 열중했다. 그러나 그의 날카롭고 비판적인 정신은 주로 파괴적인 것이었고, 그가 케케묵었다고 비판한 것을 대신할 만한 새로운 가치관은 전혀 제시하지 못했다. 그가 보기에 진정한 가치를 갖고 있으며 자신에

에 사방으로 흩날리는 퇴색하고 망가진 꽃송이들을 붙잡으려 한다. 신화는 비극을 통해 가장 깊은 내용에 도달하고, 가장 표현력이 풍부한 형식을 얻는다. 신화는 부상당한 영웅처럼 또 한 번 몸을 일으키고, 그리고 죽어가는 남자의 지혜로운 침착함과 함께 남아도는 모든 힘이 그의 눈 속에서 최후의 강력한 빛을 내며 타오른다.

신성모독적인 에우리피데스여, 그대가 죽어가는 이 신화에게 또 한 번 힘든 부역을 강요하려 했을 때 그대가 원한 것은 무엇이었는가? 그것은 그대의 폭력적인 손아귀 아래서 사망했다. 그리고 이제 그대는 헤라클레스의 원숭이[11]처럼 낡

게 판단 기준을 제공해 주는 것은 오직 그리스 고전문학뿐이었다. 이처럼 거의 상상적이고 이상화된 과거를 지향했다는 점에서 그는 당시의 시대적 성향과 일맥상통하고 있다. 그의 고전적 문체는 로마 제국 후기의 작가들과 비잔틴 시대에 본보기가 되었다. 그의 영향력은 프랑수아 라블레, 조너선 스위프트, 헨리 필딩, 시라노 드 베르주라크, 볼테르, 자코모 레오파르디 같은 작가들에게도 미쳤으며, 궁극적으로 유럽 풍자 문학 발전에 크게 이바지했다. 오늘날 그는 문학도만이 아니라 철학도들에게도 흥미로운 연구 대상이 되고 있다. '루키아노스들'은 그의 선구자인 아리스토파네스와 같은 기원전 5세기의 아티카 희극 작가들을 가리킨다.

11　헤라클레스에게 내려진 첫 번째 과업은 네메아 계곡에 사는 괴물 사자의 가죽을 벗겨오는 것이었다. 그 괴물 사자는 가끔 계곡에서 내려와 미케네를 쑥대밭으로 만들어 골칫덩어리였다. 그러나 이미 사자를 잡아 본 경험이 있는 헤라클레스는 무거운 곤봉으로 괴물 사자를 때려눕히고는 가죽을 벗겨 에우리스테우스 왕 앞에 가져왔다. 그래서 헤라클레스는 몽둥이를 들고 사자 가죽을 쓴 모습으로 묘사된다. 원숭이는 사자 가죽을 입을 수는 있겠지만 무거운 곤봉을 들고 사자를 때려눕힐 수는 없다.

은 장식품으로 자신을 치장할 줄만 알았던 변장한 모조 신화를 필요로 했다.[12] 그리고 신화가 그대를 위해 죽었듯이, 음악의 수호신 역시 그대를 위해 죽었다. 비록 그대가 탐욕의 손을 뻗쳐 음악의 모든 정원을 약탈하고 싶었더라도, 기껏 그대가 해낸 일이라곤 변장한 모조 음악에 불과했다. 그리고 그대가 디오니소스를 버렸기 때문에 아폴론 역시 그대를 버리고 떠났다. 모든 열정을 그 잠자리에서 몰아내, 마법으로 그대의 동그라미 속에 집어넣어라. 그대의 주인공들의 연설을 위해 소피스트적 변증술을 갈고닦아라―그런다고 한들 그 주인공들 역시 변장한 모방 열정밖에 갖지 못하고, 변장한 모방 연설밖에 하지 못할 것이다.

---

12   니체는 '참된 철학자와 가짜 철학자의 관계는 헤라클레스와 위대한 그리스 영웅들의 사자 가죽을 쓴 원숭이의 관계와 같다'는 루키아노스 작품에 나오는 속담을 들어 에우리피데스를 비판하고 있다.

11. 고대 그리스 비극작가 에우리피데스

그리스 비극은 그것과 자매 관계에 있는 더 오래된 모든 예술 장르와는 다른 방식으로 몰락했다. 그것은 해결할 수 없는 갈등 때문에 자살[1]을 통해, 그러니까 비극적으로 생을 마

---

[1] 쇼펜하우어는 흔히 생각하는 것과는 달리 자살을 옹호하지 않고 좋지 않은 어리석은 행위로 치부했다. "또한 이와 반대로 삶의 무게에 짓눌려 있는 사람, 사실 삶을 좋아하고 긍정하지만, 그 삶의 고통을 싫어하고, 특히 바로 그에게 엄습한 가혹한 운명을 더는 참을 수 없는 사람, 그러한 사람은 죽음으로부터의 해방을 기대할 수 없고 자살을 통해 구원받을 수도 없다. 컴컴하고 서늘한 저승이 안식의 항구로서 그를 유혹한다는 것은 착각에 불과하다. 지구는 회전하여 낮에서 밤이 되고 개체는 죽음을 맞이한다. 그러나 태양 자체는 쉬지 않고 영원한 낮을 불태우고 있다. 삶에의 의지에서 삶은 확실하고, 삶의 형식은 끝없는 현재다. 아무튼 이념의 현상인 개체들이 시간 속에서 생성 소멸하는 것은 덧없는 꿈에 비유할 수 있다. 그러므로 자살은 우리에게 이미 이 점에서 무익하고, 그 때문에 어리석은 행위로 여겨진다. 우리의 고찰을 더욱 진행시켜 가면 자살은 우리에게 더욱 좋지 않은 것으로 나타날 것이다."(『의지와 표상으로서의 세계』, 앞의 책, 391쪽)

감했다. 반면에 다른 모든 예술은 고령에 더할 나위 없이 아름답고 평온하게 서서히 숨을 거두었다. 다시 말해 훌륭한 자손을 남기고 고통 없이 세상을 하직하는 것이 행복한 자연상태에 적합한 것이라면, 비극보다 더 오래된 예술 장르들의 종말은 그러한 행복한 자연 상태를 우리에게 보여준다. 즉 그것들은 서서히 몰락해 간다. 죽어가는 그들의 눈길 앞에는 그들보다 더 멋진 후손이 용감한 몸짓으로 조바심하며 고개를 쳐들고 서 있다. 반면에 그리스 비극의 죽음[2]은 어디서나 심하게 느낄 수 있는 엄청난 공허를 남겨 놓았다. 즉 언젠가 티베리우스 황제[3] 시대에 그리스 뱃사람들이 어느 절해고도에서 "위대한 판[4]은 죽었다"라는 충격적인 절규를 들었던 것처럼.

---

2   비극의 죽음은 니체의 말대로 소크라테스와 에우리피데스 때문이라기보다는 펠레폰네소스 전쟁 이후 아테네의 몰락 때문일지도 모른다.

3   티베리우스 황제(Tiberius, BC 42~AD 37): 아우구스투스의 양자로 로마 제국의 제2대 황제. 그는 아우구스투스 황제가 이룩한 제국의 제도와 영토를 보존하기 위해 노력했다. 말년에 폭군적인 은둔생활을 하면서 로마의 중요 인물들에게 공포정치를 실행했다. 재위 초기는 지혜롭고 절제된 통치의 모범을 보이지만 힘과 무력의 과시도 있었는데 그것은 권력을 안정시키기 위한 의도적인 성격을 띤 것이었다. 이와 같은 조치들을 제외하면 티베리우스의 법률과 정책은 참을성 있고 거시적인 것들이었다. 그는 새롭게 커다란 정복 사업을 시도하지 않았으며, 이유 없이 군대를 이동시키거나 속주 총독을 교체하지 않았다. 그는 로마 제국의 재정 낭비를 중단시켰고, 로마의 권력을 그 어느 때보다도 안정시켜 놓았다. 그는 해군을 강화했고 검투사 경기를 벌이는 관습을 없앴다. 그러나 이따금 전쟁이나 야만적 폭압이 벌어지기도 했다.

4   그리스 신화에 나오는 짐승의 모습에 가까운 다산의 목양신을 말함. 판

이제 그것이 그리스 세계 전역에 고통스러운 애가(哀歌)처럼 울려 퍼졌다. "비극은 죽었다! 시 자체도 비극과 함께 사라졌다! 꺼져라, 너희들과 함께 꺼져라, 위축되고 말라빠진 아류들아! 저승으로나 꺼져라! 그곳에서 옛 거장들이 남긴 빵 부스러기나마 한번 배불리 먹을 수 있도록!"

그러나 이제 비극을 선구자이자 장인으로 숭배하는 새로운 예술 장르가 꽃 피었을 때 사람들은 놀랍게도 다음 사실을 알아차릴 수 있었다. 물론 그 예술 장르는 그 어머니의 특징을 띠고 있지만, 그것은 오랜 단말마의 고통에서 보여주었던 것과 같은 모습이었다. 비극으 이러한 단말마의 고통과 싸웠던 자가 에우리피데스였다. 저 나중의 예술 장르는 신 아티카 희극[5]으로 알려져 있다. 이 희곡 속에서 비극의 퇴화한 형태가 너무나 비참하고 폭력적인 죽음의 기념비로 삶을 이어갔다.

이러한 맥락은 신 희극 시인들이 에우리피데스에게 느꼈

은 일반적으로 원기 왕성하고 기운찬 모습에 염소의 뿔·다리·귀를 가진 것으로 묘사되었으나, 후세의 예술에서는 그의 모습에서 인간적인 부분을 더 많이 강조했다. 높은 언덕에 자주 나타나며 주된 일은 농업이 아니라 소 떼와 양 떼를 키우는 일이었다. 정오에는 목자처럼 피리를 불며 쉬었다. "위대한 판은 죽었다"라는 말은 일반적으로 '고대가 사멸했다'는 뜻으로 쓰인다.

5   BC 5세기 초 무렵, 원래 디오니소스 축제에서는 비극과 희극의 경연이 함께 열렸다. 아리스토파네스는 고 희극의 종말을 알리는 동시에 신 희극을 여는 작가로 간주된다. 아리스토파네스의 희극보다 에우리피데스의 비극을 더 많이 닮은 신 희극에서 합창단은 막간을 표시하기 위해 공연하는 음악가와 무용수의 집단으로 퇴화해 버렸다.

던 열정적인 애착을 이해할 수 있게 해준다. 그래서 고인이
된 에우리피데스가 아직도 제정신이란 확신만 있다면, 지하
세계에 있는 그를 찾아가기 위해 당장 목매달아 죽어도 좋
겠다던 필레몬[6]의 소망도 더 이상 당혹스럽지 않다. 그러나
에우리피데스가 메난드로스[7]와 필레몬과 어떤 공통점을 가

---

6   필레몬(Philemon, BC 368?~BC 264?): 아테네 신 희극에 속하는 작품
들을 쓴 시인. 신 희극 작가 메난드로스와 같은 시대에 활동한 선배이자 경쟁
자였다. 필레몬은 극작가로서 교묘하게 꾸며진 줄거리와 생생한 묘사, 극적인
놀라움 및 진부한 교훈으로 유명했다. BC 328년에 그는 아테네에서 희곡을
쓰고 있었으며, 결국 아테네 시민이 되었다. 한때 알렉산드리아에서도 일했
다. 그가 쓴 97편의 희극 가운데 약 60편의 제목은 그리스어로 된 작품의 일부
와 라틴어로 각색된 작품에 남아 있다.

7   메난드로스(Menandros, BC 342?~BC 292?): 고대 아테네의 신 희극
작가. 아테네에서 마지막으로 꽃을 피운 무대 희극인 그리스 신 희극의 가장
탁월한 시인으로 손꼽힌다. 생애에 대해서는 알려진 사실이 거의 없으나 일설
에 의하면 부유하고 훌륭한 가문 출신이었다고 하며, 아리스토텔레스의 추종
자였던 철학자 테오프라스토스의 제자였다고 한다. 그 당시 희극은 공적인 사
건을 다루기보다 일상생활 속의 허구적 등장인물들을 주로 다루었으며, 합창
단의 역할은 대체로 막간 여흥의 공연에 제한되었다. 배우들은 여전히 가면을
썼지만 그들이 쓴 가면은 풍속 희극이 요구하는 좀 더 다양한 등장인물을 관
객에게 보여주기 위해 정교하게 다듬어졌으며, 관객이 연극 프로그램을 보지
않고도 그 등장인물이 누구인가를 알아볼 수 있게 했다. 그는 그 당시 그리스
어 사용지역의 문어였던 세련된 아티카 방언으로 글을 썼으며, 엄한 아버지,
젊은 연인들, 탐욕스러운 매춘부, 음모를 꾸미는 노예 등의 인물을 표현하는
데 뛰어난 솜씨를 발휘했다. 가벼운 필치의 희극을 다루는 절묘한 솜씨는 『까
다로운 성격자Dyscolus』에서 퉁명스러운 비관주의자로 등장하는 크네몬이
라는 인물에 가장 뚜렷이 드러나 있다. 로마의 작가인 플라우투스와 테렌티우
스는 메난드로스의 작품을 많이 각색했는데, 그들을 통해 메난드로스는 르네
상스 시대부터 유럽 희극 발전에 많은 영향을 미쳤다고 볼 수 있다.

졌는지, 또 그의 어떤 점이 두 사람에게 그토록 모범적인 영향을 주었는지 극히 간략하게 또 빠짐없이 말하지 않고 설명하자면, 에우리피데스가 관객을 무대 위로 올라오게 했다는 말로 충분하다. 에우리피데스 이전의 프로메테우스적 비극작가들이 어떤 소재를 가지고 그들의 주인공들을 만들었는지, 그리고 그들이 현실의 충실한 가면을 무대 위에 올리겠다는 일에 얼마나 무관심했는지 인식한 사람은 에우리피데스의 경향이 완전히 다르다는 점 역시 분명히 알고 있을 것이다. 그를 통해 일상생활을 하는 인간이 관객석으로 무대 위로 밀고 올라왔다. 예전에는 위대하고 대담한 특징들만을 표현했던 거울이 이제는 자연의 실패한 선들도 성실하게 재현하는 곤혹스러운 충실함을 보여주었다. 좀 더 오래된 예술의 전형적인 헬라스인인 오디세우스는 이제 좀 더 새로운 시인들이 손 아래에서 그래쿨루스[8]의 모습으로 전락하여, 이제부터 선량하고 약삭빠른 몸종으로 극적 관심의 중심에 서게 된다. 에우리피데스가 아리스토파네스[9]의 『개

---

8 '작은 그리스인'이라는 뜻의 그래쿨루스(Graeculus)는 로마의 유력자들에게 의탁해 지내던 그리스 지식계급을 경멸해 부르는 말로 모욕적인 어감을 담고 있다.

9 아리스토파네스(Aristophanes, BC 448?~BC 380?): 고대 그리스의 최고 희극 작가로 작품의 대부분을 펠로폰네소스 전쟁 기간에 썼다. 작품으로 에우리피데스를 야유하고 있는 『여자의 축제』, 아이스킬로스를 에우리피데스보다 우월한 비극 시인으로 보는 『개구리들』, 소크라테스를 대표적인 소피스트로

구리들』[10]에서 자신의 공적으로 친다는 것, 그가 자신의 민간 요법을 통해 비극 예술을 과도한 비만으로부터 구했다는 것, 그러한 사실이 무엇보다도 그의 비극 주인공들에게서 분명히 드러난다. 본질적으로 이제 관객은 에우리피데스의 무대에서 자신의 분신을 보고 들었으며, 그가 그토록 말을 잘하는

간주하면서 풍자하는 『구름』 등이 남아 있다. 그의 희극은 대개 구성이 느슨하고 줄거리 전개가 비논리적이며 등장인물의 성격묘사가 부족하지만, 수많은 형태로 번역되어 20세기 무대에도 자주 올려졌다. 이런 성공 요인으로는 재치 있는 대사, 때로는 심술궂지만 대체로 기분 좋은 풍자, 특히 논쟁을 좋아하던 비극작가 에우리피데스의 작품을 익살스럽게 흉내 낼 때 보여주는 멋진 솜씨, 근대 풍자 만화가들의 상상력과도 비교할 수 있는 일부 장면의 우스꽝스러운 어리석음과 독창성 및 창조력, 합창곡의 독특한 매력 등을 꼽을 수 있다.

10 이 드라마에서 술과 연극을 주관하는 신(神) 디오니소스는 자신의 시종 크산티아스와 함께 아테네를 구할 시인을 찾으러 지옥으로 간다. 그는 헤라클레스로 변장하고 지옥에 가서 여러 가지 곤경도 겪지만, 그곳에서 최고의 의자를 서로 차지하려는 두 시인, 즉 아이스킬로스와 에우리피데스의 경연의 심판관으로 추대된다. 에우리피데스는 현대적 감각의 외양을 창조해 낸 시인으로 그의 희극과 사상, 사물을 보는 눈, 도덕과 종교에 접근하는 새롭고 신선한 방법, 말의 교묘한 사용법 등으로 대중의 주목을 한 몸에 받고 있었으며 그들이 낡은 전통적인 태도를 버리게 만든 장본인이기도 하다. 반면에 아이스킬로스는 50년 전에 죽은 작가로서 마라톤 전쟁에서 싸우기도 했으며, 메마르고 낡은 고전주의의 고수자로, 줄거리를 천천히 전개하며 무겁고 장엄한 언어를 쓰는 작가이다. 토론이 진행됨에 따라 우리는 진정한 지혜란 똑똑한 것이 아니라 용기와 정의와 중용과 완전성 같은 도덕적 요소와 연관되어 있음을 알게된다. 아테네에는 이와 같은 구식 미덕이 더 필요하며 현명하고 선한 충고를 해줄 사람은 바로 아이스킬로스와 같은 시인이라고 판단하여 디오니소스는 그를 승자로 결정한다. 그리하여 아이스킬로스는 디오니소스와 함께 이 세상으로 다시 돌아오는 밝은 낮으로의 여행길에 오른다.

것에 기뻐했다. 그러나 이 기쁨이 전부가 아니었다. 사람들은 에우리피데스한테서 직접 말하는 법을 배웠고, 에우리피데스는 아이스킬로스와의 경연에서 그런 사실을 자랑한다. 즉 이제 사람들이 자신을 통해 예술적으로 그리고 극히 교활한 궤변술로 관찰하고 교섭하고 추론하는 법을 배웠다는 것이다. 에우리피데스는 일상언어의 이러한 근본적 변화를 통해 신 희극의 길을 닦았다. 왜냐하면 그때부터는 어떤 식으로 일상생활을 무대 위에서 표현할지, 그리고 어떤 격언을 사용할지는 더 이상 비밀이 아니었기 때문이다. 그때까지 비극에서는 반신이, 희극에서는 술 취한 사티로스나 반인(半人)이 언어적 성격을 규정했지만, 이제 에우리피데스가 모든 정치적 희망을 걸었던 시민계층의 범용성(凡庸性)이 발언 기회를 얻게 되었다. 그래서 아리스토파네스가 묘사한 에우리피데스는 누구나 판단할 능력이 있는 보편적이고 익히 잘 알려진 일상적 생활과 활동을 묘사한 것에 자랑할 수 있었다. 이제 전체 대중이 철학을 하고, 이전까지 알지 못했던 영리함으로 토지와 재산을 관리하고 법률 사건을 변호한다면, 이것은 자신의 공적이며, 자신이 사람들에게 심어준 지혜의 성과라는 것이다.

이제 신 희극은 그런 식으로 준비되고 계몽된 대중한테 말을 걸 수 있었고, 에우리피데스는 어느 정도는 새 희극의 합창 지휘자가 된 셈이었다, 단지 이번에는 관객이라는 합창단이 예행연습을 하는 게 필요했을 뿐이었다. 이 합창단이 에우리피데스의 음조로 노래 연습을 하자마자, 체스 놀이와 유사한 연극 장르, 즉 교활함과 간교함이 계속 승리를 거두는 신희극이 등장한 것이다. 그러나 합창 지휘자인 에우리피데스는 끊임없이 칭송받았다. 사실 비극작가들이 비극과 마찬가지로 죽었다는 사실을 알지 못했다면, 에우리피데스한테서 더 많이 배우기 위해 죽음도 불사하겠다는 사람도 나왔을지도 모른다. 하지만 헬라스인은 비극과 함께 자신의 불멸성에 대한 믿음을 포기했고, 이상적인 과거에 대한 믿음뿐 아니라 이상적인 미래에 대한 믿음마저 포기해 버렸다. "늙으면 경박하고 변덕스러워진다"는 유명한 묘비명에 나오는 말[11]은 노년기의 헬라스 정신에도 똑같이 적용된다. 찰나, 기지, 경박함, 변덕은 그리스 정신의 최고의 신이었다. 적어도 정신적 태도를 놓고 보면 제5계급인 노예가 주인 행세를 하게 된 것이다. 지금 '그리스적인 명랑성'에 관해 아직 말해도 좋다면, 그것은 어려운 것을 책임지지 않고 위대한 것을 추구하지 않으며, 과거나 미래의 어떤 것도 현재보다 높이 평가할 줄 모르는 노예의 명랑성인 것이다. 기독교 초기 400년 동안, 심원하고 무서운 성질을 지닌 인물들을 그토록 격분시켰던 것이 바로 '그리스적 명랑성'이라는 이러한 가상이었다. 그들은

---

11   괴테의 「묘비명Grabschrift」에 나오는 한 구절.

진지함과 공포로부터 이러한 여성적인 도주, 편안한 향유에 대한 이러한 비겁한 자족을 경멸했을 뿐만 아니라 엄밀히 말하자면 반기독교적인 자세라 여겼다. 수백 년 동안 살아남은 그리스 고대의 세계관이 거의 극복하기 어려울 정도로 집요하게 저 담홍빛 명랑성의 색조를 고수했던 것이 그들의 영향 탓일 수 있다. 마치 비극의 탄생, 비밀 의식, 피타고라스, 헤라클레스와 함께 기원전 6세기가 없었다는 듯이, 그러니까 저 위대한 시대의 예술 작품들이 결코 존재하지 않았다는 듯이 말이다. 그렇지만 이 예술 작품들은 그러한 노인 같고 노예적인 현존의 즐거움과 명랑성의 토양으로부터는 결코 어느 것도 설명할 수 없다. 그것들은 그 존재 근거로서 전혀 다른 세계관을 가리키고 있다.

내가 앞에서 관객이 연극을 비로소 제대로 판단할 능력을 갖도록 하기 위해, 에우리피데스가 관객을 무대 위로 끌어올렸다고 주장했다면, 나는 이전의 비극 예술이 항상 관객과 빈약한 관계를 가졌다는 인상을 주었을지도 모른다. 그리고 사람들은 예술 작품과 관중 사이의 적합한 관계를 달성하고자 한 에우리피데스의 과격한 경향이 소포클레스를 넘어서는 진보라고 칭찬하고 싶은 유혹에 빠질지도 모른다. 그러나 '관중'이란 하나의 단어에 불과하며, 결코 동질적이고 고정된 크기가 아니다. 순전히 숫자에만 강점이 있는 어떤 힘에 예술가가 순응하지 않을 수 없다는 의무감이 드는 것은 무슨 까닭일까? 예술가가 재능이나 의도(Absicht) 면에서 모든 개별적인 관객보다 우월하다고 느낀다면, 어떻게 그가 자신보다 능력이 못한 사람들인 관중 전체의 집단적인 표현에 대해 상대적으로 재능이 가장 뛰어난 관객 개개인에 대해서보다 더 존중감을 느낄 수 있겠는가? 사실 그리스 예술가 가운데 일평생 바로 에우리피데스보다 더 커다란 대담함과 자족감을 가지고 관중을 다룬 사람은 아무도 없다. 즉 그는 대중이 자신의 발밑에 무릎을 꿇었을 때조차, 대중에 대한 그의 승리를 가져다준 바로 그 의도(Tendenz)를 공개적으로 또 무척 반항적인 태도로 모욕했다. 이 천재가 관중이라는 악귀의 무리 [12]에 대해 조금이라도 경외심이 있었다면, 그는 생애의 중반에도 이르기 훨씬 전에 실패로 인한 결정적 타격으로 무너지고 말았을 것이다. 이러한 점을 고려할 때, 에우리피데스가 관중의 판단력을 만들어주기 위해 그들을 무대 위로 끌어올렸다는 우리의 표현은 단지 잠정적인 것에 불과했으며, 또 그의 의도를 좀 더 깊이 이해할 수 방도를 찾아야 한다는 것을 우리는 깨닫게 된다. 이와는 달리 아이스킬로스와 소포클레스가 생전에 그리고 사후에도 오랫동안 대중의 사랑을 흠뻑 받았다는 사실은 익히 잘 알려져 있다.[13] 그러므로 우리는 에

---

12 Pandämonium에는 복마전이라는 뜻도 있음.

13 아이스킬로스는 비극 경연에서 최소 열두 번, 소포클레스는 스무 번가

우리피데스의 선배들의 경우 예술 작품과 관중 사이의 관계가 빈약했다고는 말할 수 없다. 풍부한 재능을 지니고 끊임없이 창작에 몰두한 예술가인 에우리피데스를 더없이 위대한 시인이라는 태양에 의해, 그리고 대중의 사랑이라는 맑은 하늘에 의해 빛나는 길에서 그토록 난폭하게 몰아낸 것은 무엇이었을까? 관객에 대한 어떤 기묘한 고려가 그를 관객을 향해 이끌고 갔는가? 자신의 관중을 지나치게 존중해서 그 관중을 무시한다는 게 어떻게 가능할 수 있을까?

에우리피데스는 시인으로서 자신이 대중보다는 우월하다고 느꼈겠지만, 그의 관객 중의 두 사람보다는 우월하다고 생각하지 않았다. 이것이 바로 방금 우리가 제시한 수수께끼의 해답이다. 즉 그는 대중을 무대 위로 불러왔지만, 저 두 명의 관객만을 전체로서 자신의 예술을 판단할 수 있는 재판관이자 대가라고 존경했다. 그는 이들의 지시와 경고에 따라 그때까지 모든 축제 공연 때마다 눈에 보이지 않는 합창단으로서 관객석에 나타났던 감정과 열정, 경험을 무대 위 그의 주인공들의 영혼 속으로 옮겨놓았다. 그는 이러한 새로운 인물들을 위해 새로운 말과 새로운 음조를 찾을 때도 이들의 요구에 따랐다. 관중의 법정에서 다시 한 번 푸대접을 받았을 때도,

---

량, 에우리피데스는 네 번 우승한다. 에우리피데스는 은둔자로 살라미스의 외딴 동굴에서 살며 사람들과의 접촉을 피했다고 한다.

그는 오로지 이들의 목소리에서만 자신의 창작품에 대한 정당한 판정과 승리를 약속하는 격려를 들을 수 있었다.

이 두 명의 관객 가운데 한 명은 에우리피데스 자신이었다. 시인으로서가 아니라 사상가로서의 에우리피데스 말이다. 에우리피데스에 대해 우리는 레싱의 경우와 유사하게, 그의 비판적 재능의 이례적인 풍부함이 그의 예술에 대한 생산적인 부수적 충동을 일으키지는 않았다 해도 적어도 지속적으로 고무시켰다고는 말할 수 있다. 에우리피데스는 이런 재능, 즉 그의 비판적 사유의 명민함과 기민성을 가지고 극장에 앉아, 마치 색 바랜 흐릿해진 그림에서 획 하나하나, 선 하나하나를 알아내려는 듯이, 그의 위대한 선배들의 걸작품들을 재인식하는 데 심혈을 기울였다. 그리고 이런 일을 하는 중에 그는 아이스킬로스 비극의 보다 심오한 비의 입문자에게 기대해 볼 만한 것을 알아냈다. 그는 획 하나하나, 선 하나하나에서 비교 불가능한 어떤 것, 즉 어떤 기만적인 규정성, 그리고 동시에 수수께끼 같은 깊이, 그러니까 배경의 무한성을 인식했다. 더없이 명백한 인물조차 여전히 불확실한 것, 밝혀낼 수 없는 어떤 것을 암시하는 듯한 혜성의 꼬리를 달고 있었다. 똑같은 어스름한 빛이 연극의 구조, 특히 합창단의 의미에 서려 있었다. 그리고 윤리적 문제의 해결은 그에게 여전히 얼마나 의심스러웠던가! 신화의 취급 방식은 얼마나 의문스러웠던가! 행운과 불운의 분배는 얼마나 균일하지 못했던가!

더 오래된 비극의 언어에서조차 그는 많은 역겨운 것, 적어도 수수께끼 같은 것을 발견했다. 특히 그는 단순한 관계를 너무 과장되게 표현하고, 소박한 인물을 지나친 비유와 터무니없는 말로 묘사하는 것을 발견했다. 그래서 그는 골똘히 생각에 잠긴 채 불안한 마음으로 극장에 앉아 관객으로서 그는 자신의 위대한 선배들을 이해하지 못하겠다고 고백했다. 하지만 그가 지성을 모든 향유와 창작의 원래적 뿌리로 간주했다면, 자기처럼 생각하는 사람이 아무도 없는지, 그리고 마찬가지로 저 비교 불가능성을 시인하는 사람이 아무도 없는지 그는 질문하고 주위를 둘러보지 않을 수 없었다. 하지만 많은 사람들, 또 그들과 함께 최상의 개인들마저 그에게 불신하는 듯한 미소로 답할 뿐이었다. 하지만 그의 우려와 이의에도 불구하고 왜 그 위대한 대가들이 옳은지 그에게 설명해 줄 수 있는 사람은 아무도 없었다. 그리고 이러한 고통스러운 상태에서 그는 비극을 이해하지 못하고 그 때문에 무시한 **다른 관객**을 발견했다. 이 사람과 동맹을 맺음으로써 고립된 상태에서 벗어난 그는 아이스킬로스와 소포클레스의 작품들을 상대로 감히 엄청난 투쟁을 시작할 수 있었다. 논박서에 의해서가 아니라 전승된 비극 개념에 맞서 **자신의** 비극 개념을 내세우는 극작가로서.

12. 미학적 소크라테스주의의 본질

이 다른 관객에 대한 명칭을 붙이기 전에 여기서 잠깐 앞서 묘사한 아이스킬로스 비극의 본질에서 모순적이고 비교 불가능한 인상을 돌이켜 생각해 보기로 하자. 저 비극의 **합창단**과 **비극적 주인공**을 보면서 우리 자신이 느꼈던 당혹감을 생각해 보기로 하자. 우리는 이 두 가지를 우리의 습관뿐만 아니라 전통과도 조화시킬 수 없었다—우리가 저 이중성 자체를 그리스 비극이 근원과 본질로, 다시 말해 서로 뒤얽혀 있는 두 가지 예술 충동인 **아폴론적인 것**과 **디오니소스적인 것**의 표현으로 인식할 때까지 말이다.

저 근원적이고 전능한 디오니소스적 요소를 비극으로부터 제거해, 비디오니소스적 예술, 도덕과 세계관 위에 순수하고도 새롭게 다시 세우는 것—이것이 바로 이제 우리에게 백일하에 드러난 에우리피데스의 의도이다.

에우리피데스 자신이 인생의 황혼기에 어떤 신화[1]에서 이런 의도의 가치와 중요성에 대한 질문을 동시대인들에게 매우 강력하게 제기했다. 디오니소스적인 것은 도대체 존속해도 되는가? 그것을 헬라스 토양에서 강제로 뿌리 뽑을 수 없을까? 그러한 일이 가능하기만 하다면 확실히 그렇게 해야 한다고 시인은 우리에게 말한다. 하지만 디오니소스 신은 너무 강력하다. 가장 지적인 반대자도—『바쿠스의 여신도들』에 나오는 펜테우스 같은 자도—자신도 모르는 사이에 그 신에게 홀려, 이렇게 마법에 걸린 상태에서 나중에 자신의 비극적 운명과 마주치게 된다.[2] 두 노인, 카드모스[3]와 테이레

---

1 에우리피데스의 만년의 비극작품인 『바쿠스의 여신도들』을 가리킨다.

2 펜테우스는 그리스 신화에서 테베의 왕으로, 스파르타의 에치온과 카드모스의 딸 아가베의 아들이었다. 테베의 왕 카드모스는 고령으로 그의 외손 펜테우스에게 양위하였다. 카드모스의 아들인 폴리도로스의 뒤를 이었다는 설도 있다. 펜테우스는 이모 세멜레의 아들이기도 한 디오니소스 신의 숭배를 포기하였고, 이모들에게는 의식에 참여하지 못하게 했다. 이에 화가 난 디오니소스는 펜테우스의 어머니인 아가베와 이모인 이노, 그리고 아우토노에 그리고 모든 테베의 여인과 함께 술에 취해 키타에론 산으로 달려가게 하였다. 펜테우스는 디오니소스를 가두었지만, 디오니소스는 신이었기에 결박은 풀리고 옥문은 그를 위해 열렸다. 디오니소스는 그 후 펜테우스를 유혹하여 음주 의식을 엿보게 했다. 카드모스의 딸들은 나무 위에 있는 그를 발견하고 야생동물로 생각하였다. 펜테우스는 이들에 의해 끌려 내려와 고문당하고 갈기갈기 찢겨 죽었다. '펜테우스'라는 이름은 '슬픔의 사람'이라는 의미로, 비탄의 감정 중에서도 사랑하는 사람의 죽음으로 인한 슬픔을 뜻하는 '펜토스 pénthos'에서 기원하여 그의 비극적 운명을 암시하고 있다. 에우리피데스의 비극 『바쿠스의 여신도들』은 이 신화를 소재로 한 것이다.

시아스[4]의 판단은 노년의 이 시인의 판단이기도 한 것처럼 보인다. 즉 가장 현명한 개인들의 숙고는 저 오래된 민간 전통, 끝없이 번져가는 저 디오니소스 숭배를 뒤엎을 수 없다는 것

---

3 그리스 신화에서 아게노르(페니키아의 왕)의 아들로 황소 등에 업혀 사라진 에우로페를 찾아 나선 오빠이다. 오이디푸스가 그의 후손이다. 테베시를 세운 장본인이며, 카드모스가 자신이 죽였던 용의 이빨을 테베시에 심자 그곳에서 스파르티라는 전사 종족이 나왔다고 전해진다. 카드모스의 딸 세멜레는 제우스와의 사이에서 디오니소스를 낳았다. 전설에 의하면 그가 그리스에 알파벳 문자를 들여왔다고 한다.

4 제우스의 사제인 테이레시아스는 젊은 시절 킬레네(혹은 키타이론) 산에서 교미하는 뱀 두 마리를 보고 지팡이로 암컷을 때려죽이자 갑자기 여자로 변신했다. 7년 뒤 다시 교미하는 뱀 두 마리를 보고 이번에는 수컷을 때려죽였더니 다시 남자의 몸이 되었다.
제우스와 헤라는 남녀가 사랑을 나눌 때 둘 중 어느 쪽이 쾌락이 큰지 언쟁을 벌이다 테이레시아스에게 물어보기로 하였다. 제우스는 여자의 쾌락이 더 크다고 주장하였고 헤라는 반대 입장이었다. 테이레시아스는 자신의 경험상 여자가 남자보다 아홉 배나 쾌락이 크더라며 제우스의 손을 들어 주었다. 그러자 화난 헤라가 테이레시아스를 장님으로 만들어버렸다. 제우스는 장님이 된 테이레시아스가 가여워서 그 보상으로 테이레시아스에게 새들의 말을 알아듣는 능력과 누구보다도 뛰어난 예언력을 주었다. 눈먼 예언자 테이레시아스는 자신의 말을 믿지 않는 오이디푸스 왕에게 이렇게 탄식한다. "지혜가 아무 쓸모 없는 곳에서 지혜롭다는 것은 지혜로운 자에게 얼마나 괴로운 일인가!" 다른 설에 따르면 테이레시아스는 아테나 여신의 벌거벗은 몸을 보았다가 장님 예언자가 되었다고 한다. 그 외에 테이레시아스가 신들의 비밀을 인간들에게 발설하다 벌을 받아 장님이 되었다는 설도 있다.
한편 오디세우스는 마녀 키르케의 조언으로 테이레시아스의 조언을 구하기 위해 저승으로 내려가는 모험을 감수하였다. 테이레시아스의 망령은 제우스에 의해 유일하게 죽은 뒤에도 예언 능력을 계속 유지할 수 있는 특권을 부여받았기 때문이다.

이다. 사실 그러한 놀라운 힘에 대해서는 최소한 조심스럽게 외교적 관심을 보여주는 게 알맞다는 것이다. 하지만 그 경우에도 그 신이 그런 미지근한 관여에 기분이 상해 그 외교관을—여기서는 카드모스를—결국 용으로 변신시키는 일이 여전히 가능하다는 것이다. 영웅적인 힘으로 평생에 걸쳐 디오니소스에게 저항한 한 시인이 이런 이야기를 우리에게 전해주고 있다. 하지만 그 역시 결국 자신의 적을 찬양하고는, 단지 견딜 수 없을 만치 끔찍한 어지러움을 피하려고 탑 위에서 몸을 던지는 현기증 환자처럼 자살로 생을 마감했다.[5] 비극 『바쿠스의 여신도들』은 자신의 의도가 실행되는 것에 맞서는 에우리피데스의 하나의 저항이었다. 아, 그런데 그 의도는 이미 실행되고 말았다! 놀라운 일이 벌어진 것이다. 그 시인이 자신의 의도를 철회했을 때는 이미 그것이 승리를 거둔 뒤였다. 디오니소스는 이미 비극 무대로부터 쫓겨났고, 그것도 에우리피데스를 통해서 말하는 데몬적 힘에 의해서였다. 에우리피데스 역시 어떤 의미에서는 가면에 불과했다.[6] 그를 통해서 말하는 신은 디오니소스가 아니었고, 아폴론도

---

5   에우리피데스가 자살했다는 것은 분명치 않으며, 개떼나 여자들에게 갈기갈기 찢겨 죽었다는 설도 있다. 또한 니체는 그가 자신의 의도를 철회한 것으로 해석하고 이를 정신적 자살로 간주했을지도 모른다.

6   빌라모비츠는 소크라테스가 에우리피데스에게 큰 영향력을 끼쳤다는 니체의 주장을 반박한다.

아니었으며 완전히 새로 태어난 **소크라테스**라 불리는 데몬이었다. 이것은 디오니소스적인 것과 소크라테스적인 것의 새로운 대립이었다. 그리고 그리스 비극의 예술 작품은 그러한 갈등으로 몰락하게 되었다. 비록 에우리피데스가 자신의 의도를 철회함으로써 우리를 위로하려고 했을지라도, 그는 성공하지 못했다. 더없이 훌륭한 신전이 폐허가 되어버렸다. 그것을 파괴한 자의 탄식과 그것이 이 모든 신전 중에서 가장 아름다운 신전이었는 그의 고백이 우리에게 무슨 소용이란 말인가? 그런데 시대를 막론하고 모든 예술 비평가들이 벌로 에우리피데스를 용으로 변하게 했다 하더라도―이 하찮은 보상에 누가 만족할 수 있겠는가?

이제 에우리피데스가 아이스킬로스의 비극에 맞서 싸워서 이겨내게 해준 저 **소크라테스적 의도**를 살펴보기로 보자.

연극을 오직 비디오니소스적인 토대 위에 세우겠다는 에우리피데스의 의도는, 그것이 가장 이상적인 상황에서 관철되었을 때―이제 우리는 묻지 않을 수 없다―어떤 목적을 이룰 수 있겠는가? 연극이 음악이라는 모체로부터, 디오니소스적인 것의 저 신비스러운 어스름한 빛 속에서 태어나서는 안 된다면, 어떤 형식의 연극이 아직 남아 있겠는가? 오직 **극화된 서사시**만이 가능할 것이다. 물론 그 아폴론적 예술 영역에서 **비극적 효과**는 거둘 수 없다. 이것은 재현된 사건의 내용에 달려 있지 않다. 그러니까 나는 괴테가 자신이 기획한 「나우시카」[7]에서 저 목가적 존재의 자살을―제5막을 채울 내용이었다―비극적으로 인상 깊게 만들 수는 없었을 것이라고 주장하고 싶다. 서사적-아폴론적인 것의 힘은 가상에 대한 저 즐거움과 그 가상을 통한 구원으로 우리 눈앞에서 가장 무시무시한 사건들에 마법을 걸 정도로 너무나 엄청나다. 극화된 서사시의 시인은 서사적 음유시인과 꼭 마찬가지로 자신에게 떠오르는 이미지들과 완전히 어우러질 수 없다. 그는 자신의 눈앞에 떠오르는 이미지들을 여전히 움직이지 않고 조

---

7 괴테가 이탈리아 여행 중 기획한 희곡으로, 그는 나우시카가 자살하는 것으로 끝맺을 생각이었지만 극을 완성하지 못했다. 나우시카는 그리스 신화에 등장하는 인물로 스케리아 섬의 왕 알키노오스의 딸이다. 호메로스의 『오디세이아』 제6권에서 난파한 오디세우스를 구해주는 것으로 유명하다. 오디세우스는 칼립소에게 붙들려 고향 이타카에도 돌아가지 못하고 7년을 지낸다. 마침내 그를 가엾게 여긴 아테나 여신이 그를 칼립소의 섬에서 탈출시키는데 포세이돈이 다시 풍랑을 보내 그를 표류하게 한다. 이때 오디세우스는 전설상의 해양부족인 파이아케스족이 사는 땅 스케리아 섬에 흘러드는데 이때 나우시카를 만나게 된다. 나우시카는 알키노오스의 딸로 어느 날 꿈에 아테나 여신이 현몽하여 빨래를 하러 가라고 한다. 여신의 뜻대로 공주는 바로 오디세우스가 잠을 자고 있는 해변에 이르러 빨래를 마친 후 시녀들과 공놀이를 한다. 처녀들의 떠들썩한 놀이 때문에 오디세우스는 잠에서 깨어나 주변을 돌아보기 위해 숲에서 나오자 처녀들은 낯선 사내의 벌거숭이 모습에 기절초풍하여 달아난다. 이와 반대로 나우시카 공주는 홀로 망측한 꼴을 한 낯선 남자를 초연히 대면한다. 오디세우스는 자신의 처한 딱한 상황을 공주에게 솔직히 설명한 후 공주의 도움을 청한다. 공주는 오디세우스가 보통의 남자가 아님을 직감하고 그에게 먹을 것과 입을 옷을 건네준 후 그녀의 아버지의 성으로 안내한다. 오디세우스는 알키노오스의 환대를 받으며 그의 도움을 받아 고향 이타카로 돌아갈 수 있게 된다.

용히 직관하며 휘둥그레진 눈으로 바라본다. 이러한 극화된 서사시에서 배우는 근본적으로는 여전히 음유시인이다. 그의 모든 연극에는 내적으로 꿈꾸고 있다는 신성한 기운이 감돌고 있어서, 그는 결코 완전히 배우가 되지는 못한다.

아폴론적 연극의 이러한 이상과 에우리피데스의 비극 작품 사이에는 어떤 관계가 있는가? 그것은 이전 시대의 엄숙한 음유시인과 보다 새로운 시대의 음유시인 사이의 관계와 같다. 그러므로 후세의 음유시인은 플라톤의 『이온』에서 자신의 본질을 이렇게 묘사한다. "내가 어떤 슬픈 일을 말할 때 내 눈은 눈물로 글썽인다. 그러나 끔찍하고 섬뜩한 것을 말할 때 내 머리칼은 전율로 곤두서고 내 가슴은 고동친다." 여기서 우리는 가상 속에 서사를 포기했다는 어떤 흔적도, 진정한 배우의 감정을 드러내지 않는 냉정함도 더 이상 볼 수 없다. 진정한 배우란 자신의 행위의 정점에서는 전적으로 가상이며, 가상 속에서의 즐거움이다. 에우리피데스는 머리칼이 곤두서고 가슴이 고동치는 배우인 것이다. 소크라테스적 사상가로서 그는 계획을 세우고, 열정적인 배우로서 그것을 실행한다. 하지만 그는 계획을 세울 때도, 그것을 실행할 때도 순수한 예술가는 아니다. 그리하여 에우리피데스의 연극은 냉정한 동시에 정열적인 것이며, 꽁꽁 얼어붙을 수도 활활 타오를 수도 있다. 서사시의 아폴론적 효과를 내는 것이 그에게는 불가능하다. 반면에 다른 한편으로 그는 디오니소스적 요소와는 되도록 관계를 끊었기 때문에 아무튼 효과를 내기 위해서는, 이제 두 가지의 유일한 예술 충동, 즉 아폴론적 충동과 디오니소스적 충동의 내부에서는 더 이상 발견할 수 없는 새로운 자극제가 필요했다. 이 자극제는 아폴론적 직관이라기보다는 냉정한 역설적 사고이며, 디오니소스적 황홀이라기보다는 정열적인 감정이다. 그런데 더구나 이러한 사고와 감정은 지극히 사실적으로 모조된 것이기는 하지만, 예술의 에테르 속에 담가진 것은 결코 아니다.

이처럼 우리는 에우리피데스의 계획이 성공하지 못했고, 오히려 그의 비디오니소스적 의도는 비예술적 자연주의로 빠져 길을 잃었음을 인식하게 되었다. 그렇다면 이제 우리는 **미학적 소크라테스주의**의 본질을 좀 더 자세히 살펴봐도 좋을 것이다. 그것의 최고 법칙은 대략 다음과 같다. 즉 "아름답기 위해서는 모든 것을 먼저 이해할 수 있어야 한다"는 것이다. 이는 소크라테스의 명제 "아는 자만이 덕이 있다"[8]와 유사한 명제다. 에우리피데스는 이 기준에 따라 모든 개별적인 부분을, 즉 언어, 인물의 성격, 극작술의 구조, 합창곡을 재단했고, 이 원칙에 따라 그것을 바로잡았다. 우리가 소크라테스의 비극과 비교하여 그토록 자주 에우리피데스의 시적 결함이나 퇴보로 간주하곤 하는 것은 대개 그러한 철저한 비판적 과정,

---

8   플라톤의 『프로타고라스』에 나오는 말.

그러한 대담한 이해 가능성의 산물이다. 에우리피데스의 **프롤로그**[9]는 저 합리주의적 방식이 지닌 생산성의 한 가지 사례로 우리에게 도움이 된다는 것이다. 에우리피데스의 비극에서 프롤로그만큼 우리의 무대 기술과 맞지 않는 것도 없다. 한 사람이 혼자 작품의 서두에 등장해 자신이 누구인지, 어떤 일이 맨 먼저 일어날 것인지, 지금까지 무슨 일이 일어났었는지, 그러니까 작품의 진행 과정에서 어떤 일이 일어날 것인지 이야기한다면, 근대의 극작가는 이에 대해 긴장 효과를 일부러 포기하는 용서할 수 없는 행위라고 말할 것이다. 그러니까 사람들은 무슨 일이 일어날지 다 알고 있다. 그러니 그 일이 실제로 일어날 때까지 누가 기다리려고 하겠는가?―이 경우에는 예언적인 꿈과 나중에 나타날 현실 사이의 긴장감 있는 관계가 결코 발생하지 않는다. 에우리피데스는 완전히 다르게 생각했다. 그의 생각에 비극의 효과는 결코 서사적인 긴

9　고대 그리스 비극은 프롤로그(프롤로고스), 등장가, 정립가(停立歌), 삽화(揷話), 엑소도스로 구성된다. 프롤로그는 코러스가 입장하기 전에 한 사람이 나와서 극의 분위기를 조성하는 부분. 독백이나 대화 형식으로 극의 주제와 내용을 전반적으로 설명한다. 등장가는 코러스가 그들의 위치인 오케스트라에 등장하며 부르는 노래다. 삽화는 코러스의 노래와 노래 사이에 삽입된 대화 장면으로 현재 남아 있는 비극들에는 대개 3~6개의 삽화가 있는데, 이것이 근대극의 막으로 발전한다. 정립가는 코러스가 오케스트라에 자리 잡고 서서 또는 그 좌우로 움직이며 부르는 노래다. 대개 선행 삽화에 대한 성찰이나 감정을 표현하지만, 나중에는 차츰 선행 삽화와 무관한 막간가로 변질된다. 엑소도스는 코러스가 오케스트라를 떠나며 부르는 노래다.

장에, 또 지금 그리고 나중에 무슨 일이 벌어질 것인가에 대한 자극적인 불확실에 달린 것이 아니었다. 그 효과는 오히려 위대한 수사학적-서정적 장면들, 주인공의 열정과 변증술이 거대하고 힘찬 강물로 부풀어 오르는 장면들에 달려 있었다. 모든 것은 줄거리가 아니라 격정을 준비하고 있었다. 그리고 격정을 준비하지 않은 것은 비난받을 만한 일로 간주되었다. 하지만 그러한 장면을 즐기고 몰입하는 데 가장 큰 장애는 청중에게 부족한 전후 맥락의 연결고리, 이전 이야기의 그물망에 나 있는 빈틈이다. 이런저런 인물에게 어떤 의미가 있는지, 여러 성향과 의도가 빚어내는 이런저런 갈등에 어떤 전제조건이 있는지 여전히 계산해 내야 하는 한, 청중이 주인공들의 고통과 행위에 완전히 몰입하는 것은 불가능하며, 그들의 고통과 공포에 숨을 멎고 아직 함께 공감할 수 없다. 아이스킬로스와 소크라테스의 비극은 최초의 몇 장면에서 작품의 이해에 필요한 저 모든 실마리를 어느 정도 우연인 것처럼 관객의 손에 쥐여주기 위해 극히 재치 있는 인위적 장치를 사용했다. 이런 점은 **필연적인** 형식적 요소에 가면을 씌워 우연한 것으로 보이게 하는 저 고상한 예술가적 수완을 입증하는 특징이다. 그러나 아무튼 에우리피데스는 최초의 몇 장면이 진행되는 동안 관객들이 이전에 일어난 일을 생각해내느라 독특하게 불안한 상태에 있으며, 그래서 그들이 시적 아름다움과 서막의 격정을 놓칠지도 모른다는 것을 알아차렸다고 생각했다. 그래서 그는 서막 앞에 프롤로그를 배치해, 신뢰할 만한 어떤 인물이 그것을 말하도록 했다. 즉 신이 종종 비극의 진행 과정을 관중에게 어느 정도 보증해야만 했고, 신화의 실재성에 대한 모든 의혹을 제거해야만 했다. 이는 데카르트[10]가 경험세계의 실재성을 신의 진실성에 대한 호소와 거짓말을 할 줄 모르는 신의 특성을 통해서만 입증할 수 있었던 것과 유사한 방식이다. 에우리피데스는 극의 마지막에 가서 그의 주인공들의 장래를 보증하기 위해 또 한 번 이러한 똑같은 신적인 진실성을 필요로 한다. 바로 이것이 가장 악명높은 기계장치의 신[11]의 임무다. 서사적 예견과 서사적

---

10 외부 세계의 실재성을 의심했던 데카르트는 신의 존재를 증명한 후 인간의 이성은 진실한 신이 부여한 것이므로 우리의 이성을 올바로 사용하여 파악한 것은 객관적 현실에 부합하는 것이라고 증명하고 있다. 데카르트는 세 단계로 신의 존재를 증명한다. 첫 번째 단계는 "신은 완전하고 인간은 불완전하다." 이를 전제로 그는 신을 완전한 존재라고 가정한다. 두 번째 단계는 "불완전한 존재인 내가 사유를 통해 완전한 존재를 임의로 만들어냈다고 가정하는 것은 모순이다." 나는 불완전한 존재이므로 완전한 존재를 생각해 낼 수 없다는 것이다. 첫 번째, 두 번째 단계를 연결해서 설명해 보면 "신은 완전한 존재이고, 인간인 나는 불완전한 존재인데 불완전한 내가 완전한 것을 꾸며낼 수는 없다"는 것이다. 마지막 단계의 결론은 바로 "신은 완전한 존재이기 때문에 존재하지 않을 수 없다"는 것이며 최종 결론은 "신은 완전한데, 나는 불완전하니 꾸며서 거짓으로 신을 만들어낼 수는 없고, 완전한 것은 존재하므로 신은 존재한다"는 것이다.

11 데우스 엑스 마키나(deux ex machina)는 고대극에서 사용한 기계장치로 사람의 힘으로 도저히 문제를 해결할 수 없을 때 갑자기 공중에서 내려와 일거에 문제를 해결해 주는 신을 말한다. 초자연적인 힘을 이용하여 극의 긴

전망 사이에 극적-서정시적 현재, 원래의 '연극'이 자리하고 있다.

그러므로 시인으로서 에우리피데스는 자신의 의식적인 인식의 반향이었다. 그런데 바로 이 점이 그리스 예술사에서 그에게 주목할 만한 위치를 부여해주었다. 자신의 비판적이고 생산적인 창작 활동과 관련하여 그는 종종 아낙사고라스의 저서 서두에 있는 말을 자신의 연극에 살려보고 싶은 기분이 들었던 것 같다. 그 말은 다음과 같다. "태초에 모든 것은 혼돈이었다. 그때 지성이 나타나 질서를 창조했다." 아낙사고라스가 온통 술 취한 사람들 가운데 최초로 정신이 말짱한 사람처럼 '지성Nous'을 가지고 철학자들 사이에 등장했다면, 에우리피데스 역시 다른 비극작가들과 자신의 관계를 비슷하게 파악했을지도 모른다. 만물의 유일한 질서 유지자이

박한 국면을 타개하고, 이를 결말로 이끌어가는 수법이다. 라틴어로 '기계의 신' 또는 '기계장치의 신'을 의미하며 무대 측면에 설치한 기중기를 움직여 여기에 탄 신이 나타나도록 연출한다 하여 이러한 이름이 붙었다. 이 방법을 가장 많이 사용한 사람은 에우리피데스였다. 그의 걸작『메데이아』에 대해 아리스토텔레스는 자신의 저서『시학』에서 "이야기의 결말은 어디까지나 이야기 그 자체 안에서 이루어지도록 해야 하며 기계장치와 같은 수단에 의지해서는 안 된다"고 비판했다. 그러나『시학』이 나오기 100여 년 전 이러한 비극이 상영될 당시에는 무대의 신비한 분위기를 조성하는 것은 대단히 중요해서 무대에 신이 갑자기 나타나게 하는 연출 방법이 관객에게 특별한 효과를 발휘했을지도 모른다. 이 수법은 나중에 중세의 종교극에서 자주 활용되었으며, 그 후 더욱 일반화되었다.

자 관리자인 누스(Nous)가 예술 창작에서 제외되어 있는 한, 만물은 아직 혼돈스러운 원초적 죽 상태에 있었다. 에우리피데스는 그렇게 판단하지 않을 수 없었으며, 이렇게 최초의 '취하지 않은 자'[12]로서 '술 취한' 시인들을 단죄하지 않을 수 없었다. 소포클레스가 아이스킬로스에 관해 했던 말, 즉 그는 무의식적일지라도 옳은 일을 한다는 말은 확실히 에우리피데스의 관점과 부합되는 의미에서 한 말은 아니었다. 에우리피데스는 아이스킬로스가 무의식적으로 창작하기 **때문에** 옳지 않은 것을 만들어낸다는 것 정도만 인정했을 것이다. 신성한 플라톤도 시인의 창조적 능력에 관해, 이것이 의식적인 통찰력이 아닌 한, 대체로 반어적으로 말할 뿐이며, 그것을 예언가나 해몽가의 재능과 같은 수준으로 취급한다. 즉 시인이 무의식의 상태가 되어, 지성이 그의 내면에 더 이상 남아 있지 않을 때만, 그가 시를 지을 능력이 있다는 것이다. 에우리피데스는, 플라톤도 그랬듯이, '비이성적인' 시인과 반대되는 것을 세상에 보여주는 일을 벌였다. "아름답기 위해서는 모든 것은 의식적이어야 한다"는 그의 미학적 원칙은 내가 말했듯이, "선하기 위해서는 모든 것은 의식적이어야 한다"는 소크라테스적인 원칙에 상응하는 명제이다. 따라서 우리

---

12   아리스토텔레스가 자신의 저서 『형이상학』에서 아낙사고라스를 칭찬하는 표현이다.

는 에우리피데스를 미학적 소크라테스주의의 시인으로 간주해도 무방하겠다. 하지만 소크라테스는 더 오래된 비극을 파악하지 못했고, 그 때문에 무시한 저 **두 번째 관객**이었다. 에우리피데스는 그와 동맹을 맺어 감히 새로운 예술 창조의 선구자가 되려고 했다. 그로 인해 더 오래된 비극이 몰락했다면 미학적 소크라테스주의가 살인적인 원리인 셈이다. 하지만 그 투쟁이 더 오래된 예술의 디오니소스적인 요소를 겨냥하고 있었다는 한에서, 우리는 소크라테스를 디오니소스의 적, 디오니소스에게 반기를 드는 새로운 오르페우스[13]로 인정해도 된다. 아테네의 법정에서 디오니소스의 무녀(Mänade)들에

---

13   여기서 새로운 오르페우스는 소크라테스를 가리킨다. 오르페우스는 오이아그로스와 칼리오페의 아들로 초인적인 음악적 재능을 지녔다. 전설에 따르면 아폴론은 오르페우스에게 그의 첫번째 리라를 주었으며, 그의 노래와 연주가 너무 아름다워서 동물들뿐 아니라 나무와 바위들까지도 춤을 추었다고 한다. 오르페우스는 또한 아르고호(號)의 원정에 참가해 자신의 리라 연주로 마녀 세이렌들의 노래를 물리쳐 배의 안전을 도왔다고 한다. 돌아와서는 에우리디케와 결혼하지만 그녀는 곧 독사에 물려 죽는다. 죽은 아내 에우리디케를 살리기 위해 지하세계로 간 오르페우스에게 하데스는 뒤를 돌아보아서는 안 된다는 조건을 제시했는데, 태양 빛을 본 오르페우스는 기쁨에 겨워 뒤를 돌아보았고 그 순간 그녀는 사라졌다. 뒤에 오르페우스는 트라키아의 여인들에게 살해당하는데, 그 죽음의 동기나 방식에 대해서는 여러 가지 설이 있다. 아이스킬로스의 설에 따르면, 오르페우스는 디오니소스의 가장 강력한 경쟁자이던 아폴론을 더 존경했기 때문에 디오니소스가 마이나데스들을 시켜 주신제에서 갈갈이 찢어 죽이게 했다. 그의 머리는 레스보스로 떠내려가면서 리라를 켜며 노래를 했다고 한다. 훗날 뮤즈들이 그의 찢긴 지체들을 모아 장례를 치렀고, 오르페우스의 리라는 별자리가 되었다.

의해 갈기갈기 찢길 운명이었음에도, 그 강력한 신마저 도망치지 않을 수 없게 만든 오르페우스로. 그래서 디오니소스는 에도나이인[14]들의 왕 리쿠르고스[15]를 피해 도망칠 당시처럼 바닷속 깊은 곳으로, 말하자면 온 세상을 서서히 뒤덮는 비밀제식이라는 신비스러운 홍수 속으로 몸을 피한 것이다.

---

14   에도나이인(Edonen)은 원래 현재 테살로니키 현인 악시오스와 스트리몬 강 사이의 미그도니아에 살았던 트라키아 부족이다.

15   그리스 신화에 나오는 에도나이 지역의 왕으로 디오니소스를 신으로 인정하지 않고 죽이려고 한 최초의 인간. 리쿠르고스는 디오니소스 숭배 행위를 금지시켰다. 자신의 왕국에 디오니소스가 있다는 사실을 듣게 된 리쿠르고스는 디오니소스 추종자인 마이나데스를 가두거나 내쫓고, 소몰이막대를 휘두르며 디오니소스 또한 트라케에서 추방하였다. 일부 원전에서는 디오니소스의 수양어머니 암브로시아도 수감되었다고 전한다. 디오니소스는 바다 님프 테티스와 해저 동굴로 피신하여 도망하였다. 암브로시아를 가둔 것에 대한 처벌로 디오니소스가 리쿠르고스를 미치게 만들었다고 전하기도 한다. 광기에 빠진 리쿠르고스는 자신의 아들을 디오니소스를 상징하는 담쟁이덩굴의 성체 줄기로 착각하여 그를 죽이고 코와 귀, 손가락, 발가락을 잘라냈다. 리쿠르고스의 살인으로 트라키아의 백성들은 공포에 휩싸였다. 디오니소스는 리쿠르고스가 억울함을 이유로 처벌받지 않는다면 트라키아 지방의 땅이 영원히 메마르고 황량할 것이라 선언하였고, 백성들은 리쿠르고스를 묶어 판가에우스 산으로 끌고 가서 식인 말에게 내던졌다. 또 다른 이야기에서 리쿠르고스는 포도주를 마신 뒤 어머니를 강간하려고 하였다. 자신이 저지른 짓을 깨달았을 때 그는 포도주가 나쁜 약이라 생각하여 포도 덩굴을 자르려고 하였다. 디오니소스는 이에 대한 형벌로 리쿠르고스를 미치게 만들어 아내와 아들을 모두 죽이게 만든 뒤 로도페 산의 표범에게 던졌다.

13. 소크라테스의 의도를 따른 에우리피데스

소크라테스의 의도가 에우리피데스의 그것과 밀접한 관계에 있다는 점은 동시대 고대인도 간과하지 않았다.[1] 소크라테스가 에우리피데스의 시작(詩作)을 도와주곤 한다는 아테네에 떠돌던 풍문은 이러한 예민한 감각을 가장 웅변적으로 표현해 준다. '좋았던 옛 시절'의 신봉자들이 현재의 민중 선동가들을 손꼽을 때마다 이 두 사람의 이름이 한꺼번에 거론되었다. 신체적, 정신적 힘이 점차 위축됨과 아울러 옛날 마라톤을 하던 억센 신체와 정신의 유용성이 의심스러운 계몽에 희생되는 것이 이들의 영향 탓이라는 것이다. 이러한 어조로, 아리스토파네스의 희극은 저 두 사람에 과해 반은 분개

---

1   디오게네스 라에르티오스의 『소크라테스』 첫 부분에 "소크라테스가 에우리피데스의 창작을 도왔다"라는 구절이 있으며, 아리스토파네스의 『구름』에서는 에우리피데스가 소크라테스와 밀접한 관계에 있다고 묘사하고 있다.

하고 반은 깔보면서 말하곤 하는데, 이는 새로운 시대의 사람들에게는 놀랄 만한 일이었다. 이들은 사실 에우리피데스는 기꺼이 희생할 의향이 있지만, 소크라테스가 아리스토파네스의 희극에서는 최초이자 최상의 **소피스트**로, 모든 소피스트적 노력의 거울이자 진수로 등장한다는 데에 깜짝 놀라지 않을 수 없었다. 이 경우 그들은 아리스토파네스 자신을 시단의 비열한 거짓말쟁이 알키비아데스[2]라고 공개적으로 낙인찍음으로써 유일하게 위안을 얻을 수 있었다. 여기에서 나는 이런 공격으로부터 아리스토파네스의 심오한 본능을 옹호할 생각은 없이, 소크라테스와 에우리피데스 사이에 밀접한 동질감이 있음을 고대인의 느낌으로부터 계속 입증하려고 한다. 이런 의미에서, 비극 예술의 적대자인 소크라테스가 비극

---

2 알키비아데스(Alcibiades, BC 450?~BC 404): 소크라테스의 제자인 그는 총명하지만 조심성이 없는 인물로, 아테네에 정치적 분쟁을 불러일으켜 펠로폰네소스 전쟁에서 아테네가 스파르타에 패하게 만들었다. 부유한 가문 출신으로, 잘생기고 기지 넘치는 청년으로 자랐으나 사치스럽고 무책임하며 자기중심적이었다. BC 420년 아테네가 펠로폰네소스 반도의 도시국가들과 반스파르타 동맹을 결성하는 데 이바지했으나, 이 동맹군은 만티네이아 전투에서 스파르타에 패배했다. BC 415년 헤르메스의 흉상이 손상된 사건을 계기로 스파르타로 갔다. 스파르타 왕 아기스의 아내를 유혹해 사형선고를 받자 사르디스로 도망쳐 페르시아 총독과 결탁했다. BC 411~408년 그는 헬레스폰토스 해협에서 아비도스와 키지쿠스를 격파함으로써 아테네의 세력 회복에 기여했다. 은퇴 후에도 계속 아테네 정계에 영향력을 행사해 분란을 일으켰다. 이후 소아시아 북서부지방의 프리기아로 피신했으나 스파르타의 사주를 받은 총독에게 살해당했다.

을 보러 가는 것은 단념했지만, 에우리피데스의 새 작품이 상연될 때만은 관객들 사이에 모습을 드러냈다는 사실을 잊어서는 안 된다. 그러나 가장 유명한 예는 델포이의 신탁에서 두 사람의 이름이 나란히 놓여 있다는 사실이다. 거기서 소크라테스는 인간들 중에서 가장 지혜로운 사람으로 묘사되지만, 동시에 에우리피데스에게는 지혜를 겨루는 시합에서 당연히 2등상이 주어져야 한다는 평가가 내려졌다.[3]

이 순위에서 소포클레스가 세 번째 자리에 올랐다. 그는 아이스킬로스와는 달리 자기가 옳은 일을 하고 있다고, 그것도 자신이 무엇이 옳은 일인지 알고 있기 때문에 옳은 일을 하고 있다고 자랑할 수 있었던 사람이다. 이 세 사람이 그들 시대의 '지자(知者)'로 명성을 얻었던 공통점은 바로 이 지식의 명도(明度)임이 분명하다.

그러나 지식과 통찰에 대해 새롭게 유례없이 존중한다는 가장 날카로운 발언을 한 사람은 소크라테스였다. 그는 자신이 아무것도 아는 게 없다는 것을 유일하게 자백한 사람임을 알게 되었을 때, 비판적 시각으로 아테네를 두루 돌아다니면서, 더없이 위대한 정치가, 연설가, 시인, 예술가들을 만나 대화를 나누는 중 곳곳에서 알고 있다는 망상과 마주치게 되

---

3   전승되는 이 신탁의 내용은 다음과 같았다고 한다. "소포클레스는 지혜롭다. 에우리피데스는 더욱 지혜롭다. 그러나 소크라테스는 모든 이 중에서 가장 지혜롭다,"

었을 때 그런 발언을 하게 되었다. 그는 저 유명인사들 모두가 자신의 직업에 대한 올바르고 확실한 인식이 없다는 것과 그 일을 단지 본능적으로 수행하고 있음을 알고 놀라움을 금치 못했다. '단지 본능적으로' 말이다. 이 표현은 소크라테스적 의도의 바로 심장부와 핵심을 건드린다. 소크라테스주의는 현존하는 윤리학뿐 아니라 현존하는 예술을 평가절하하는 데 이 표현을 이용했다. 소크라테스주의가 검토의 눈길을 던지는 곳마다 통찰의 부족과 환상의 힘이 눈에 띄었다. 그리고 이런 부족으로부터 현존하는 상황이 내적으로 전도되어 있고 비난받을 만하다고 추론했다. 이런 한 가지 점을 토대로 소크라테스는 현존 상황을 바로잡아야 한다고 생각했다. 일개 개인인 그는 무시와 우월의 표정을 지으며, 완전히 다른 성질을 지닌 문화, 예술, 도덕의 선도자로서 하나의 세계 속으로 들어갔는데, 그 세계의 뒷자락을 경외심으로 재빨리 낚아채기만 해도 우리는 더없는 행운으로 여기게 될 것이다.

이것은 소크라테스를 생각할 때마다 우리를 엄청나게 의혹에 사로잡히게 하고, 그 의혹은 고대의 이러한 가장 미심쩍은 현상의 의미와 의도를 인식하도록 끊임없이 우리를 자극한다. 그런데 호메로스, 핀다로스와 아이스킬로스로서, 피디아스, 페리클레스, 피티아와 디오니소스로서, 가장 깊은 심연과 가장 높은 정상으로서, 우리의 놀랄 만한 숭배를 받을 가치가 있는 그리스적 본질을 일개 개인으로서 감히 부정할 수 있는 이 사람은 누구인가? 어떤 마성적 힘(魔力)을 지녔길래 이 마법의 술을 대담하게 먼지 속에 쏟아부을 수 있단 말인가? 인류 가운데 가장 고귀한 자들의 정령의 합창단이 외치는 다음과 같은 소리를 들어야 하는 반신(半神)은 누구란 말인가? "슬프구나! 슬프구나! 그대는 억센 주먹으로 멋진 세상을 파괴해 버렸어. 세상이 뒤집히고, 허물어지는구나!"**4**

'소크라테스의 다이모니온(Dämonion)'이라 불리는 저 불가사의한 현상이 소크라테스의 본질에 대한 열쇠를 우리에게 제공해 준다. 그는 자신의 엄청난 지성이 흔들리는 특별한 상황들에서 그 순간 들려오는 신의 목소리로 견고한 발판을 얻었다. 이 목소리는 들릴 때마다 항상 **단념하라고 경고한다**. 이처럼 완전히 비정상적인 인물에게서 본능적인 지혜는 가끔 의식적 인식을 **저지하기** 위해서만 나타난다. 모든 생산적인 인간에게서 본능은 바로 창조적이고 긍정적인 힘이 되고, 의식은 비판적이고 못하게 경고하는 역할을 취하는 반면, 소크라테스에게서 본능은 비판자가 되고 의식은 창조자가 된다—결함에 의한 진짜 기형**5**인 셈이다! 더구나 우리는 여기서 모든 신비주의적 성향의 기형적 결함을 알아차리게 된

---

4 『파우스트』 제1부에 나오는 「정령들의 합창」에 나오는 구절, 1607~1611행. 그 뒤에 "반신이 세상을 박살 내고 말았다!"가 이어진다.

5 in defectum Monstrosität.

다. 그래서 소크라테스는 특수한 **비신비주의자**, 즉 신비주의 자에게 저 본능적 지혜가 지나치게 발달해 있는 것처럼 논리 적 본성이 이상 발육에 의해 지나치게 발달해 있는 비신비주 의자라고 불러도 좋을 것이다! 하지만 다른 한편으로 소크라 테스에게 나타나는 저 논리적 충동은 그 자신에게 등을 돌리 는 것이 완전히 거부되어 있었다. 이처럼 거침없는 도도한 흐 름 속에서 그 충동은 하나의 자연력, 오싹하리 만치 놀랍게도 우리가 바로 가장 위대한 본능적 힘들 사이에서만 마주칠 수 있는 하나의 자연력을 보여준다. 플라톤의 저서에서 소크라 테스적 삶의 방향이 지닌 신성한 소박함과 확실성이라는 징 후를 조금이라도 느껴본 사람이라면 논리적 소크라테스주 의라는 엄청난 수레바퀴가 흡사 소크라테스의 뒤에서 움직이 고 있는 것처럼 느낄 것이다. 또 이것은 마치 그림자를 통한 것처럼 소크라테스를 통해 직관되어야 한다는 것을 느낄 것 이다. 하지만 그 자신이 이런 상황을 눈치채고 있었다는 것 은 그가 자신의 신성한 소명을 곳곳에서, 심지어 재판관들 앞 에서도 옹호하고자 할 때 취했던 그런 위엄 있는 엄숙함에서 명백히 드러난다. 그의 이런 주장을 반박한다는 것은 기본적 으로 본능을 해체하는 그의 영향을 용인하는 것만큼이나 불 가능한 일이다. 이런 해결할 수 없는 갈등 상황에서 소크라 테스가 그리스 국가의 법정에 불려갔을 때 유일하게 가능한 처벌은 추방이었다. 아테네인들이 완전히 수수께끼 같은 인물, 분류할 수 없는 인물, 무어라 설명할 수 없는 이 인물을 국경 밖으로 내보낸다면 후세인은 그들이 수치스러운 짓을 했다고 비난할 수 없을 것이다. 그러나 소크라테스 자신은 죽음에 대한 어떤 자연스러운 공포도 없이 아주 명석한 정신으로 추방보다도 사형선고가 내려지도록 유도했던 것 같다.[6] 플라톤의 묘사에 따르면 그는 먼동이 트는 이른 새벽녘에 새날을 시작하기 위해 마지막 주객으로서 연회장을 떠나듯이 침착하게 죽음 속으로 걸어 들어갔다. 그러는 동안 그의 뒤에는 잠에 취한 연회의 동료들이 진정한 에로스 찬미자인 소크라테스에 대한 꿈을 꾸면서 의자 위나 땅바닥에 남아 있었다.[7] 죽음에 처한 소크라테스[8]는 고귀한 그리스 청년에게는 지금까지 전혀 보지 못한 새로운 이상이 되었다. 다른 어느 누구보다도 전형적인 헬라스 청년 플라톤은 자신의 열광적 영혼을

---

6   고대 아테네의 법정에서는 피고가 자신의 형을 요구하는 관습이 있었다고 한다.

7   플라톤의 『향연』, 황문수 역, 문예출판사, 1973, 291쪽. "아리스토데모스는 잠이 들었는데, 그때는 밤이 긴 철이어서 상당히 오랫동안 잠을 잤다고 하네. 새벽녘, 닭이 울 적에 잠을 깨어보니, 아직도 자지 않고 있는 사람들은 아가톤과 아리스토파네스와 소크라테스뿐이었고, 나머지 사람들은 잠을 자거나 돌아갔더라고 하네."

8   같은 책, 192쪽. 소크라테스의 마지막 말은 이러했다고 한다. "크리톤, 나는 아스클레피오스에게 닭 한 마리를 빚졌네. 기억해 두었다가 빚을 갚아주겠나?"

열렬히 바치면서 이 모습 앞에 무릎을 꿇었다.

14. 비극 예술에 적대적인 소크라테스

우리 이제 소크라테스의 키클롭스 같은 통방울눈, 예술적 감격이라는 달콤한 광기로 결코 불타오른 적이 없는 그 눈이 비극으로 눈을 돌리는 것을 상상해 보자―그 눈이 디오니소스적인 심연을 흡족하게 바라보는 것에 실패했음을 상상해 보자. 플라톤이 말했듯이[1] '숭고하고 높이 칭송받은' 비극 예술에서 그 눈은 본래 무엇을 보았던가? 결과 없는 원인, 원인 없는 결과처럼 보였던 완전히 비합리적인 어떤 것을 보았다. 게다가 모든 것이 너무나 다채롭고 다양해서, 그 비합리적인 것은 사려 깊은 기질에는 반감을 일으키고, 그러나 예민하고 민감한 영혼에는 위험한 도화선이 된다. 우리가 알고 있듯이 그가 이해한 유일한 문학 장르는 **이솝 우화**였다. 확실히 그는

---

1   플라톤의 『고르기아스』에 나오는 말.

정직하고 선량한 겔레르트[2]가 꿀벌과 암탉의 우화에서 시의 찬미가를 부를 때와 똑같은 미소를 지으며 이솝 우화를 받아들였다.

"많은 지성을 지니지 못한 자에게
이미지로 진리를 말하는 것이
무슨 소용이 있는지, 그대는 내게서 알게 되리라."[3]

그런데 소크라테스에게는 비극 예술이 결코 '진리를 말하는 것' 같지 않았다. 비극 예술이 '많은 지성을 지니지 못한' 사람, 그러므로 철학자가 아닌 사람을 대상으로 삼는다는 사실은 차치하고서라도 말이다. 즉 이것이 비극 예술을 멀리해

---

2 겔레르트(Christian Fürchtegott Gellert, 1715~1769): 독일 계몽기의 시인·소설가. 탁월한 대변자이다. 목사의 아들로 태어나 가난하지만 극도로 경건한 가정 분위기에서 자랐다. 솔직하고 단순한 도덕적 이야기와 매우 사실적인 우화를 모아 펴낸『우화와 이야기Fabeln und Erzählungen』(1746~1748)가 가장 유명하다. 이 이야기들은 일반인에게 널리 읽혔을 뿐 아니라 다른 우화작가들에게도 영향을 주었다. 이와 똑같이 인기를 누린 작품으로『종교적인 송가와 노래Geistliche Oden und Lieder』(1757)가 있는데, 이것은 계몽주의의 합리성과 종교적인 정서를 결합한 종교시와 찬가들이다. 감상적 소설『스웨덴 백작부인 G의 일생Das Leben der schwedische Grätin von G』(1748)은 17세기 후기 소설의 이국적인 모험성과 현대문학의 인물소설의 특징을 모두 지니고 있는 작품으로 이를 통해 그는 독일 문학에 도덕적 '가정소설'을 처음으로 도입했다.

3 겔레르트의 교훈시.

184

야 할 두 가지 근거였다. 플라톤처럼 소크라테스도 비극 예술을 편안한 것만 표현하고 유익한 것은 다루지 않고 오로지 기분 좋은 것만 묘사하는 아첨하는 예술에 포함시켰다. 그 때문에 그는 제자들에게 이런 비철학적 자극들로부터 엄격하게 거리를 둘 것을 요구했다. 그 결과는 비극작가였던 청년 플라톤이 소크라테스의 제자가 되기 위해 맨 먼저 자신의 작품들을 불태워버릴 정도로 성공적이었다. 하지만 격파하기 힘든 타고난 재능이 소크라테스적인 원리에 맞서 싸우는 경우에도, 저 엄청난 인물의 무게와 더불어 그 원리의 힘은 시문학 자체를 그때까지 알려지지 않은 새로운 위치로 몰아넣을 수 있을 정도로 여전히 충분히 강했다.

이런 사실에 대한 하나의 실례가 방금 언급한 플라톤이다. 비극과 예술 일반을 단죄해야 한다는 점에서는 분명 자기 스승의 소박한 냉소주의에 뒤지지 않았던 그는 그럼에도 완전한 예술적인 필요 때문에 하나의 예술형식을 만들어내지 않을 수 없었다. 그런데 그 형식은 그가 배척한 현존하는 예술형식과 내적으로 유사했다. 플라톤이 더 오래된 예술에 대해 가했던 주된 비난이—옛 예술은 가상의 모방이라는 것, 그러므로 경험 세계보다 더 낮은 영역에 속한다는 것[4]—무엇보다도 새로운 예술 작품에 적용되어서는 안 되었다. 그래서

---

4   플라톤의 『국가』 참조.

우리는 플라톤이 현실을 넘어서서 저 사이비 현실의 밑바탕에 있는 이데아를 서술하고자 애쓰는 모습을 보게 된다. 하지만 이로써 사상가 플라톤은 우회로를 거쳐 시인으로서 늘 자신의 고향처럼 편안했던 곳, 소포클레스와 더 오래된 전체 예술이 저 비난에 맞서 엄숙하게 항의했던 바로 그곳에 도달한 것이다. 비극이 이전의 모든 예술 장르를 자신 안에 흡수했다고 한다면, 이상한 의미에서이긴 하지만 플라톤의 대화편에도 똑같은 말을 할 수 있을 것이다. 그의 대화편은 기존의 모든 양식과 형식을 혼합해서 생겨났으며, 따라서 이야기, 서정시, 연극 사이, 산문과 운문 사이 어딘가를 맴돌면서 통일된 언어 형식이라는 더 오래된 엄격한 법칙도 깨트렸다. **견유학파**[5] 작가들은 이러한 도정에서 더 나아갔다. 그들은 극히 다

---

5   BC 4세기부터 그리스도교 시대 직전까지 번성했던 그리스 철학의 한 학파. 사유체계보다는 일상관습에서 벗어난 생활 방식으로 더 유명했다. 소크라테스 제자 안티스테네스가 창시자로 알려져 있지만 대표적 인물은 시노페의 디오게네스이다. 견유학파가 키니코스(견유, 개 같은 사람)라고 불리게 된 것은 그의 '개와 같은 생활'에서 유래한 것으로 보인다. '아무것도 필요로 하지 않는 것이 신의 특징이며, 필요한 것이 적을수록 신에 가까운 자유로운 인간'이라는 것이 견유학파의 생각이었다. 디오게네스는 '자연 그대로'의 삶으로 돌아가기 위해 가족생활을 포함한 사회 관습들을 파괴하려고 애썼다. 이를 위해 공공건물에서 자고 음식을 구걸하면서 거지 방랑자로 살았다. 또 상황에 따라 일상관습에서 벗어난 행위를 할 때 아무에게도 해롭지 않다면 부끄러워할 필요가 없으며, 자신의 대의명분을 솔직히 내세우고 스스로를 엄격히 훈련할 것을 주장했다. 디오게네스는 대낮에도 불을 켜 들고 "인간은 어디에 있는가"라고 외치면서 거리를 헤매고 다녔다고 한다. 이 학파의 삶의 방식은 후일

채로운 문체로 산문과 운문 형식 사이를 오가면서, 그들이 삶에서 재현하곤 했던 '미쳐 날뛰는 소크라테스[6]'라는 문학적 이미지를 달성하기도 했다. 플라톤의 대화편은 흡사 조난당한 더 오래된 시가와 그 모든 자식을 구조한 조각배와 같았다. 비좁은 공간 속으로 억지로 밀어 넣어져 소크라테스라는 한 명의 사공에게 불안한 마음으로 복종하면서 그들은 이제 하나의 새로운 세계로 들어서게 되었다. 그 세계는 이 행렬의 환상적인 광경을 보는 것에 결코 싫증 낼 수 없었다. 사실 플라톤은 후세대 전체를 위해 새로운 예술형식을 위한 모범, 즉 **장편 소설**의 형식이라는 모범을 제공했다. 이것은 무한히 고양된 이솝 우화라고 불릴 수 있을지도 모른다. 그 우화에서 시가는 수백 년에 걸쳐 변증법적 철학이 신학에 대해 가졌던 것과 같은 지위를 변증론적 철학에 대해 갖고 있다. 즉 시녀(ancilla)로서의 지위를 갖는 것이다. 이것이 시에 주어진 새로운 위치였는데, 플라톤은 데몬적인 소크라테스의 압력으로 시가를 그런 위치로 몰아넣었다.

여기서 **철학적 사고**는 예술보다 웃자라서 예술이 변증론의 줄기에 단단히 달라붙도록 강요한다. **아폴론적** 경향은 논리

스토아학파 등에도 영향을 주었다.

6　이 표현은 플라톤이 '디오게네스가 어떤 사람인가'라는 질문에 답한 말이라고 한다.

적 도식주의 안에서 고치로 변했다. 즉 우리는 에우리피데스의 작품에서 이와 유사한 점을 알아차릴 수 있었으며, 그 밖에도 **디오니소스적인 것**이 자연주의적 흥분으로 변한 것을 알아차릴 수 있었다. 플라톤의 연극의 변증론적 주인공인 소크라테스는 이와 유사한 에우리피데스의 주인공을 상기시킨다. 그 주인공은 논거와 반론을 통해 자신의 행위를 변호해야 하며, 그럼으로써 그 대가로 너무나 자주 우리의 비극적 연민을 잃을 위험에 빠지게 된다. 왜냐하면 변증론의 본질 속에 든 낙관주의적 요소, 결론이 나올 때마다 환호하며 냉정한 명석함과 의식 속에서만 숨 쉴 수 있는 그런 요소를 누가 알아보지 못하겠는가.[7] 즉 비극 속으로 일단 뚫고 들어간 낙관주의적 요소는 비극의 디오니소스적 영역을 점차 잠식하면서 필연적으로 그것을 자멸로 몰아갈 수밖에 없다─결국 이는 시민극[8]으로 투신자살하는 데까지 이어진다. 우리는 다음과

---

7 에우리피데스의 비극 주인공은 소크라테스적인 문답술로 자신의 의견을 피력했기 때문에 에우리피데스가 소크라테스의 도움을 받는다는 소문이 퍼지게 되었다고 한다. 니체는 그의 비극에 소크라테스의 낙관적인 요소가 개입되어 있었다고 보았지만, 아리스토텔레스는 『시학』에서 에우리피데스가 "시인들 가운데 가장 비극적인 시인"(『시학』, 앞의 책, 82쪽)이라는 인상을 준다며 니체와는 다른 말을 하고 있다.

8 18세기 유럽의 문학 장르. 영웅이나 귀족에게서 벌어지던 비극이 시민 계층에서 전개되는 것이 특징이다. 주로 시민과 귀족의 갈등, 여러 규범이나 가치 들 간의 충돌을 다루고 있다. 대표적인 작품으로 레싱의 『에밀리아 갈로티』, 실러의 『간계와 사랑』 등이 있다.

같은 소크라테스적인 명제의 결론을 떠올리기만 하면 된다. "덕은 지식이다. 모든 죄는 무지에서 비롯된다. 덕이 있는 사람은 행복한 자다."[9] 낙관주의의 이 세 가지 기본 형식에 비극의 죽음이 들어있다. 왜냐하면 이제 덕이 있는 주인공은 변증론자라야 하고, 이제 덕과 자식, 신념과 도덕 사이에는 눈에 보이는 필연적인 연합이 존재해야 하기 때문이다. 아이스킬로스의 초월적 정의라는 해결책은 이제 통상적인 기계장치의 신을 활용하는 '시적 정의'[10]라는 피상적이고 뻔뻔스러운 원리로 축소되었기 때문이다.

---

9   플라톤의 『프로타고라스』에 나오는 말.

10   17세기 말 셰익스피어 비평 작업에서 생겨난 개념으로 일반적으로 '시적 정의'는 "문학 안에서 사용되는 장치 중의 하나로, 선행은 보상을 받고 죄는 처벌받는다"라고 요약된다. 쇼펜하우어는 '시적 정의'를 낙관주의적이며, 신교적이고 합리주의적인, 참으로 유대적인 세계관일 뿐이라며 뻔뻔하고 진부한 것으로 격하한다. "이와는 달리 소위 시적 정의를 요구하는 것은 비극의 본질, 그러니까 세계의 본질까지도 완전히 오인하는 데서 기인한다. 그런 요구는 새뮤얼 존슨 박사가 시적 정의를 일반적으로 무시하는 것에 대해 퍽이나 순진하게 탄식하면서, 셰익스피어의 개별적인 희곡 작품에 대해 내놓은 비평에서 뻔뻔하고 아주 진부하게 나타나고 있다. 물론 시적 정의가 무시되어 있다. 대체 오필리아, 데스데모네, 코르델리아에게 무슨 잘못이 있단 말인가? 그러나 시적 정의를 요구하여 그것이 충족되면 자신의 요구도 충족된 것으로 생각하는 것은 진부하고 낙관주의적이며, 신교적이고 합리주의적인, 또는 참으로 유대적인 세계관일 뿐이다. 비극의 참된 의미는 칼데론이 단적으로 말하듯이, 주인공이 속죄하는 것은 그의 개별적인 죄가 아니라 원죄, 즉 현존 자체의 죄를 속죄한다는 보다 깊은 통찰에 있다."(『의지와 표상으로서의 세계』, 앞의 책, 359쪽)

이 새로운 소크라테스적-낙관주의적 무대 세계와 비교할 때 이제 **합창단**과 비극의 음악적-디오니소스적 전체 토대는 어떻게 보일 것인가? 그것은 우연적인 것으로, 또한 비극의 기원에 대한 어쩌면 없어도 되는 추억으로 보인다. 반면에 우리는 합창단이 단지 비극과 비극적인 것 일반의 **원인**으로서만 이해될 수 있음을 알게 되었다. 그런데 소포클레스에게서 벌써 합창단과 관련해 당혹감이 드러나고 있다—이는 그에게서 벌써 비극의 디오니소스적 기반이 허물어지기 시작한다는 하나의 중요한 징표이다. 그는 감히 더 이상 합창단에게 연극 효과의 주된 몫을 맡기려 하지 않고, 이제는 거의 배우들과 동등한 수준으로 보이게 할 정도로 합창단의 영역을 제한시켜 버린다. 그래서 마치 합창단이 합창석에서 무대 위로 올려진 것처럼 보인다. 비록 아리스토텔레스가 합창단의 바로 이런 개념에 동의한다 하더라도, 물론 그렇게 함으로써 합창단의 본질은 완전히 파괴되어 버렸다. 아무튼 소포클레스가 자신의 연극 공연에서, 그리고 전승에 따르면, 심지어 어떤 책에서 추천했던 합창단의 이러한 위치 변경은 합창단의 **파멸**을 향한 첫걸음인 셈이다. 그것의 파멸 단계는 에우리피데스, 아가톤[11]과 신 희극에서 놀라운 속도로 꼬리를 물고 계

---

11   아가톤(Agathon, BC 445경~BC 400경): 아테네의 비극 시인. 디오니소스 비극 경연에서 BC 416년 처음으로 우승했다. 이 사건은 플라톤의 대화편 『향연』의 소재가 되었으며, 대화의 배경인 연회장도 아가톤의 집으로 되어

속 이어진다. 낙관주의적 변증론은 그것의 삼단논법이라는 채찍을 휘둘러 비극으로부터 음악을 몰아낸다. 즉 낙관주의적 변증론은 오로지 디오니소스적 상태의 발현이자 형상화로, 음악의 가시적 상징화로, 디오니소스적 도취의 꿈의 세계로 해석될 수 있는 비극의 본질을 파괴한 것이다.

우리는 심지어 소크라테스 이전에 벌써, 단지 그에게서 유례없이 거창하게 표현되었을 뿐인 반디오니소스적 경향이 작용하고 있었음을 가정하지 않을 수 없다. 그러므로 우리는 소크라테스 같은 현상이 대체 어디를 가리키고 있는가 하는 질문을 회피할 필요가 없다. 플라톤의 대화편에 비추어 볼 때, 우리는 그 현상을 단지 해체하는 부정적인 힘으로서만 파악할 수는 없다. 소크라테스적 충동의 가장 직접적인 효과가 불가피하게 디오니소스적 비극의 해체를 초래했듯이, 소크라테스 자신의 심오한 삶의 경험은 우리로 하여금 이렇게 묻지 않을 수 없게 한다. 소크라테스주의와 예술 사이에는 반드시 대척 관계만 존재하는가, 또 '예술가적 소크라테스'의 탄생은 그 자체로 모순적인 용어인가 하는 질문 말이다.

말하자면 저 독재적인 논리학자 소크라테스는 예술과 관련해 가끔 공백감, 공허감과 아울러 자책감 같은 것, 어쩌면

있다. 아가톤은 연극을 그리스 신화에서 따오지 않고 스스로 창조했으며, 합창단이 막간가를 부른 것도 아가톤으로부터 비롯되었다.

의무를 소홀히 했다는 자책감 같은 것을 느꼈다. 감옥에서 그의 친구들에게 들려준 것처럼, 종종 그는 다음과 같이 말하는 똑같은 꿈을 꾸곤 했다. "소크라테스, 음악을 하라![12]" 그는 죽음이 임박할 때까지 자신의 철학 하기가 최고의 시가라는 생각으로 자신을 위로했으며, 그리고 어떤 신이 자신에게 '저속한 대중음악'을 상기시켜 주는 것일지도 모른다고 생각하면서 그 말을 제대로 믿지 않았다. 그는 감옥에서 자신의 양심을 완전히 달래기 위해, 마침내 자신이 경시한 바로 그 음악을 할 용의가 있다고 생각한다. 이런 태도로 그는 아폴론에게 바치는 찬가를 짓고, 몇 개의 이솝 우화를 운문으로 바꾸어놓았다. 이러한 습작을 하도록 그를 몰고 간 것은 다이모니온의 경고하는 목소리와 유사한 것이었고, 그가 야만인 왕처럼 고귀한 신상을 이해하지 못하고 자신의 몰이해로 인해 신께 죄지을 위험에 처했다는 아폴론적 인식이었다. 소크라테스의 꿈의 환상에서 나온 그 말은 논리의 한계에 대해 깊이 생각하게 해주는 유일한 징표다. 혹시—그는 스스로에게 묻지 않을 수 없었다—나에게 이해되지 않는 것이라 해서

---

12 플라톤의 『파이돈』, 앞의 책, 89쪽. "나는 살아오는 동안에 종종 '음악을 지어야 한다'는 암시를 꿈속에서 받았네. 똑같은 꿈이 때에 따라 형태를 달리하면서도 항상 같은 말, 또는 거의 같은 말을 들려주었네. 즉 꿈은 '음악을 연마하고 음악을 지어라' 하고 말했네." 여기서 음악은 음악뿐만 아니라 시문학을 비롯한 예술 전반을 가리키는 말이라고 볼 수 있다.

반드시 어리석은 것일까? 혹시 논리학자가 추방당한 지혜의 왕국이 있지 않을까? 혹시 예술이 심지어 학문에 대한 필수적인 상관물이자 보충물이 아닐까?

15. 아이스킬로스 비극을 물리치는
   소크라테스주의

이러한 마지막의 암시적인 질문에 비추어 볼 때 우리는 이제 소크라테스의 영향이 이 순간에 이르기까지, 아니 미래에 이르기까지 석양에 점점 길어지는 그림자처럼 후세에 걸쳐 전파되었음을 말해두어야 한다. 그리고 그 영향이 번번이 예술의—그것도 가장 넓고 가장 깊은 형이상학적인 의미에서의 예술의—새로운 창조를 초래했으며, 그 자신의 무한성에 의해 예술의 무한성도 보증해 준다는 사실을 말해두어야 한다.

우리가 이러한 사실을 인식할 수 있기 전에, 호메로스에서 소크라테스에까지 이르는 모든 그리스인에 대한 모든 예술의 가장 내적인 의존성을 설득력 있게 설명할 수 있기 전에, 우리는 아테네인들이 소크라테스에게 했던 일을 그리스인에게 해야 했다. 거의 모든 시대와 문명의 단계는 깊은 불만을 품고 한 번쯤 그리스인들로부터 벗어나려고 시도했다. 왜냐하면 그리스인들과 비교해 보면 그 자신이 성취한 모든 것, 얼핏 보기에 완전히 독창적인 것, 진정으로 감탄할 만한 것이 갑자기 색채와 생명력을 잃는 것 같았고, 실패한 모사품으로, 즉 희화(戱畫)로 오그라들었기 때문이다. 그래서 자기 나라의 것이 아닌 모든 것을 영원히 '야만적'이라고 감히 낙인찍는 저 건방진 작은 민족에 대해 늘 새로이 진심으로 분노를 터뜨리게 된다. 저들이 누구인지 사람들은 자문한다. 그들의 역사적 영광이 단지 일시적인데도[1], 그들의 제도가 우스꽝스러울 만치 제한적이고, 그들 윤리의 유용성이 의심스러운데도[2], 심지어 그들이 흉측한 악덕[3]을 실천하고 있는데도, 대중들 사이에서 천재에게 부여되는 그러한 위엄과 특별 지위를 여러 민족 사이에서 요구한 저들은 누구인가? 유감스럽게도 그런 존재를 간단히 처치할 수 있는 독배는 마련되어 있지 않

---

1   아테네를 중심으로 하는 그리스 문화의 전성기는 페르시아 전쟁에서 승리한 BC 480년에서 펠로폰네소스 전쟁이 시작된 BC 431년까지 50여 년간 지속되었다. 페리클레스가 통치한 이 기간 동안 파르테논 신전, 아티카 비극들이 만들어졌다.

2   투키디데스는 『펠로폰네소스』 전쟁사에서 역병으로 아테네가 겪었던 참상을 묘사함으로써 페리클레스의 연설문에 그려진 아테네의 위대함이란 것이 얼마나 보잘것없는 것인지를 보여준다.

3   자유를 지키려던 멜로스 시민들을 아테네가 철저히 몰살한 사건을 말한다.

았다. 왜냐하면 시기, 중상모략, 분노로부터 조제된 어떠한 독도 저 자족적인 장엄함을 파괴하기에는 충분하지 못했기 때문이다. 그래서 사람들은 그리스인들 앞에서 부끄러움과 두려움을 느낀다. 어떤 사람이 다른 어떤 것보다 진리를 높이 평가하여 다음과 같은 진리를 감히 고백할 수 없다면 말이다. 그러니까 그리스인들은 우리 자신의 문화와 다른 모든 문화를 이끄는 마부 역할을 하고 있으며, 그러나 마차와 말들이 거의 언제나 너무 하찮은 요소라서 말과 함께 마차를 심연으로 떨어트리는 것쯤은 장난으로 여기는 마부의 영광에는 걸맞지 않다고 감히 고백할 수 없다면 말이다. 즉 그리스인들 자신은 아킬레우스처럼 도약하여[4] 훌쩍 뛰어넘을 수 있는 심연 말이다.

소크라테스 역시 이 같은 위엄 있는 마부의 위치에 있었다는 것을 입증하기 위해서는, 그를 그 이전에는 들어보지 못했던 생활양식의 전형, **이론적 인간**의 전형으로 인식하는 것으로 충분하다. 그 인물의 중요성과 목적을 이해하는 것이 우리의 다음 과제다. 예술가와 마찬가지로 이 이론적 인간 역시 현존하는 모든 것에서 무한한 즐거움을 맛보며, 예술가와 마찬가지로 비관주의의 실천적 윤리로부터, 또 어둠 속에서만 빛나는 링케우스[5]의 눈으로부터 이 즐거움을 통해 보호를 받

---

4   호메로스의 『일리아스』 21권 303~305행 참조.

는다. 다시 말해 진리가 드러날 때마다 예술가는 여전히 덮여 있는 것을 황홀한 시선으로 바라본다면, 이론적 인간은 옆으로 치워진 덮개에 즐거워하고 만족해하며, 자신의 노력으로 이루어진 언제나 행복한 폭로 과정에서 최고의 즐거움을 맛본다. 학문에 문제가 되는 것은 저 **한 명**의 벌거벗은 여신일 뿐이지 다른 아무것도 아니라고 한다면 학문은 존재하지 않을지도 모른다. 왜냐하면 그렇다면 학문의 사도들은 지구에 구멍을 파서 뚫고 들어가려는 사람들 같은 기분을 느낄 것이기 때문이다. 이들 각자는 자신이 평생에 걸쳐 아무리 애를 써도 엄청난 깊이의 극히 작은 일부분만 팔 수 있다는 것을 알고 있다. 그리고 그것조차 그의 이웃의 작업으로 다시 메워질 것이며, 그래서 제3자는 자신의 힘으로 구멍을 뚫기 위한 새로운 지점을 하나 고르는 것이 어쩌면 낫겠다고 생각할지도 모른다. 만약 그때 다른 어떤 사람이 이 구멍을 계속 뚫어도 지구 반대편에 이를 수 없다는 것을 설득력 있게 증명하게 된다면, 옛날에 파놓은 구멍에서 누가 계속 일하려고 하겠는가? 혹시 그러다가 귀한 보석을 얻거나 자연법칙을 발

---

5 그리스 신화에 나오는 아르고호에 탑승한 인물로 천리안을 지니고 있어 깊은 땅속까지 볼 수 있었다고 한다. 신화학자들은 링케우스를 최초의 광부로 여기기도 한다. 밝고 날카로운 눈을 이용해 땅속 깊은 곳에 있는 광맥을 찾아냄으로써 '땅속까지 볼 수 있는 자'라는 별칭을 얻었다. 『파우스트』에서는 세상만사를 두루 살피는 망루지기로 등장한다. 갈릴레오 갈릴레이의 별명이 링케우스였기 때문에 괴테가 갈릴레이를 염두에 두었다는 설도 있다.

견하는 즐거움을 덩달아 맛보지 못한다면 말이다. 이런 이유로 가장 정직한 이론적 인간인 레싱은 진리 그 자체보다 진리를 찾는 것이 자신에게는 더 중요하다고 감히 말했다.[6] 학자들에게는 놀랍고 화나는 일이겠지만, 이로써 그는 학문의 근본적 비밀을 폭로했다. 비록 지나치게 불손한 것은 아니라 해도 지나치게 정직한 이런 고립된 인식과 나란히, 소크라테스라는 인물을 통해 맨 먼저 세상에 나타난 심오한 **환상**이 하나 존재한다. 그것은 사유가 인과성이라는 길잡이를 따라 존재의 가장 깊은 심연에까지 도달해, 존재를 인식할 수 있을 뿐만 아니라 심지어 **수정**할 수도 있다는 저 확고한 믿음이다. 이러한 숭고한 형이상학적 망상은 학문에 본능적으로 덧붙여진 것으로, 번번이 그 한계로, 학문이 **예술**로 전환할 수밖에 없는 한계로 몰고 간다. 이러한 메커니즘의 원래 **목표**가 바로 그것이다.

이런 사고의 햇불을 들고 이제 소크라테스를 바라보도록 하자. 그러면 우리는 그를 학문의 본능에 의해 살았을 뿐만 아니라—그보다 훨씬 더 이상인 것으로—그것에 의해 죽을

---

6   레싱은 『재답변Duplik』(1778)에서 하나님의 두 손에 관해 이렇게 말하고 있다. "만약 신이 그의 오른손에 모든 진리를, 그리고 그의 왼손에는 진리를 위한 한결같은 성실한 투지를 갖고 있다면, 그리고 나는 항상, 영원히 실수를 범한다는 전제에도 나에게 선택권이 주어진다면, 나는 겸손하게 그의 왼손을 택할 것이며, '주여, 당신의 왼손을 선택합니다. 진정한 진리는 오직 당신에게 있습니다'라고 말할 것이다."

수도 있었던 최초의 사람으로 간주할 것이다. 그 때문에 **죽음에 처한 소크라테스**의 모습은 지식과 논거를 통해 죽음의 공포에서 벗어난 인간으로서 학문의 입구에 걸려 모두에게 학문의 사명을 상기시키는 문장(紋章)이 새겨진 방패이다. 다시 말해 현존을 이해할 수 있게 해주며, 그로써 정당하게 보이도록 하는 문장이 새겨진 방패인 것이다. 물론 이를 위해 논거가 충분하지 않을 경우 결국 **신화**도 투입되어야 한다. 조금 전에 나는 이 신화를 학문의 필연적인 귀결, 그러니까 목적이라고 불렀다.

학문의 밀교 사제인 소크라테스의 사망 이후 철학 학파들이 어떻게 파도처럼 잇달아 나타났다가[7] 사라졌는지 한번 살펴보기로 하자. 또 교양 세계의 가장 넓은 영역에서 전혀 예상치 못한 지식욕의 보편성이 어떻게 보다 높은 능력을 가진 모든 사람에게 본연의 과제로서 학문을 넓은 대양으로 이끌어 가고, 그 이후로 그 대양에서 학문을 완전히 추방할 수 없게 되었는지 살펴보기로 하자. 이 보편성을 통해 먼저 전 세계를 아우르는 합리적 사고의 공동 네트워크가, 그러니까 태

7 　소크라테스 사후 여러 학파가 생겨나 소크라테스를 계승한다고 자처했다. 플라톤은 크세노크라테스와 함께 아카데미아 학파를 창설했고, 아리스토텔레스는 소요학파를 이루었다. 안티스테네스가 창설한 견유학파는 제논에 이르러 스토아학파로 이어졌다. 아리스토포스가 창설한 키레네학파는 에피쿠로스에 이르러 에피쿠로스학파로 이어졌다.

양계 전체의 법칙성을 조망하면서 어떻게 확립되었는지 살펴보기로 하자. 현대의 놀라울 만치 높은 지식의 피라미드와 함께 이 모든 것을 머릿속에 그려보는 사람은 소크라테스를 이른바 세계사의 전환점이자 소용돌이로 보지 않을 수 없다. 저 세계적 풍조를 위해 소모된 막대한 전체 에너지의 총량이 인식을 위해서가 아니라 개인과 민족의 실천적 목표, 즉 이기적 목표를 위해 활용되는 경우를 생각해 보자. 그러면 필경 전반적인 섬멸전이 벌어지고 지속적인 민족 이동이 일어나면서 삶에 대한 본능적 욕망이 약화하고 말 것이기 때문이다. 그리하여 자살이 습관처럼 행해지고, 피지섬[8]의 주민들처럼 아들이 자신의 부모를 목 졸라 죽이고, 친구는 자기 친구를 목 졸라 죽이는 것을 개개인은 아마 자신의 마지막으로 남은 의무라고 느낄지도 모른다. 이것은 연민을 통한 민족학살이라는 끔찍한 윤리를 만들어낼 수도 있는 실천적 비관주의이다―아닌 게 아니라 이런 비관주의는 현재 세계 어디서나 존재하고, 예술이 어떤 형태로든, 특히 종교와 학문으로서 저 독기의 치료제와 예방제 역할을 하지 않은 곳에서는 어디서나 존재했다.

---

8   피지는 남태평양에 위치한 섬으로 거기서는 사람을 잡아먹는 식인 풍습이 일반적으로 행해졌고, 권력 세습식의 일부다처제를 통한 족장의 강력 통치가 이루어졌다. 1874년 영국의 식민지가 된 피지는 1970년 영국으로부터 완전 독립을 달성하였다.

이런 실천적 비관주의에 비추어 볼 때 소크라테스는 이론적 낙관주의자의 원형이다. 그런 사람은 사물의 본성을 규명할 수 있다는 신념에서 지식과 인식에 만병통치약의 효력이 있다고 생각하며 오류를 악덕 그 자체로 파악하는 자다. 사물의 근저를 꿰뚫어 보고 가상과 오류로부터 참된 인식을 분리해내는 일이 소크라테스적 인간에게는 가장 고귀한 소명, 심지어 참으로 인간적인 유일한 소명으로 생각되었다. 개념, 판단과 추리의 메커니즘이 소크라테스 때부터 줄곧 최고의 활동으로, 다른 모든 능력을 넘어서는 가장 경탄할 만한 자연의 선물로 평가받았듯이 말이다. 동정심, 희생심, 영웅심 같은 가장 숭고한 윤리적 행위와 아폴론적 그리스인이 절제의 미덕이라고 불렀던 얻기 힘든 영혼의 고요함조차 소크라테스와 그의 사상적 후계자들에 의해 오늘날에 이르기까지 지식의 변증법으로부터 도출할 수 있는 것, 그에 따라서 가르칠 수 있는 것으로 여겨졌다.

소크라테스적 인식 자체의 즐거움을 경험해서, 그 즐거움이 점점 더 넓은 원을 그리며 전체 현상세계를 에워싸려고 한다는 것을 감지한 사람은 그때부터 현존으로 몰아갈 수 있는 어떤 자극도 그러한 정복을 완성하려는 욕구와 물샐 틈 없이 촘촘히 그물을 치려는 욕구보다 더 격렬하게 느끼지 못한다. 이런 기분을 느끼는 사람에게는 플라톤이 묘사한 소크라테스는 완전히 새로운 형태의 '그리스적 명랑성'과 삶의 더없는 행복을 가르치는 선생으로 생각된다. 이러한 명랑성과 더없는 행복은 행동 속에서 그 모습을 드러내려고 한다—궁극적으로는 천재의 산출을 목표로 고귀한 청년들에게 대체로 산파술적이고[9] 교육적인 영향을 주는 가운데.

그러나 이제 학문은 자신의 강력한 환상에 자극받아 자신의 한계에까지 멈추지 않고 급히 나아간다. 이러한 한계에서 논리학의 본질에 감추어진 낙관주의는 무너지고 만다. 왜냐하면 학문의 원주(圓周)에는 무수히 많은 점이 있고, 이 원을 완전히 측정할 수 있는 방법은 전혀 보이지 않는 반면, 재능 있는 고귀한 인간은 생애의 중반에 이르기도 전에 불가피하게 이러한 원주의 한계점[10]에 이르러 그곳에서 뭐라고 해명할 수 없는 것을 응시하게 되기 때문이다. 그가 여기서 놀랍

---

9   산파술은 산모가 아이를 잘 낳을 수 있도록 산파가 옆에서 도와주는 기술을 말하는데, 소크라테스의 화법이 이와 같았다. 그는 자신의 주장을 일방적으로 전달하는 대신 상대방에게 단계적인 질문을 하여 그의 무지 혹은 이미 알고 있는 '앎'을 일깨워 주었다. 소크라테스는 정신적으로 임신한 청년들이 문답을 통해 어떤 인식을 낳게 하는 기술을 산파술이라고 칭했다.

10   이 용어는 야스퍼스의 한계상황이라는 개념으로 이어진다. 절대적 한계에 부딪힌 인간은 한계상황에서 자기가 아무것도 아니고, 자기 자신으로부터는 더 이상 아무것도 할 수 없음을 의식하게 된다. 다른 사람의 죽음의 순간이나 자신의 죽음을 생각할 때, 아니면 싸움, 고통, 죄 등을 피할 수 없음을 경험할 때나, 모두가 빠져든 변화시킬 수 없는 운명을 체험할 때 이런 일이 일어난다. 이런 한계상황은 '인간 자체와 결합되어 있는, 유한한 여기있음과 함께 피할 수 없이 주어진 마지막 상황'이다.

게도 논리학이 그 한계점에 부딪혀 빙빙 돌다가 결국 자신의 꼬리를 무는 것을 볼 때, 새로운 형태의 인식, 우리가 단지 감내할 수 있기 위해서라도 보호와 치료제로서 예술을 필요로 하는 **비극적** 인식이 생겨난다.

그리스인들에게서 강화되고 생기를 얻은 눈으로 우리 주변에 넘쳐흐르는 그리스 세계의 가장 높은 영역들을 바라보기로 하자. 그러면 소크라테스에게서 모범적으로 나타나는 채울 수 없는 낙관주의적 인식욕이 비극적 체념과 예술에 대한 필요로 전환하는 것을 보게 될 것이다. 물론 이 같은 욕구는 낮은 단계에서는 예술에 적대적 방식으로 그 모습을 드러내고, 특히 디오니소스적 비극 예술을 내적으로 혐오할 수밖에 없다. 이에 대해서는 소크라테스주의가 아이스킬로스 비극과 싸워 이기는 모습을 실례를 들어 이미 보여주었다.

이제 우리 흥분된 마음으로 현재와 미래의 문을 두드려보자. 저 '전환'은 수호신의 늘 새로운 형성, 그리고 특히 **음악을 하는 소크라테스**의 새로운 탄생을 초래하는가? 종교의 이름으로든 학문의 이름으로든 현존재 위에 펼쳐진 예술의 그물이 갈수록 견고하고 정교하게 짜일 것인가? 아니면 그것이 지금 '현재'라고 불리는 불안하고 야만적인 소란스러운 상황 아래서 갈기갈기 찢길 운명인가? 걱정은 하지만 그래도 희망은 버리지 않고 잠깐 옆으로 비켜나 저 엄청난 싸움과 변천의 증인으로 허락받은 정관자가 되어보자. 아! 싸움을 바라보는 자도 싸움에 가담해야 한다는 그러한 것이 바로 이러한 싸움의 마법인 것이다!

16. 음악 정신에서 생겨나는 비극

상술한 이러한 역사적 실례를 들어 우리는 비극이 음악 정신에서만 탄생할 수 있는 것과 마찬가지로 음악 정신이 사라질 때 그것이 어떻게 몰락하는지 분명하게 설명하려 했다. 이러한 주장의 이례적인 성격을 완화하고, 다른 한편으로 이러한 우리의 인식의 기원을 보여주기 위해 이제 우리는 현재의 유사한 현상들을 자유로운 시선으로 살펴보지 않을 수 없다. 이를 위해 우리는 내가 방금 말했듯이 우리의 현재 세계의 최고 영역에서 채울 수 없는 낙관주의적 인식과 비극 예술에 대한 필요 사이에서 벌어지는 싸움의 한복판으로 들어가야만 한다. 이와 관련하여 나는 어느 시대를 막론하고 항상 예술, 특히 비극에 대항하는 다른 모든 적대적 충동들은 무시하고자 한다. 이러한 충동들은 현재에도 승리를 확신하고 대중 속에 만연하고 있어, 무대 예술 중에, 예컨대 소극(笑

劇)[1]과 발레만이 어느 정도 무성하게 자라나서 어쩌면 모든 이에게 좋은 냄새를 피우지는 않을 꽃을 피우는 정도에 이르렀다. 나는 단지 비극적 세계관의 가장 고상한 적대자들에 관해서만 말하고자 하는데, 이는 그들의 시조 소크라테스를 우두머리로 하는 그 가장 깊은 본질에서 낙관주의적 학문을 의미한다. 나는 내게 비극의 재탄생을—그리고 독일의 본질을 위한 다른 복된 희망이 있겠는가!—보증해 주는 것처럼 보이는 세력들의 이름도 곧 말할 것이다.

저 싸움의 한복판에 뛰어들기 전에 이제까지 우리가 쟁취한 인식의 갑옷을 두르기로 하자. 나는 하나의 유일한 원칙, 모든 예술 작품의 필수적인 생명의 샘으로부터 예술을 추론하려고 하는 사람들과는 달리, 시선을 그리스의 저 예술 신, 아폴론과 디오니소스에게 고정한다. 그리고 그들을 그 가장 깊은 본질과 가장 높은 목적에서 두 개의 서로 다른 예술 세계의 생생하고 뚜렷한 대표라고 인식한다. 나는 아폴론을 개별화의 원칙을 신성하게 변용시키는 수호자, 가상 속에서 진정한 구원을 얻게 해주는 유일한 길로 파악한다. 반면 디오니소스의 신비스러운 환호성으로 개별화의 마력은 깨지고, 존

---

1   소극(Posse)은 거친 농담과 신랄한 표현, 진부한 인물, 지나친 과장, 난폭한 놀이가 특징을 이루는 익살극이다. 소극은 조잡한 성격묘사와 개연성이 적은 줄거리 때문에 보통 지적·미학적으로 희극에 뒤떨어지는 것으로 여겨지지만 인기 덕분에 지속되어 왔으며 지금까지 서양에서 널리 공연되고 있다.

재의 어머니들[2]에게 사물의 가장 내밀한 핵심에 이르는 길이 열려 있다. 아폴론적 조형 예술과 디오니소스적 음악[3] 사이에 크게 벌어진 저 엄청난 대립을 위대한 사상가 가운데 한 사람만이 분명하게 인식했다. 그래서 그는 헬라스 신들의 상징의 안내를 받지 않고도 음악에 다른 모든 예술과는 상이한 성격과 기원이 있음을 인정했다. 음악은 다른 예술들과는 달리 현상의 모사(模寫)가 아니라 의지 자체의 직접적인 모사이고, 그러므로 세상의 모든 형이하학적인 것(Physisch)에 대해 형이상학적인 것(Metaphysisch)을, 모든 현상에 대해 사물 자체를 나타내기 때문이다.[4] 리하르트 바그너는 모든 미학의 이

---

2   『파우스트』에서 메피스토텔레스는 파우스트에게 어머니들에 대해 사물들을 소생시키는 힘의 원천이라고 알려준다. 6427~6430행. "저는 그대 어머니들의 이름으로 행하옵니다. 무한한 곳에 계시며 영원히 외롭게, 하지만 정답게 모여 사는 어머니들이여, 그대들의 머리 위로 생명의 형상들이 생명도 없이 활기차게 떠돌고 있나이다."(『파우스트』, 앞의 책, 412쪽)
헤세의 시 「무상」에서 '영원한 어머니'도 '존재의 어머니'에 해당한다고 볼 수 있다. "다른 모든 것은 지나가고 사라질지 모른다. 모든 것은 죽고, 모든 것은 기꺼이 죽는다. 우리를 낳아 준 영원한 어머니만 남는다."

3   니체는 바그너의 음악이 디오니소스적이라고 보았으나, 후일 모차르트 음악이 디오니소스적이 아니라는 생각이 들었을 때 바그너의 음악도 진정으로 디오니소스적인 것은 아니고 오히려 낭만주의적이고 퇴폐주의적임을 깨닫는다.

4   『의지와 표상으로서의 세계』, 앞의 책, 370쪽 참조. "음악은 이미 말했듯이 현상의 모사, 아니 보다 정확히 말하면 의지의 적절한 객관성의 모사가 아닌 의지 그 자체의 직접적인 모사이며, 그러므로 세계의 모든 형이하학적인 것에 대한 형이상학적인 것을 나타내고 모든 현상에 대해 사물 자체를 나타낸

러한 가장 중요한 인식에 자신의 도장을 찍어 그것이 영원한 진리임을 힘주어 말하면서, 그의 「베토벤론」에서 음악은 모든 조형 예술과는 완전히 다른 미학 원칙에 (좀 더 진지한 의미에서 생각하면 그것으로 미학이 비로소 시작된다) 따라 측정되어야지, 결코 미의 범주에 따라 측정될 수 없다고 확언하고 있다. 비록 그릇된 미학이 오도되고 타락한 예술5과 손잡고, 조형 예술의 세계에서 통하는 미의 개념을 토대로 음악에 대해 미술 작품과 비슷한 효과, 즉 아름다운 형식에 대한 흡족함을 불러일으킬 것을 요구하는 데 익숙해졌지만 말이다. 저 엄청난 대립을 인식한 후 나는 그리스 비극의 본질에, 그리고 이와 함께 헬레니즘의 수호신의 가장 심오한 현현(顯現)에 다가가지 않을 수 없는 필요성을 강하게 느꼈다. 왜냐하면 이제야비로소 나는 통상적인 미학의 어법을 넘어서서 비극의 근본문제를 나 자신에게 분명히 제시할 수 있는 마법을 지녔다고느꼈기 때문이다. 그로 인해 나는 의아하리만치 독특한 시선으로 헬라스 정신을 들여다볼 수 있게 되어서, 우리의 고전문헌학이 그토록 자랑스러운 몸짓을 보임에도 불구하고 이제까지 주로 그림자극과 외적인 면만 즐길 줄 안 것처럼 생

다는 점에서 다른 모든 예술과 다르기 때문이다."

5 이 용어는 후일 나치가 자신의 이념에 맞지 않는 현대 예술을 비난할 때 이용되었다. 그러나 니체는 모든 예술이 아름다운 예술을 추구해야 한다는 것을 비판한 반면, 나치는 아름다움을 추구하지 않는 예술을 탄압했다.

각되지 않을 수 없었다.

우리는 이런 질문을 함으로써 저 근본 문제를 건드려 볼까 한다. 그 자체로 분리된 아폴론적인 것과 디오니소스적인 것라는 예술적 힘이 서로 나란히 활동하게 된다면 어떤 미학적 효과가 발생할까? 좀 더 간단히 말해 음악은 이미지와 개념과 어떤 관계에 있을까?—이에 대해 쇼펜하우어가 가장 상세하게 자신의 견해를 밝히고 있다. 바그너는 이와 관련하여 쇼펜하우어의 서술이 더할 나위 없이 명료하고 투명하다고 칭찬하고 있다. 나는 여기에서 그가 서술한 대목을 전부 재현하고자 한다.

"이 모든 것에 따라 우리는 현상계 또는 자연과 음악을 동일한 사물에 대한 두 가지의 상이한 표현으로 볼 수 있다. 그 때문에 사물 자체는 이 둘의 유사성을 매개하는 유일한 것이며, 유사성을 통찰하기 위해서는 매개가 되는 것을 인식할 필요가 있다. 그에 따라 음악은 세계의 표현으로 보면, 최고도로 보편적인 언어이며, 언어의 개념의 보편성에 대한 관계는 대략 개념의 개별적 사물에 대한 관계와 같다. 그러나 음악의 보편성은 결코 추상 개념의 저 공허한 보편성이 아니라 전혀 다른 종류의 것으로, 분명한 일반적 규정성과 결부되어 있다. 이런 점에서 음악은 기하 도형이나 숫자와 비슷하며, 이것들은 경험으로 가능한 모든 객관의 보편적 형식으로서 그리고 모든 객관에 선험적으로 적용할 수 있지만, 추상적인 것이 아니라 직관적이고 일반적으로 규정되어 있다. 의지의 모든 가능한 노력, 흥분, 발현, 감정이라는 넓은 소극적 개념에 이성을 던져버리는 인간의 내면에서 일어나는 모든 과정은 무한히 많은 가능한 선율을 통해 표현될 수 있지만, 이것들에는 언제나 실체는 없고 단순한 형식의 보편성만 있으며, 현상을 따르지 않고 언제나 즉자태(독립적으로 존재하는 모양이나 상태)만 따를 뿐이므로, 말하자면 신체는 없이 그 현상의 가장 내적인 영혼만 표현될 뿐이다.

음악이 모든 사물의 참된 본질에 대해 갖는 이 밀접한 관계에서 다음의 사실도 설명될 수 있다. 즉 어떤 장면, 행위, 과정, 환경에 맞는 적절한 음악이 울리면, 그로써 그것들의 가장 비밀스러운 의미가 우리에게 해명되는 것처럼 생각되어, 그 음악은 그에 대한 가장 올바르고 분명한 주석(註釋)으로 나타난다. 마찬가지로 교향악이 주는 인상에 흠뻑 빠져 있는 사람에게는 삶과 세계의 모든 가능한 과정이 자신의 옆을 지나가는 것을 보는 것처럼 생각된다. 그럼에도 그는 곰곰 생각해보면 음악과 자신의 눈앞에 떠오르는 과정들 사이의 유사성을 제시할 수 없다. 음악은 이미 말했듯이 현상의 모사, 아니 보다 정확히 말하면 의지의 적절한 객관성의 모사가 아닌 의지 그 자체의 직접적인 모사이며, 그러므로 세계의 모든 형이하학적인 것에 대한 형이상학적인 것을 나타내고 모든 현상에 대해 사물 자체를 나타낸다는 점에서 다른 모든 예술과 다르기 때문이다.

그에 따라 세계는 의지의 구체적 표현이라 할 수 있듯이 음악을 구체적으로 표현한 것이라고도 할 수 있다. 그러므로 음악이 모든 생생한 모습, 그러니까 실제 생활과 세계의 모든 장면을 어떻게 즉시 고양된 의미심장함으로 나타나게 할 수 있는지 이것으로 설명할 수 있다. 물론 음악의 선율이 주어진 현상의 내적 정신과 유사하면 할수록 그러한 효과가 커진다. 시를 노래로, 또는 직관적인 표현을 무언극으로, 또는 양자를 오페라로서 음악의 밑에 놓을 수 있는 것은 이 때문이다. 음악이라는 보편적인 언어로 표현된 인간 생활의 그런 개별적인 모습들은 결코 일반적인 필연성을 갖고 음악과 결합하거나 상응하는 것이 아니라, 음악에 대해 임의의 실례의 어떤 보편적 개념에 대한 관계만 가질 뿐이다. 이 모습들은 음악이 단순한 형식의 보편성에서 표현하는 것을 현실의 규정성 속에서 나타내는 것이다. 선율이란 말하자면 보편적 개념과 마찬가지로 현실의 추상물이기 때문이다. 말하자면 이 현실, 즉 개별적 사물의 세계는 직관적인 것, 특수한 것과 개별적인 것, 개개의 사례를 제공하여 개념의 보편성뿐만 아니라 선율의 보편성에도 기여하지만, 양자의 보편성은 어떤 점에서는 서로 대립하고 있다. 개념이란 우선 직관에서 추상된 형식, 말하자면 사물에서 알맹이를 끄집어낸 외피만을 포함하고 있을 뿐이므로 전적으로 본래적인 추상물인 반면, 음악은 모든 형태에 선행하는 가장 내적인 핵심이나 또는 사물의 심장을 제공한다. 이 관계는 스콜라철학자들의 말에 매우 적절히 표현되어 있다. 그들의 말에 의하면, 개념이란 개별 사물이후의 보편이지만, 음악은 개별 사물 이전의 보편이며, 현실은 개별 사물 속의 보편이다.[6] (어떤 시문학에 부가된 선율의 보편적 의미에는 그 선율에 표현된 보편적인 것과 마찬가지로 임의로 선택된 또 다른 실례들도 같은 정도로 상응할 수 있을지도 모른다.

그 때문에 같은 악곡이 많은 소절에 적합하고, 따라서 보드빌[7] 역시 그러하다.)[8] 그런데 일반적으로 어떤 악곡과 어

---

6 쇼펜하우어는 여기서 중세 스콜라 철학 전체를 일관하는 가장 중요한 문제인 보편 논쟁을 원용하여 개념과 음악, 개별적 사물의 관계에 대해 말하고 있다. 개념은 개별적 사물들의 공통된 성질을 추상한 것이므로 개별 사물 이후(post rem)에 있는 것이며, 이에 반해 음악이 개별 사물 이전의 보편 (universalia ante rem)이라는 것은 음악이 개별 사물을 파생시키는 보편적 근원이라는 의미이다. 현실이 개별 사물 속의 보편(universalia in rem)이라는 것은 현실 속의 개별 사물에 보편적 근원이 핵심으로 나타나 있다는 뜻이다. 이 논쟁에서 실재론·유명론·절충론이 유래했다.

7 보드빌(Vaudeville)은 복잡한 내용이나 줄거리 없이 노래, 춤, 팬터마임, 등을 섞어 빠른 템포로 상연하는 풍속 희극을 말함. 이 용어는 15세기에 프랑스 노르망디 지방의 발드비르(보드비르)에서 널리 불렸던 풍자적 민요인 '보드비르'에서 온 말로 추측된다.

8 『의지와 표상으로서의 세계』에 있지만 『비극의 탄생』에는 빠진 부분임.

떤 직관적인 묘사 사이의 관계가 가능한 것은 이미 말했듯이, 양자가 세계의 동일한 내적 본질의 전혀 다른 표현에 불과하다는 데 기인하고 있다. 그런데 개별적인 경우 그러한 관계가 실제로 현존한다면, 즉 작곡가가 어떤 사건의 핵심을 이루는 의지의 동요를 음악이라는 보편적 언어로 표현할 줄 안다면 가요의 선율과 오페라의 음악은 표현이 풍부해진다. 그러나 작곡가가 알아낸 이 둘의 유사성은 자신의 이성으로는 알지 못하고 세계의 본질을 직접 인식한 것에서 비롯하는 것이어야 하며, 의식적인 의도로 개념에 의해 매개된 모방이어서는 안 된다. 그러지 않으면 음악은 내적 본질, 즉 의지 그 자체를 표현하는 것이 되지 않고 의지의 현상을 불충분하게 모방하는 것에 지나지 않는다. 본래 모사적인 음악은 모두 이러한 일을 한다."[9]

그러므로 우리는 쇼펜하우어의 이론에 따라 음악을 의지의 언어로서 직접 이해하게 되고, 우리에게 말을 거는, 눈에 보이지는 않지만 생생하게 움직이는 정신세계에 형태를 부여하고, 그것을 유사한 실례를 들어 구체적으로 표현하고자 하는 우리의 환상이 자극되는 것을 느낀다. 다른 한편 이미지와 개념은 진정으로 이에 상응하는 음악의 영향으로 더 높

9　『의지와 표상으로서의 세계』, 앞의 책, 369~371쪽 참조.

은 의미심장함을 획득한다. 따라서 디오니소스적 예술은 아폴론적 예술 능력에 두 가지 종류의 영향을 끼치곤 한다. 음악은 디오니소스적 보편성에 대해 비유적인 **직관**을 하도록 자극하며, 그러고 나서 음악은 비유적인 이미지가 **최고로** 의미심장하게 나타나게 한다. 이처럼 그 자체로 이해되지만 더 깊은 고찰로는 접근 불가능한 사실들로부터 나는 음악이 신화, 즉 가장 의미심장한 실례, 특히 비극적 신화를 낳을 능력이 있음을 추론할 수 있다. 디오니소스적 인식에 관해 비유적으로 말하는 신화 말이다. 나는 서정시인의 현상에서 음악이 그에게서 아폴론적 이미지들로 자신의 본질을 알리려 어떻게 애쓰는지 서술했다. 이제 우리가 음악이 최고로 고양된 상태에서 최고의 이미지를 표현하려고 한다고 생각한다면, 우리는 음악이 자신의 본래적인 디오니소스적 지혜를 위한 상징적 표현을 찾을 수 있다는 것도 가능하다고 간주해야 한다. 그런데 이러한 표현을 비극에서, 그리고 비극적인 것의 개념에서 찾지 않는다면 다른 어디에서 찾아야 한단 말인가?

일반적으로 예술이 가상과 미(美)라는 유일한 범주에 따라 파악되듯이, 비극적인 것이 예술의 본질로부터는 솔직하게 결코 추론될 수 없다. 음악 정신으로부터 비로소 우리는 개체의 파멸에서 즐거움을 이해할 수 있다. 그런 파멸의 개별 사례들에서만 우리는 말하자면 개체화의 원리의 배후에서 전능한 의지를 표현하는 예술, 모든 파멸에도 불구하고 모든 현상의 저편에 존재하는 영원한 생명을 표현하는 디오니소스적 예술의 영원한 현상을 분명히 볼 수 있기 때문이다. 비극적인 것에 대한 형이상학적인 기쁨을 느끼는 것은 본능적으로 무의식적인 디오니소스적인 지혜가 이미지의 언어로 옮겨져 있어서이다. 최고의 의지 현상인 비극의 주인공은 흡족하게도 부인된다. 왜냐하면 주인공은 단지 현상에 불과하고, 의지의 영원한 생명은 그의 파멸에 의해 훼손되지 않기 때문이다. 비극은 "우리는 영원한 생명을 믿는다"고 외친다. 반면에 음악은 이 생명의 직접적인 이념이다. 조형 예술의 목표는 이와는 완전히 다르다. 여기서 아폴론은 현상의 영원함에 대한 빛나는 찬양을 통해 개체의 고통을 극복한다. 여기서 미(美)는 삶에 내재한 고통을 이기고, 고통은 자연의 특성들 가운데서 어떤 의미에서 속임수로 제거된다. 디오니소스적 예술과 그것의 비극적 상징성에서는 동일한 자연이 있는 그대로의 진정한 목소리로 우리에게 말을 건다. "나처럼 되어라! 현상의 끊임없는 변전에서 영원히 창조적이고, 영원히 현존으로 몰아가며, 이 현상의 변전에 영원히 만족하는 원초적 어머니!"

17. 이론적 세계관과 비극적 세계관 사이에 영원한 투쟁

디오니소스적 예술 역시 우리에게 현존의 영원한 즐거움에 관해 확신시키려 한다. 그러나 우리는 이러한 즐거움을 현상 자체에서가 아니라 현상의 배후에서 찾아야 한다. 우리는 생성하는 모든 것이 비통한 몰락을 준비할 수밖에 없음을 인식해야 한다. 그러므로 우리는 개별적 실존을 들여다볼 수밖에 없지만, 그렇다고 겁에 질려 몸이 굳어버려서는 안 된다. 형이상학적 위로가 잠시나마 변화하는 형상들의 번잡함으로부터 우리를 구해주기 때문이다. 우리는 정말 짧은 순간 동안 원초적 존재 자체가 되어 그 존재의 억제하기 어려운 현존에 대한 욕망과 현존 속의 즐거움을 느낀다. 이제 우리는 삶 속으로 몰려들고 밀어붙이는 무수히 많은 생활양식들을 보고, 세계 의지의 넘치는 생산성을 접하면서 투쟁, 고통, 현상들의 파괴를 필연적인 것으로 여긴다. 우리가 현존에 대한 엄청난 원초적 즐거움과 하나가 되는 순간, 그리고 디오니소스적 황홀경 속에서 이 즐거움의 파괴 불능성과 영원함을 예감하는 순간, 우리는 이 고통의 광포한 가시에 찔리게 된다. 공포와 연민[1]에도 불구하고 우리는 살아 있는 게 행복한 존재들이다. 개체로서가 아니라 살아 있는 하나의 존재로서, 우리는 그 생식의 즐거움과 용해되어 있다.

그리스 비극의 생성사는 그리스인의 비극적 예술 작품이 정말로 음악 정신에서 탄생했음을 명확하고도 확실히 우리에게 말해준다. 그런 사고를 통해 우리는 처음으로 합창의 근원적이고 놀랄 만한 의미를 제대로 평가했다고 생각한다. 그러나 앞에서 내세운 비극적 신화의 중요성을 그리스 철학자들은 물론이고 그리스 시인들도 개념적으로 명백하게 알아차리지 못했음을 동시에 인정하지 않을 수 없다. 비극 주인공들의 말은 어느 정도는 그들의 행동보다 더 피상적이다. 신화는 구어(口語)에서는 결코 적절한 객관화를 발견하지 못한다. 무대 장면들의 구조와 가시적인 이미지들이 시인 자신이 말과 개념으로 표현할 수 있는 것보다 더 깊은 지혜를 드러낸다. 우리는 동일한 현상을 셰익스피어에게서 발견할 수 있다. 예컨대 그의 햄릿은 이와 유사하게 행동할 때보다 말할 때가

---

1   아리스토텔레스 『시학』, 앞의 책, 49쪽. "비극은 드라마 형식을 취하고 서술적 형식을 취하지 않으며, 연민과 공포를 환기시키는 사건에 의하여 바로 감정의 카타르시스를 제공한다."

더 피상적이다. 그래서 앞에서 언급한 햄릿론은 그의 말 자체에서가 아니라 극 전체에 대한 심화된 직관과 개관을 통해 끌어낼 수 있었다. 물론 우리가 언어극으로서만 접하게 되는 그리스 비극과 관련하여, 내가 심지어 암시했듯이 신화와 말의 불일치가 그리스 비극을 실제보다 더 깊이가 없고 중요하지 않다고 생각하도록, 따라서 그러한 불일치가 고대인들의 증명에 의해 그리스 비극이 실제로 행사했을 법한 것보다 더 피상적인 영향을 미쳤을 것으로 전제하도록 우리를 쉽게 오도할 수 있을지도 모른다. 왜냐하면 언어의 시인으로서는 신화의 최고의 정신화와 이상에 도달하려는 데 실패한 일을 창조적인 음악가로서는 매 순간 성공할 수 있었다는 사실이 너무 쉽게 잊혀버리기 때문이 아닌가! 물론 진정한 비극에 내재해 있을 비할 데 없는 위안을 어느 정도 얻기 위해 우리는 음악적 효과의 압도적인 힘을 거의 학문적인 방식으로 재구성해야 한다. 하지만 이 압도적인 음악의 힘조차도 우리가 그리스인일 경우에만 제대로 느꼈을 것이다. 반면에 그리스 음악 전체에서—우리에게 잘 알려지고 친숙한, 그러므로 무한히 더 풍부한 음악에 비해—우리는 수줍어하는 활력[2]으로 부르기 시작하는 음악 천재의 애송이 시절 노래를 듣고 있다

---

2   Kraftgefühl. 니체는 삶에 활력을 주는 것은 선이고 그렇지 않은 것은 악이라 본다.

고 생각한다. 이집트 사제들이 말하는 바와 같이, 그리스인들은 영원한 아이들이고, 비극 예술에서도 단지 아이들, 고상한 장난감이 그들의 수중에서 생겨났다는 사실과 그것이 곧 망가질 것이라는 사실을 알지 못하는 어린아이들에 불과하다.[3]

영상적이고 신화적인 계시를 위한 음악 정신의 분투 노력은 서정시의 초기에서부터 아티카 비극에 이르기까지 점차 강도를 더해 가다가 처음으로 풍성하게 전개된 후 갑자기 꺾이고 만다. 그리고 말하자면 헬라스 예술의 표면으로부터 사라진다. 반면 이러한 분투 노력에서 태어난 디오니소스적 세계관은 비밀 의식 속에서 계속 살아남아, 더없이 놀라운 변신과 변질을 거듭하면서도 더욱 진지한 천성을 지닌 자들을 자기 쪽으로 끌어당기는 일을 멈추지 않는다. 이 세계관이 신비스러운 깊은 곳으로부터 언젠가 다시 예술로 솟아오르지 않을까?

여기서 우리는 비극을 무너뜨린 대립적인 힘이 비극과 비극적 세계관의 예술적 소생을 방해할 정도로 충분히 강한 힘을 언제까지나 가질 것인가 하는 문제에 관심을 갖게 된다. 지식과 학문의 낙관주의에 대한 변증법적 충동에 의해 고대

---

3 "인생이란 이리저리 말을 움직이는 어린아이의 장기놀이와 같은 것이다."라는 헤라클레이토스의 말이 있다.

의 비극이 자신의 궤도에서 이탈하게 되었다면, 우리는 이런 사실로부터 이론적 세계관과 비극적 세계관 사이에 영원한 투쟁이 존재한다는 결론을 내릴 수 있을지도 모른다. 그리고 학문의 정신이 한계에까지 이르고, 또한 보편 타당성에 대한 학문의 요구가 이 한계의 증명으로 인해 어쩔 수 없이 폐기된 후에야 비로소, 우리는 비극의 재탄생을 기대할 수 있을지도 모른다. 이러한 문화 형식에 대해 우리는 앞에서 상세히 설명한 의미에서 **음악을 하는** 소크라테스라는 상징을 내세울 수 있을 것이다. 이러한 대조를 통해 나는 학문의 정신을 소크라테스라는 인물에서 처음으로 공공연하게 알려진 믿음, 자연의 규명 가능성과 지식의 보편적 치유력에 대한 믿음이라고 이해한다.

쉼 없이 앞으로 헤치고 나아가는 이러한 학문의 정신의 직접적인 결과를 유념하는 사람은 그 정신으로 인해 **신화**가 어떻게 폐기되었는지, 그리고 이러한 폐기로 인해 시문학이 그 후로 고향을 잃고 어떻게 자연스러운 이상적인 토양으로부터 쫓겨나게 되었는지를 즉각 떠올릴 것이다. 다시 신화를 낳을 수 있는 힘이 음악에 있다고 말하는 것이 옳다면, 우리는 학문의 정신 역시 그것이 음악의 이 신화 창조적 힘에 적대시하며 맞섰던 장소에서 찾지 않을 수 없을 것이다. 그러한 일은 **신 아티카 주신 찬가**[4]가 발전하는 과정에서 일어난다. 이 음악은 이제 더 이상 내적 본질, 즉 의지 자체를 표현하지 않았고, 개념을 통해 매개된 모방에서 현상을 불충분하게 재현했을 뿐이었다. 진정으로 음악적 천성을 지닌 사람들은 소크라테스의 예술 적대적인 경향에 대해 느꼈던 것과 똑같은 혐오감을 갖고 내적으로 퇴락한 그 음악으로부터 고개를 돌렸다. 아리스토파네스가 소크라테스 그 자신과 에우리피데스의 비극 그리고 신 주신 찬가의 시인들을 똑같이 증오하면서 이 세 가지 현상 모두에서 퇴락한 문화의 징후들을 감지했다면, 그의 예리한 본능은 확실히 핵심을 파악한 것이었다. 신 주신 찬가로 인해 음악은 신성모독적으로, 예컨대 전투나 바다의 폭풍우 같은 현상을 모방하는 모사물로 떨어졌고, 그리하여 물론 신화 창조적인 힘을 완전히 빼앗기게 되었다. 음악이 삶과 자연에서의 과정과 음악의 어떤 리듬상의 음형 그리고 특징적인 음향 사이의 외적인 유사성을 찾지 않을 수 없도록 함으로써만 우리의 흥을 돋우려고 한다면, 또 우리의 지성이 이런 유사성을 인식하는 것으로 만족하게 된다면, 우리는 더 이상 신화적인 것을 수용할 수 없는 감정 상태로 끌어내려질 것이기 때문이다. 왜냐하면 신화는 무한성을 응시하는 보편성과 진리의 유일한 실례로서 구체적으로 느껴지기를 원하기 때문이다. 진정으로 디오니소스적인 음악은 세계 의지의 그러한 보편적인 거울로서 우리와 대면한다. 이 거울

---

4   BC 5세기 말에 음악적으로 새로운 형태의 주신 찬가가 나타났다.

에 반사되는 저 구체적인 사건은 우리의 느낌에 영원한 진리의 모사로 즉각 확장된다. 반대로 그러한 구체적인 사건은 신 주신 찬가의 회화적 음악(音畵)[5]에 의해 모든 신화적 성격을 빼앗긴다. 이제 음악은 현상의 빈약한 모사가 되는 바람에, 현상 자체보다 무한히 더 빈곤해졌다. 이러한 빈곤에 의해 음악은 우리의 감각에서 현상 자체를 더욱 끌어내리므로, 이제 예컨대 그런 식으로 음악에 의해 모방된 전투는 행진의 소음이나 공격 신호의 함성 등에 그치게 되고, 우리의 상상력은 바로 이러한 피상적 성격에 멈추게 된다. 따라서 회화적 음악이라는 것은 모든 점에서 진정한 음악의 신화 창조적 힘과 반대되는 대립물이다. 진정한 음악을 통해 현상은 실제보다 더 빈곤해지는 반면, 디오니소스적 음악은 개별 현상을 세계상으로 확장하고 풍부하게 한다. 비디오니소스적 정신은 신 주신 찬가의 발전 과정에서 음악을 자신으로부터 멀어지게 하고 현상의 노예로 떨어트림으로써 커다란 승리를 거두었다. 보다 높은 의미에서 볼 때 완전히 비음악적 본성을 지닌 자로 불려야 할 에우리피데스는 바로 이런 이유에서 신 주신 찬가 음악의 열렬한 신봉자이며, 강도(强盜)의 관대함으로 그 모든 효과적 수단과 수법을 활용한다.

다른 방향으로 시선을 돌려, 소포클레스의 비극에서 성격

---

5   Tonmalerei.

묘사와 심리적 섬세함이 현저하게 우세해지는 현상에 관심을 보일 경우, 우리는 신화와 대립되는 이 비디오니소스적인 정신력이 활동하는 것을 보게 된다. 드라마의 인물은 더 이상 영원한 전형으로 확대되어서는 안 되고, 그 반대로 인위적인 부수적 특징과 뉘앙스에 의해 모든 특성이 더없이 정확하게 규정됨으로써, 관객은 더 이상 신화가 아니라 강력한 자연 그대로의 사실성과 예술가의 모방 능력을 느끼게 된다. 우리는 여기에서도 보편성에 대한 현상의 승리를, 그리고 흡사 개별적인 해부학적 표본을 연구해 얻는 것 같은 즐거움을 알아차리게 된다. 우리는 이미 이론적 세계의 공기를 마시고 있으며, 이러한 세계에서는 학문적 인식이 보편적 법칙의 예술적 반영보다 더 높게 평가된다. 인물의 성격적 특징을 묘사하려는 이러한 경향은 급속도로 진행된다. 즉 소포클레스는 여전히 전체적인 성격을 묘사하고 그것의 세련된 전개를 위해 신화를 종속시키는 반면, 에우리피데스는 벌써 격렬한 열정 속에서 표출되는 개별적인 굵직한 성격적 특징들만을 그리고 있다. 그래서 신 아티카 희극에 남아 있는 것이라곤 경솔한 노인이나 속은 뚜쟁이, 교활한 노예와 같이 지칠 줄 모르고 반복되는 하나의 표정만 지닌 가면들뿐이다. 이제 음악의 신화 창조적 정신은 어떻게 되었는가? 음악에서 이제 남은 것은 흥분시키는 음악이나 추억을 불러일으키는 음악, 다시 말해 둔감하고 지친 신경을 위한 자극제나 회화적 음악뿐이다.

흥분시키는 음악에서 함께 첨가된 가사는 아직 거의 문제가 되지 않는다. 에우리피데스의 주인공들이나 합창단조차 일단 노래하기 시작하면 꽤 방종하게 흘러갔다. 하물며 그의 뻔뻔한 후계자들의 경우에는 어떠했겠는가?

하지만 신 비디오니소스적인 정신이 가장 명료하게 드러나는 곳은 새로운 연극들의 **결말부**이다. 고 비극에서는 형이상학적 위안을 마지막 부분에 느낄 수 있었는데, 그러한 위로 없이는 우리가 비극을 보고 즐거움을 얻는다는 것을 도저히 설명할 수 없다. 다른 세계에서 들려오는 화해의 소리가 가장 순수하게 울리는 곳은 아마 『콜로누스의 오이디푸스』일 것이다. 음악의 수호신을 비극에서 잃어버린 지금 가장 엄격한 의미에서 보자면 비극은 죽어버렸다. 이제 우리는 어디에서 저 형이상학적 위로를 얻어낼 수 있을 것인가? 그 때문에 비극적 불협화음에 대한 현세적 해결책이 강구되었다. 운명에 의해 충분히 고초를 겪은 주인공은 호화로운 결혼식이나 신의 예우에 의해 응분의 보답을 받았다. 주인공은 혹사당하고 만신창이가 된 연후에 이따금 자유를 선사 받은 검투사가 되었다. 기계장치의 신이 형이상학적 위로를 대신하게 되었다. 그러나 나는 비극적 세계관이 몰려드는 비디오니소스적 정신에 의해 어디서나 또 완전히 파괴되었다고 말하려는 것은 아니다. 우리는 단지 비극적 세계관이 예술로부터 쫓겨나 비밀 제식이라는 변질된 형태로, 흡사 지하세계로 달아나듯 도주해야만 했다는 사실만 알고 있을 뿐이다. 하지만 헬라스적 본질을 이루는 표면의 가장 광범위한 영역에서는, 이미 앞에서 노쇠한 비생산적인 삶의 즐거움이라고 묘사했듯이 '그리스적 명랑성'이라는 형태로 알려진 저 비디오니소스적 정신의 소모적인 숨결이 맹위를 떨쳤다. 이러한 명랑성은 그 이전 그리스 사람들의 영광스러운 '소박성'과는 반대되는 것이다. 우리는 이 소박성을 앞에서 행한 성격 규정에 따라 음울한 심연으로부터 자라나온 아폴론적 문화의 꽃으로, 헬라스적 의지가 미의 반영을 통해 고뇌와 고뇌의 지혜에 대해 거둔 승리로 파악할 수 있다. '그리스적 명랑성'과는 다른 형태인 알렉산드리아적인 명랑성의 가장 고귀한 형태는 **이론적 인간**의 명랑성이다. 즉 이것은 내가 방금 비디오니소스적 정신으로부터 추론한 것과 같은 특징을 보인다—즉 이론적 인간의 명랑성은 디오니소스적 지혜와 예술에 반대하고, 신화를 해체하려고 하며, 형이상학적 위로 대신 현세적인 협화음, 그러니까 그 자신의 기계장치의 신을 내세운다. 다시 말해 기계와 도가니의 신, 즉 보다 높은 이기주의에 봉사하기 위해 인식되고 활용되는 자연의 정령들의 힘을 내세운다. 이론적 인간의 명랑성은 지식에 의한 세계 교정과 학문이 인도하는 삶을 믿으며, 또한 개인을 해결 가능한 과제의 지극히 협소한 원 안에 실제로 가둘 수 있다. 이 원 안에서 그는 삶을 향해 이렇게 명랑하게 말한다. "나는 그대를 원한다. 그대는 인식될 가치가 있다."

18. 흔들리는 소크라테스적인 문화

영원한 현상이란 이런 것이다. 즉 탐욕스러운 의지는 사물 위에 펼쳐진 환상을 통해 자신의 피조물을 살아 있게 하고, 계속 살아갈 수밖에 없도록 하는 수단을 항상 발견한다. 어떤 사람은 현존의 영원한 상처를 치유할지도 모르는 인식과 망상의 소크라테스적 즐거움에 사로잡힐 것이다. 또 어떤 사람은 눈앞에 맴도는 유혹적인 미의 베일인 예술에 혹할 것이다. 또 다른 사람은 현상의 소용돌이 밑에서 파괴될 수 없는 영원한 생명이 계속 흐른다는 형이상학적 위로에 현혹될 것이다. 하물며 의지가 매 순간 마련해 두고 있는 더 흔하고 더욱 강력한 환상들에 관해서는 굳이 말할 것도 없다. 앞서 말한 세 가지 단계는 보다 고귀한 천성을 지닌 사람들에게만 해당한다. 이들은 현존의 부담과 중압감을 더욱 심각하고 불쾌하게 느끼고, 특별히 찾아낸 자극제를 통해 이 불쾌감을 속여넘

겨야만 하는 자들이다. 우리가 문화라고 부르는 것은 모두 이러한 자극제들로 이루어져 있다. 혼합 비율에 따라 문화는 대체로 **소크라테스적 문화**이거나 **예술적 문화** 또는 **비극적 문화**이다. 또는 역사적인 실례를 드는 것이 허용된다면 알렉산드리아 문화[1]나 헬라스 문화, 또는 불교 문화가 있다.

우리의 근대 세계 전체는 알렉산드리아적 문화의 그물에 사로잡혀 있기에, 최고의 인식 능력을 갖추고 학문에 봉사하며 일하는 **이론적 인간**을 이상으로 알고 있다. 그 원형이자 시조가 소크라테스다. 우리의 모든 교육 수단은 원래 이 이상을 추구하고 있다. 즉 그 외의 다른 모든 존재 유형은 의도된 존재라기보다는 허락된 존재로서 이론적 인간 옆에서 살아남기 위해 악전고투해야 한다. 거의 경악할 만한 의미에서, 교양인은 오랫동안 학자의 형태로만 존재해 왔다. 우리의 시

---

1 알렉산드리아 문화는 알렉산더 대왕의 출현 후 2, 3세기(BC 3~BC 1세기) 동안 헬레니즘 세계를 지배한 문화적 경향을 가리킨다. 알렉산더 대왕의 중동 지방 정복의 결과 이루어진 문화의 융합과 종족의 혼합 때문에 고전적 그리스 시대의 사상은 대부분 상실되고 말았다. 점차 새 형태의 문명, 즉 그리스와 동방의 여러 요소가 혼합된 문명이 형성되었다. 이 문명을 고전적인 헬라스 문화와 구별하여 '헬레니즘 문화'라 부른다. 헬레니즘 문화는 폐쇄적이며 자족적인 폴리스 문화에 동방적 요소가 가미된 결과 개방적이며 보편성 있는 문화가 되었다. 그런데 도서관, 천문대 건립 등 이집트 왕가의 보호 정책으로 학문과 예술이 발전했지만, 당시 학문은 전문화되고 개별화되어 독창성을 결여한 짜깁기 문화가 되었다. 니체는 19세기 당시의 독일 문화도 알렉산드리아 문화와 유사하다고 생각했다.

문학이라는 예술조차 학자의 모방으로부터 발전해 나올 수밖에 없었다. 우리의 시 형식이 모국어가 아니라 실은 학자의 언어에 의한 인위적 실험으로부터 생겨났다는 사실을 우리는 운(韻)의 주요 효과에서 여전히 알 수 있다. 그 자체로는 이해하기 쉬운 근대적 문화인인 **파우스트**가 진정한 그리스인에게는 얼마나 이해하기 힘든 존재로 보이겠는가. 파우스트는 온갖 학문을 두루 섭렵하지만 만족을 얻지 못하고, 지식욕 때문에 마술(Magie)과 악마한테 자신을 바친다. 근대인이 저 소크라테스적 인식욕의 한계를 예감하기 시작하고, 넓고 황량한 지식의 바다로부터 해안을 갈망한다는 것을 인식하려면 파우스트를 소크라테스와 비교하기만 하면 된다. 괴테가 언젠가 에커만에게 나폴레옹과 관련해 "그래, 이보게, 행위의 생산성이라는 것도 있다네"[2]라고 말했다면, 그는 품위 있고 소박한 방식으로, 비이론적인 인간이란 근대인에게 믿기지 않는 놀랄 만한 존재임을 우리에게 상기시키고 있는 것이다. 그래서 이런 낯선 실존 형식을 이해할 수 있기 위해선, 그러니까 용서할 만하다고 여기기 위해선 우리에게 다시 괴테와 같은 사람의 지혜가 필요하다.

---

2 『괴테와의 대화 2』, 장희창 역, 230쪽 참조. 괴테는 지금껏 살았던 인물 중에서 가장 생산적인 인물인 나폴레옹의 경우에서 보듯이, 행위의 생산성도 있으니 생산적이기 위해 굳이 시나 희곡을 쓸 필요는 없다고 말한다. 그러면서 모차르트의 예를 들어 천재를 생산적인 힘과 결부시킨다.

그런데 이제 우리는 이러한 소크라테스적 문화의 품속에 감춰져 있는 것을 숨겨서는 안 된다! 제한을 받지 않는다고 착각하는 낙관주의! 이 낙관주의의 열매가 익을 때 우리는 놀라서는 안 된다. 최상층에서 최하층에 이르기까지 그런 종류의 문화에 의해 발효된 사회가 넘쳐 흐를 정도의 활기와 욕구로 전율하기 시작할 때, 만인의 현세적 행복에 대한 믿음, 그런 보편적인 지식 문화의 가능성에 대한 믿음이 알렉산드리아적 현세의 행복에 대한 위협적인 요구로, 에우리피데스적인 기계장치의 신을 불러내는 주문으로 서서히 전환할 때 말이다! 다음 사실에 주목해야 한다. 알렉산드리아적 문화는 계속해서 존속할 수 있기 위해서는 노예계급[3]을 필요로 한다.[4] 그러나 이 문화는 현존에 대한 낙관주의적 세계관에서 노예계급의 필연성을 부정한다. 그 때문에 '인간의 존엄성'이나 '노동의 존엄성'과 같은 멋진 유혹적인 문구나 위안을 주는 문구의 효과가 사라지게 되면, 그 문화는 서서히 끔찍한 파멸을 향해 나아간다. 자신의 존재를 부당한 것으로 보

---

3 여기서 알렉산드리아 문화를 지탱하는 노예계급은 이중적 의미로 학자들을 지칭하는 말이기도 하다.

4 니체는 고급문화를 위해 노예계급이 필요하다고 보았기 때문에 노동자들에게 선거권을 주려는 민주주의나 사회주의에 반대하는 입장을 취했다. 니체는 노동자 폭동이 야만적인 문화 파괴를 일으킬까 봐 두려워했다. 그는 탁월한 인간과 저열한 인간이 존재하므로 노동의 존엄성이나 만인의 천부적인 존엄에 대해 말하는 것을 기만이라고 보았다.

는 법을 배우고, 자신뿐만 아니라 지나간 모든 세대를 위해 복수를 다짐하는 야만적인 노예계급보다 더 무서운 것은 없다. 그런 위협적인 폭풍우에 맞서 어느 누가 용기 있게 우리의 창백하고 지친 종교들에 감히 호소하려 하겠는가? 근본에서조차 학자 종교로 변질한 종교들에 말이다. 그래서 모든 종교의 필수적인 전제인 신화는 이미 어디서나 마비되었고, 그리고 이 종교 영역에서조차 우리가 방금 파멸의 싹으로 묘사한 저 낙관주의적인 정신의 지배를 받게 되었다.

이론적 문화의 품속에서 졸고 있던 어두운 그림자가 점차 근대인을 겁 먹게 만들기 시작하는 동안, 근대인은 자신의 경험들의 보고(寶庫)에서 자신도 그다지 믿지 않으면서 위험을 피하기 위한 해결 방안을 불안하게 붙잡으려고 한다. 그리고 그가 자신에게 돌아올 결과를 예감하기 시작하는 동안, 보편적인 천성을 지닌 위대한 인물들은 믿기지 않을 만큼 신중하게 인식의 한계와 제약성을 솔직히 설명하고, 또 그럼으로써 보편 타당성과 보편적 목적에 대한 학문의 요구를 결정적으로 부정하기 위해 학문이라는 무기 자체를 이용할 줄 알았다. 즉 이런 사실을 증명함으로써 인과율을 토대로 주제넘게도 사물의 가장 내적인 본질을 규명할 수 있다고 생각한 것이 처음으로 환상으로 드러났다. **칸트와 쇼펜하우어**[5]의 엄청

---

5   쇼펜하우어는 칸트가 시간, 공간 및 인과성에 관해 말하는 요점을 다음과

난 용기와 지혜는 가장 힘든 승리를 거두었다. 이는 논리의 본질에 숨어 있던 낙관주의, 재차 우리 문화의 토대를 형성하는 저 낙관주의에 대한 승리였다. 이 낙관주의는 분명 위험하지 않아 보이는 영원한 진리[6]에 의거하여 세계의 모든 수수께끼를 인식하고 규명할 수 있다고 믿었고, 공간, 시간 및 인과율을 가장 보편타당한 절대 법칙으로 취급했다. 반면 칸트는 공간, 시간 및 인과율이 실은 단순한 현상, 즉 마야의 작품을 사물의 유일한 최고의 실재로 승격시키고, 그 현상을 사물의 가장 내적인 진정한 본질의 자리에 세워, 그리하여 본질에

같이 설명한다. "시간, 공간 및 인과성은 우리의 인식 형식에 지나지 않으므로 사물 자체의 규정이 아니라, 그 현상에 속하는 것에 불과하다. 그런데 모든 다수성, 모든 생성 소멸은 시간, 공간 및 인과성에 의해서만 가능하므로 그 결과 그것들 또한 결코 사물 자체가 아닌 현상에만 부수된다. 그런데 우리의 인식은 시간, 공간 및 인과성이란 여러 형식에 의해 조건 지어지기 때문에, 전체 경험은 단지 현상의 인식일 뿐 사물 자체의 인식은 아니다. 따라서 인식의 여러 법칙 또한 사물 자체에 효력을 미칠 수 없다. 앞서 말한 것은 우리 자신의 자아에도 해당되는 것이며, 우리는 자신의 자아조차 현상으로서만 인식할 뿐 자아 그 자체일지도 모르는 것에 따라 인식하지는 않는다."(『의지와 표상으로서의 세계』, 앞의 책, 244쪽)

6   쇼펜하우어는 시간, 공간 및 근거율을 '영원한 진리aeternae veritates'라고 말한다. "이전의 모든 서양 철학자들은 여러 현상을 서로 결부시키는 이러한 법칙, 시간과 공간뿐만 아니라 인과율이나 추론과 같은 모든 것, 즉 내가 근거율이라는 표현으로 통합하는 이 법칙은 어느 것에 의해서도 조건 지어지지 않은 절대적인 법칙, 즉 영원한 진리라고 언급했다. 세계 자체는 그 법칙들의 결과로 그것들에 따라서만 존재한다고 언급했다. 따라서 세계의 전체 수수께끼는 그 법칙을 길잡이로 해서 해결되어야 한다는 것이다."(같은 책, 552쪽)

관한 진정한 인식을 그로 인해 불가능하게 만들었을 뿐이라는 사실을 밝혀냈다. 즉 쇼펜하우어의 말에 따르면 꿈꾸는 자가 더욱 깊은 잠에 빠지게 했을 뿐이라는 것이다.[7] 이러한 인식으로 내가 감히 비극적 문화라고 부르는 문화가 도입되었다. 이 문화의 가장 중요한 특징은 최고의 목적이 더 이상 학문이 아니라 그것의 유혹적인 오도(誤導)에 의해 기만당하지 않는 지혜에 있다는 사실이다. 지혜는 흔들림 없는 시선으로 세계의 전체 모습을 바라보고, 동정적인 사랑의 느낌으로 영원한 고통을 그 자신의 고통으로 파악하려 한다는 것이다.

이처럼 의연한 시선으로, 무시무시한 것을 향해 이러한 영웅적인 성향으로 자라나는 세대를 상상해 보자. 용 퇴치자의 용감한 발걸음, 그들이 하는 모든 일에서 '결연히 살아가기' 위해 저 낙관주의에 깃들어 있는 모든 나약한 교리에 등을 돌리는 당당한 대담성을 상상해 보자. 독학으로 심각함과 공포에 대해 단련시킨 이 문화의 비극적 인간이 새로운 종류의 형이상학적 위로의 예술, 즉 비극을 자신의 헬레네로서 갈망하면서, 파우스트처럼 다음과 같이 외쳐야 하는 것은 불가피

---

7   "칸트가 이성의 이념이라는 이름으로 비판하는 것으로서 이 목적을 위해 행해진 가정은 사실 단순한 현상, 마야의 작품, 플라톤의 그림자 세계를 유일한 최고의 실재로 격상시키는 데에, 그 단순한 현상으로 하여금 사물의 가장 내적이고 진정한 본질을 대신하게 하는 데에, 그리하여 이 진정한 본질에 관한 인식을 그로 인해 불가능하게 했을 뿐이었다. 다시 말해 꿈꾸는 자를 더욱 깊은 잠에 빠지게 했을 뿐이었다."(같은 책, 「칸트 철학 비판」 553쪽)

한 일이 아닌가?

"그런데 내가 더없이 그리움에 사무치는 힘으로
세상에 단 하나뿐인 그녀를 살릴 순 없을까요?"[8]

하지만 소크라테스적인 문화는 두 가지 측면으로부터 흔들리게 되었으며, 무오류성의 왕홀(王笏: 유럽 군주의 권력과 위엄을 나타내는, 손에 든 상징물. 상아나 금속으로 만들며, 꼭대기에는 화려한 장식이 붙어 있다. 길이는 1미터 이상이다.)을 떨리는 손으로 간신히 붙잡고 있을 수 있었다. 그 하나는 그 문화가 바야흐로 예감하기 시작한 자신의 고유한 결과에 대한 공포 때문에, 다른 하나는 그 문화 자체가 자신의 토대의 영원한 타당성에 대해 더 이상 이전처럼 소박하게 신뢰하고 확신할 수 없었기 때문에 흔들리게 되었다. 그래서 그 문화의 사유의 춤이 새로운 형상들을 차례로 끌어안기 위해 늘 동경하면서 돌진하다가, 메피스토펠레스가 유혹적인 라미에[9]들에게 했듯이 공포에 질려 갑자기 다시 그것들을 밀어내는 것은 슬픈

---

8   『파우스트』, 7438~7439행. 여기서 '그녀'는 헬레네를 가리킨다.

9   가슴을 드러내어 남자들을 유혹하는 이 마녀는 남자들의 피와 살을 먹고 사는 그리스 신화의 여자 흡혈귀이다. 『파우스트』에 등장하는 이 마녀는 메피스토펠레스를 유혹하기 위해 교태를 부린다. 7701~7703행. "죄 많은 저 늙은이 살살 꼬드겨 사정없이 첫값을 치르게 하자"

연극이 아닐 수 없다. 이것이 근대 문화의 원초적 고뇌라고 다들 말하곤 하는 저 '단절'의 특징이다. 즉 이론적 인간이 자신의 결과에 놀라고 불만족하면서 현존이라는 두려운 빙하에 감히 더 이상 뛰어들지 못하고, 강가에서 불안하게 우왕좌왕하는 것이다. 그는 이제 사물들에 내재해 있는 온갖 자연스러운 잔혹함을 포함해 어떤 것도 더 이상 온전히 가지려 하지 않는다. 낙관적인 고찰은 대체로 그를 유약하게 만들었다. 게다가 학문의 원리 위에 세워진 문화가 일단 **비논리적**이 되기 시작하면, 다시 말해 자신의 결과로부터 도피하기 시작하면, 그것은 파멸할 수밖에 없음을 그는 느끼고 있다. 우리의 예술은 이런 보편적인 곤경을 드러내고 있다. 우리가 온갖 위대한 생산적인 시기와 인물들을 모방하면서 그들에게 의존한대 해도 아무 소용없다. 우리가 근대인을 위로하기 위해 온갖 '세계 문학'[10]을 그의 주변에 수집하고 그를 모든 시대의 예술 양식과 예술가들의 한가운데에 내세워서, 아담이 동물들에게 하듯 그들에게 이름을 붙인다 해도[11] 아무 소용없다.

---

10   괴테가 민족 문학에 맞서 내세운 개념. 『괴테와의 대화 1』, 앞의 책, 1827년 1월 31일자 대화 참조. "우리 독일인은 자신의 환경이라는 좁은 테두리를 벗어나지 못한다면 너무나 쉽게 현학적인 자만에 빠지고 말겠지 [……] 민족 문학이라는 것은 오늘날 별다른 의미가 없고, 이제 세계 문학의 시대가 오고 있으므로, 모두들 이 시대를 촉진시키도록 노력해야 해[……] 모범이 필요할 때는 언제라도 고대 그리스인으로 올라가야 하네."

11   창세기 2장 20절. "아담이 모든 가축과 공중의 새와 들의 모든 짐승에게

말하자면 근대인은 영원히 굶주려 있는 자이고, 즐거움이나 힘이 없는 '비평가'이며, 실제로는 도서관 사서이고 교정자이며, 책의 먼지와 인쇄 오류에 가련하게 눈멀게 될 알렉산드리아적 인간인 것이다.

이름을 지어주었습니다."

19. 독일 철학과 음악을 통한 비극의 재탄생

우리가 이러한 소크라테스적 문화를 오페라의 문화[1]라고 부를 때보다 그것의 가장 본질적인 내용을 더 예리하게 묘사할 수 없다. 왜냐하면 이 문화는 이 영역 안에서 자신의 고유한 소박함으로 자신의 의욕과 인식에 대해 말했기 때문이다. 오페라의 발생과 그 발전 과정을 아폴론적인 것과 디오니소스적인 것의 영원한 진리와 비교해 보면 우리는 놀라움을 금할 수 없다. 나는 맨 먼저 낭창[2]과 서창[3]의 발생을 상기시킨

---

1   여기서 말하는 오페라는 리하르트 바그너 이전의 전통적인 오페라를 가리킨다.

2   오페라가 처음 고안되었을 때 낭창(朗唱)과 서창(敍唱)이 있었는데, 낭창은 서창으로 흡수·발전된다. 낭창(stilo rappresentativo)이란 오늘날에는 별로 쓰이지 않는 오페라 용어로 '재현 양식'이라는 뜻이다. 낭창은 가사를 노래하듯이 읊는 것을 말한다. 가사가 의미하는 정서를 극적으로 표현하려는 의도이며, 그래서 언어에 음악이 종속된다. 성악과 기악의 의도적 결합이라 할 수

다. 완전히 외면적이고 경건할 줄 아는 능력이 없는 이 오페라 음악이, 이루 말할 수 없이 숭고하고 성스러운 팔레스트리나[4] 음악이 막 생겨난 시기부터, 흡사 모든 진정한 음악이 다시 탄생한 것처럼 열광적인 총애와 보살핌을 받았다는 것을 믿을 수 있겠는가? 그리고 다른 한편으로 누가 오페라[5]에 대

있다.

3   서창(Recitativ)은 오페라에서 낭독하듯 노래하는 사설 부분으로 아리아를 가리킨다.

4   팔레스트리나(Hans Pfitzner Palestrina, 1525?~1594): 105곡 이상의 미사곡과 250여 곡 이상의 모테트를 작곡한 대위법 음악의 대가이다. 가톨릭의 반종교개혁이 진행 중이던 시대에 살았던 그는 16세기 교회음악의 보수적인 경향을 대표하는 작곡가였다. 그가 죽은 해인 1594년에 오페라가 탄생했다. 1551년 로마에서 율리우스 교황의 부속성당 성가대의 음악 감독이 되어 성베드로 성당의 음악을 책임지게 되었다. 1561년 3월 이폴리토 데스테 추기경의 초청을 받아 데스테가의 음악을 맡아 4년간 일했다. 1571년에 옛 직위인 율리우스 교황청 성가대의 음악 감독으로 복귀했고 1578년에는 바티칸 바실리카 악장의 직책을 받았다. 그의 작품은 그 숫자가 엄청날 뿐만 아니라 세속작품이나 종교 작품 모두 매우 높은 수준을 유지하고 있다. 그는 당시의 지배적인 양식을 사용하여 정신적인 면과 기교적인 면 모두에서 완벽할 만큼 뛰어난 작품을 선보인 최고의 작곡가였다.

5   16세기 말 르네상스 운동의 중심지인 이탈리아 '피렌체'에서는 고대 그리스 비극에 대해 관심이 많았다. 당시 극작가들은 고대 그리스 비극이야말로 그들이 지향하는 모델이라 생각했다. 당시 이탈리아 피렌체에는 '카메라타'(이탈리아어로 '동호회' 또는 '사교 모임'이라는 의미)라는 모임이 있었는데 피렌체의 바르디(Giovanni Bardi, 1534~1612) 백작의 집에서 비정기적으로 회동했다. '카메라타'는 음악가, 시인, 학자 그리고 예술에 관심이 있던 사람들의 모임이었는데, 그들 역시 고대 그리스 극의 음악을 모델로 하는 새로운 음악 형식에 대해 논의했다. 그리스 극에서 대사와 음악이 어떻게 진행되었는

한 흥미가 급속히 확산한 원인을 피렌체 동호회의 오락을 즐기는 사치스러운 생활양식과 연극 가수들의 허영심 탓으로만 돌리겠는가? 같은 시기에, 그러니까 같은 민족에게서, 중세의 기독교 전체가 이루어놓은 팔레스트리나적 화음의 궁륭 아치 옆에서 저런 반(半)음악적 어법에 대한 열정이 눈 뜨게 되었다는 사실을 나는 오로지 서창의 본질 속에 함께 작용하는 **예술 외적인 경향** 탓이라고밖에 설명할 수 없다.

오페라 가수는 노래보다 말을 많이 함으로써, 그리고 이 반(半)성악곡에 격정적인 단어 표현을 강화함으로써, 음악 속의 가사를 또렷하게 듣고 싶어 하는 관객의 바람을 수용한다. 즉 그는 이처럼 격정을 강화함으로써 단어의 이해를 쉽게 하고 음악의 남아 있는 다른 절반을 극복한다. 가수는 이제 형편이 좋지 않은 순간에 음악에 더 중점을 두는 위험을 무릅씀으로써, 즉각 말의 격정과 대사의 명료성이 파괴될 수밖에 없게 된다. 반면에 그는 다른 한편으로 항상 자신을 음악적으로 분출하고, 자신의 목소리를 대가답게 표현하고 싶은 충동을 느끼게 된다. 여기에서 서정적인 감탄, 단어와 문장의 반

지 대해서 서로 의견이 달랐다. 합창만 노래로 불렸다는 의견과 극 전체가 모두 노래로 불렸다는 의견 등 다양했다. '카메라타' 회원 중 하나인 작곡가 '페리'는 극 전체의 가사들이 모두 노래로 불렸다는 주장에 찬동했다. 이러한 주장은 오페라 탄생을 촉발했고 17세기 바로크 시대에 유행한 '모노디'(독주 노래로서 통주저음의 반주가 있음) 역시 오페라 발전의 모체가 되었다.

복 등의 기회를 충분히 제공할 줄 아는 '시인'이 그에게 도움이 된다. 이 대목에서 가수들은 이제 순전히 음악적인 요소에서 단어는 고려하지 않고 느긋이 쉴 수 있다. 감정에 북받친 대사 부분은 반쯤만 노래로 불리는 반면, 감탄 부분은 완전히 노래로 불리는데, 낭창의 본질인 이러한 교체, 때로는 개념과 표상에 대한 청중의 주의에, 때로는 그의 음악적 토대에 영향을 주려는 이러한 급격한 교체 시도는 너무 완전히 부자연스럽고, 디오니소스적인 예술 충동과 아폴론적인 예술 충동에 똑같이 너무 내적으로 모순되므로, 우리는 서창의 기원이 모든 예술적 본능의 외부에 있다고 추론하지 않을 수 없다. 이러한 묘사에 따르면 서창은 서사적 낭송과 서정적 낭송의 혼합으로 정의될 수 있는데, 그것도 실은 내적으로 안정된 혼합은 결코 아니다. 이러한 안정적인 혼합은 완전히 이질적인 사물들의 경우에는 얻어질 수 없었으며, 그 혼합은 자연이나 경험의 영역에서는 완전히 전례가 없는 극히 외적인 모자이크 같은 교착(膠着)에 불과하다. 그러나 이는 서창을 고안한 사람들의 견해는 아니었다. 오히려 그들 자신과 아울러 그들의 시대는 저 낭창을 통해 오르페우스나 암피온[6]의, 그러니까 심지

---

6   암피온(Amphion)은 그리스 신화에 나오는 제우스와 안티오페의 아들로 제토스(Zethos)가 그의 쌍둥이 형제다. 어렸을 때 키타이론 산에 버려졌으나, 한 양치기가 발견해서 길렀다. 암피온은 위대한 가수·음악가가 되었고, 제토스는 사냥꾼·목동이 되었다. 어머니와 다시 만난 뒤 그들은 테베 성을 쌓았

어 그리스 비극의 엄청난 영향도 유일하게 설명해 줄 수 있는 고대 음악의 비밀이 풀렸다고 믿었다. 새로운 양식은 가장 효과적인 음악, 즉 고대 그리스 음악의 소생으로 여겨졌다. 그러니까 호메로스적인 세계를 시원(始原) 세계로 파악하는 일반적이고 완전히 통속적인 견해를 지닌 사람들은 이제 인류가 낙원에 살던 초기 상태로 다시 돌아갔다는 꿈에 자신을 맡길 수 있었다. 그 원시 세계에선 음악 역시 시인들이 전원극에서 그토록 감동적으로 이야기할 줄 알았던 비할 데 없는 순수함, 힘과 무구함을 필연적으로 지녔음이 틀림없다는 것이다. 여기서 우리는 참으로 근대적인 예술 장르인 오페라의 가장 내적인 생성 과정을 들여다본다. 즉 강력한 욕구에 응답하여 여기서 하나의 예술이 만들어지지만, 이 욕구는 미학적인 종류의 것이 아니다. 즉 그것은 목가에 대한 동경이고, 태고에는 예술적이고 선량한 사람이 존재했다는 것에 대한 믿음이다. 서창은 저 원초 인간의 언어를 다시 발견한 것으로 여겨졌고, 오페라는 저 목가적으로 또는 영웅적으로 선량한 피조물의 나라가 다시 발견된 것으로 여겨졌다. 그러한 존재는 어떤 행동을 하든 항시 자연스러운 예술 충동을 따르고, 할 말이 있을 때는 적어도 일부는 노래로 부르고, 감정이 조

다고 하는데, 암피온이 악기를 켜자 큰 돌들이 모여 성을 이루었다고 한다. 암피온은 일곱 줄로 된 하프를 본떠 테베에 7개의 성문을 만들었다. 그는 니오베와 결혼했으나 아내와 자식들을 잃게 되자 자살로 삶을 마감했다.

금만 동해도 즉시 목청껏 노래 부른다. 낙원의 예술가라는 이 새로 만든 이미지를 가지고 당시의 휴머니스트들이 인간 자체가 부패하고 타락했다는 옛날 교회의 인간관에 맞서 싸웠다는 것은 이제 우리에게 아무래도 상관없다. 그리하여 오페라는 인간을 선량하게 보는 반대 교의로 이해될 수 있다. 하지만 동시에 그러한 교의가 당시 모든 상태의 끔찍한 불확실성으로 인해 진중한 사람들을 가장 강하게 유혹했던 비관주의에 대한 위로 수단이 되었다는 것 역시 우리에게는 아무래도 상관없는 일이다. 이 새로운 예술형식의 진정한 마법과 그로 인한 발생이 전적으로 비미학적인 욕구의 충족에, 즉 낙관주의적인 인간 자체의 찬미에, 원초 인간을 천성적으로 선량하고 예술적인 인간으로 파악하려는 데 있다는 사실을 우리가 인식했다면 그것으로 충분하다. 오페라의 이런 원리는 현재의 사회주의 운동을 고려할 때 더 이상 흘려들을 수 없는 위협적이고 끔찍한 요구로 점차 바뀌었다. '선량한 원초 인간'이 자신의 권리를 주장하려고 한다. 이 얼마나 낙원 같은 전망인가!

오페라가 우리의 알렉산드리아적 문화와 동일한 원리 위에 세워져 있다는 나의 견해를 확인하기 위해 나는 똑같이 명백한 하나의 증거를 덧붙이고자 한다. 오페라는 예술가가 아닌 이론적 인간, 즉 비판적인 문외한의 산물이다. 이는 모든 예술의 역사에서 가장 의아한 사실의 하나이다. 뭐니 뭐니

해도 가사를 이해해야 한다고 요구한 것은 참으로 비음악적인 청중이었다. 그러므로 음악의 재탄생은 주인이 하인을 다스리듯 가사가 대위법을 지배하는 창법을 발견할 때에만 기대할 수 있다는 것이다. 왜냐하면 영혼이 신체보다 훨씬 더 고귀한 만큼이나 가사 역시 반주되는 화음 체계보다 더 고귀하기 때문이라는 것이다. 오페라의 초창기에는 음악, 이미지와 가사의 조합이 이러한 견해 때문에 아마추어처럼 비음악적으로 조야하게 다루어졌다. 이러한 미학의 정신에서 피렌체의 고상한 애호가 동호회에서도 이들의 후원을 받은 시인과 가수 들에 의해 최초의 실험들이 이루어졌다. 예술적 능력이 없는 인간은 자신이 비예술적 인간 자체라는 바로 그 사실에 의해 일종의 예술을 만들어낸다. 그는 음악의 디오니소스적 깊이를 알지 못하므로 음악적 즐거움을 낭창에서 열정의 합리적인 단어와 음 수사학으로 그리고 가창법에 대한 관능적 쾌감으로 변모시켰다. 그는 환영을 볼 능력이 없으므로 연극 도구 담당자와 무대 장식가에게 자신의 일을 하도록 강요한다. 그는 예술가의 진정한 본질을 파악할 능력이 없으므로 그 자신의 취향에 따라 '예술가적 원초 인간', 즉 열정적으로 노래하고 시를 읊는 인간을 마법으로 눈앞에 불러낸다. 그는 열정만 어느 정도 충분하면 노래와 시를 만들어 낼 수 있었던 시대에 살고 있다는 환상을 품는다. 마치 여태껏 흥분이 무언가 예술적인 것을 만들어 낼 수 있었다는 듯이 말이다.

오페라는 예술적 과정에 대한 잘못된 믿음, 그것도 엄밀히 말하자면 감정 능력이 있는 인간은 누구나 예술가라는 목가적 믿음에 기초하고 있다. 이러한 믿음에 따르면 오페라는 예술에서 아마추어 정신, 이론적 인간의 명랑한 낙관주의를 가지고 자신의 법칙을 강요하라는 아마추어 정신의 표현이다.

오페라의 발생에 영향을 끼친 것으로 방금 묘사한 두 가지 생각[7]을 하나의 개념으로 통합하기를 원한다면 우리는 오페라의 **목가적 경향**에 관해 말하기만 하면 될 것이다. 이때 우리는 실러의 표현 방식과 설명만 이용하면 될 것이다. 자연이 상실된 것으로, 이상이 도달할 수 없는 것으로 묘사된다면 자연과 이상은 슬픔의 대상이라고 그는 말한다. 또는 두 가지가 현실적인 것으로 묘사될 경우 그것들은 기쁨의 대상이다. 전자는 좁은 의미에서의 비가(Elegie)에 의해 대변되고, 후자는 가장 넓은 의미에서 목가(Idylle)에 의해 대변된다. 여기에서 우리는 이제 오페라의 발생에서 이러한 두 가지 생각의 공통된 특징에 즉각 주의를 환기해야 한다. 즉 두 가지 생각에서 이상은 도달 가능한 것으로 느껴지지 않고, 자연은 상실된 것으로 느껴지지 않는다는 점이다. 이러한 감정에 따르면 인간

---

7   오페라의 발생이 비미학적 욕구의 충족에, 즉 낙관주의적인 인간 자체의 찬미(Verherrlichung)에 있었다는 것과 오페라가 이론적 인간의 명랑한 낙관주의를 가지고 자신의 법칙을 강요하라는 아마추어 정신에 의해, 비예술적인 이론적인 인간에 의해 발생했다는 것을 말한다.

이 자연의 품속에서 살았던 원시 시대가 있었고, 이러한 자연스러운 상태 덕분에 그는 낙원의 선함과 예술성에서 인류의 이상을 동시에 달성했다. 즉 우리 모두는 이러한 완전한 원초 인간의 후예인 셈이다. 그러니까 우리는 그와 꼭 닮은 모습이다. 우리 자신을 다시 이 원초 인간으로 인식하기 위해서는, 불필요한 여분의 학식과 난숙한 문화를 자발적으로 포기함으로써 우리가 지닌 몇 가지를 던져버리기만 하면 된다. 르네상스 시대의 교양인은 그리스 비극을 오페라 풍으로 모방함으로써 자연과 이상의 그러한 조화로, 목가적 현실로 되돌아갈 수 있었다. 그는 단테가 베르길리우스[8]를 이용했듯이 낙원의 입구에 이르기까지 길을 안내받기 위해 이 비극을 이용했다. 반면에 그 교양인은 그 지점부터는 혼자의 힘으로 여행을 계속했고, 최고의 그리스 예술형식의 모방으로부터 '모든 사물의 원상회복'으로, 인간의 근원적 예술 세계의 모방으로 넘어갔다. 이론적 문화의 품 안에서 이러한 대담한 노력을 하다니 이 얼마나 확신에 찬 선량함인가! — '인간 자체'는 영원히 덕 있는 오페라 주인공이고, 영원히 피리 불거나 노래하는 목자라는 믿음, 그가 언젠가 실제로 한동안 자신을 상실하더라도 결국 언제나 자신이 그러한 존재임을 다시 발견할 수밖

8　단테는 『신곡』에서 처음에는 로마의 시인 베르길리우스의 안내를 받다가, 천국에서는 베아트리체의 안내를 받는다.

에 없으리라는 위로가 되는 믿음에 의해서만 그런 확신에 찬 선량함을 설명할 수 있다. 이는 소크라테스적 세계관의 깊이로부터 여기서 달콤하게 유혹하는 향기의 기둥처럼 솟아오르는 저 낙관주의의 과실일 뿐이다.

그러므로 오페라의 면모에는 영원한 상실의 비가적 고통이 결코 나타나지 않고, 오히려 영원한 재발견의 명랑성, 적어도 현실적인 것으로 매 순간 상상할 수 있는 목가적 현실에 대한 편안한 즐거움이 나타나 있다. 그러나 아마도 언젠가는 이러한 상상의 현실이 환상적으로 어리석은 시시덕거림에 지나지 않음을 예감할 것이다. 이 시시덕거림을 실제적인 자연의 무서운 진지함에 비추어 측정하고, 인류 초기의 본래적인 원초적 장면과 비교할 수 있는 사람은 누구나 구토를 느끼며 이렇게 외칠 것이다. '유령아, 물러가라!' 그럼에도 불구하고 오페라처럼 그러한 시시덕거리는 존재를, 유령을 내쫓을 때처럼 단순히 호통을 쳐서 쫓아버릴 수 있다고 생각한다면 착각하는 것이리라. 오페라를 파괴하려는 자는 저 알렉산드리아적 명랑성과 일전을 벌여야만 한다. 그 명랑성은 오페라에서 너무 순진하게 자신이 좋아하는 생각을 표명한다. 아니 명랑성 본연의 예술형식이 바로 오페라다. 하지만 미적 영역에서 유래하지 않고 반쯤 도덕적인 권역으로부터 예술 분야에 몰래 건너와 자신의 이러한 잡종적 기원을 단지 가끔씩 속일 수 있었을 뿐인 어떤 예술 형식이 예술 자체를 위해 어떤 작용을 하리라 기대할 수 있겠는가? 이 기생충 같은 존재인 오페라가 진정한 예술의 수액을 먹고 살아가는 게 아니라면 무엇을 먹고 살아갈 수 있겠는가? 그것의 목가적 유혹하에서, 그것의 알렉산드리아적 감언 예술하에서 최고이자 진실로 엄숙한 예술의 과제가·밤의 공포를 응시하는 것으로부터 눈을 구하고 가상의 치료제로 주체를 의지의 경련적 흥분으로부터 구해주는·공허한 심심풀이 오락으로 변질하리라는 것은 어느 정도 예상할 수 있는 일이 아닌가? 내가 낭창의 본질로 서술했던 바와 같은 그런 양식의 혼합에서[9] 디오니소스적인 것과 아폴론적인 것이라는 영원한 진리는 무엇이 될 것인가? 음악은 하인으로, 가사는 주인으로 간주되고, 음악은 신체와 그리고 가사는 영혼과 비교되는 곳에서? 지향하는 최고의 목표가 옛날 신 아티카 주신 찬가에서처럼 기껏해야 묘사적인 회화적 음악(音畫)인 곳에서? 음악이 세계에 대한 디오니소스적 거울로서의 자신의 진정한 위엄으로부터 완전히 소외되어, 현상의 노예로서 현상의 형식적 존재들을 모방할 뿐인 곳에서, 그리고 선과 비율의 놀이로부터 피상적인 오락만을 생산해 낼 뿐인 곳에서? 엄밀히 고찰하면 오페라가 음악에 미친 이 숙명적인 영향은 실제로 근대 음악의 발전 전체와 일치한다. 오페라의 발생 속에 그리고 그

---

9   대사 부분과 음악 부분의 교체를 말한다.

것에 의해 대변되는 문화의 본질 속에 숨어 있는 낙관주의는 음악으로부터 디오니소스적 세계 규정의 성격을 빼앗고 그 대신 형식 유희적이고 오락적인 성격을 부여하는 데 불안할 정도로 급속하게 성공했다. 이런 변화는 가령 아이스킬로스적 인간이 알렉산드리아적인 명랑한 인간으로 변모한 것과 비교할 수 있을 뿐이다.

그러나 우리가 암시한 실례에서 디오니소스적 정신의 소멸을 확연히 눈에 띄면서도 지금까지 설명하지 않았던 그리스인의 변화며 변질과 연관시키는 것이 옳다면, 우리의 현재 세계에서 가장 확실한 조짐이 정반대의 과정, 즉 디오니소스적 정신이 서서히 깨어나고 있음을 우리에게 보증한다면 우리의 마음속에 어떠한 희망이 살아나겠는가! 헤라클레스의 신적인 힘이 옴팔레[10]의 과중한 부역을 하며 영원히 잠들어 있을

---

10   옴팔레는 리디아의 오크클래드(참나무 무성한) 산의 왕 트몰루스의 아내이며 그가 황소에 의해 피흘리고 죽은 후 그녀는 계속 리디아를 다스렸다. 12과업을 마친 헤라클레스는 헤르메스 신의 사제에 의해 납치되어 노예시장에 끌려갔고, 다른 설에는 델포이 신전에서 난동을 부린 것에 대한 속죄로 리디아의 여왕 옴팔레에게 팔려갔다 한다. 헤라클레스의 정체를 알아본 옴팔레는 그에게 여자 옷을 입고 바느질과 길쌈을 하도록 시켰다. 리디아의 여왕 옴팔레는 노예가 된 헤라클레스의 사자 가죽과 곤봉을 들고 다녔고 헤라클레스는 대신에 여자 옷을 입고 다니게 되었으며 또한 말 노릇을 하며 옴팔레 여왕을 태우고 다니기도 했다. 이 과정 중에 한 번도 헤라클레스는 불쾌감을 드러내지 않았고, 헤라클레스는 여왕의 지시대로 리디아 내에 출몰하던 도적들을 모두 소탕하였다. 어느새 그와 사랑에 빠지게 된 옴팔레는 그와 결혼하여 여러 명의 자식을 낳고 그를 노예로부터 해방시킨다. 하지만 속죄 기간이 끝나

수는 없는 일이다. 독일 정신의 디오니소스적 토양으로부터 소크라테스적 문화의 근원적 조건과 공통점이 없고, 그것으로부터 설명할 수도 변호할 수도 없는 하나의 힘이 솟아올랐다. 이 힘은 오히려 그 문화에 의해 끔찍한 것이자 설명할 수 없는 것, 압도적인 것이자 적대적인 것으로 느껴진다. 그것은 우리가 특히) 바흐에서 베토벤, 베토벤에서 바그너로 이어지는 강력한 태양의 운행에서 이해할 수 있듯이 독일 음악이다. 인식에 굶주린 우리 시대의 소크라테스주의가 바닥 모를 깊이로부터 솟아 나온 이 다이몬(Dämon)과 기껏해야 무슨 일을 시작할 수 있단 말인가? 오페라 멜로디의 톱니무늬나 아라베스크 무늬로부터도, 푸가나 대위법적 변증론이라는 주판의 도움으로도 세 배나 더 강한 빛[11]에 의해 저 다이몬을 굴복시키고 말하지 않을 수 없도록 할 공식을 찾을 수 없을 것이다. 지금 우리의 미학자들이 그들 고유의 '미'라는 어망을 가지고, 이해할 수 없는 삶을 살며 그들 앞에서 날쌔게 움직이는 음악의 정령들을 붙잡으려고 헛수고하는 것은 이 무슨 별꼴이란 말인가? 이들의 움직임은 영원한 미의 기준에도 숭

자 헤라클레스는 자신의 변모한 모습을 자각하고 옴팔레를 떠났다고 한다. 여기서 헤라클레스는 디오니소스적 정신, 즉 음악을 가리킨다.

11 『파우스트』의 1318행에 "삼중으로 타오르는 불길, 그 정도는 아무것도 아니야!"이 나오는데, 여기서 '삼중으로 타오르는 불길'은 기독교의 삼위일체설을 가리킨다.

고함의 기준에도 못 미치고 있다. 이 음악 후원자들이 그토록 지치지도 않고 미! 미!라고 외치는 모습을 가까이서 직접 한 번 살펴보기로 하자! 그럴 때 이들이 미의 자궁에서 형성되어 버릇없이 길러진 자연의 총아처럼 이채를 띠는지, 아니면 오히려 자신의 조야함을 거짓되게 덮을 수 있는 형식이나 자신의 무감각한 냉정함을 위한 어떤 미학적 평계를 찾고 있지나 않은지 살펴보기로 하자. 이때 내게는 예컨대 오토 얀[12]이 떠오른다. 그러나 독일 음악 앞에서는 그 거짓말쟁이이자 위선자도 조심할지도 모른다. 왜냐하면 바로 독일 음악이야말

---

12 오토 얀(Otto Jahn, 1813~1869): 독일의 고고학자, 고전 문헌학자이자 음악학자이다. 또한 『모차르트 전기』를 쓴 사람이기도 하다. 그는 『비극의 탄생』이 나오기 3년 전에 사망했다. 니체는 본대학 재학 당시 얀의 강의를 들었다고 한다. 니체의 스승인 본대학의 리츨은 동료인 오토 얀과 교수 초빙을 둘러싼 견해 차이로 갈등을 겪은 후 본대학을 사임하고(1865), 라이프치히대학교로 옮겨 죽을 때까지 이곳에 재직했다. 오토 얀은 나중에 『비극의 탄생』이 발간되었을 때 이 책을 맹렬하게 공격한 폰 빌라모비츠-묄렌도르프(Ulrich von Wilamowitz-Moellendorff, 1848년~1931)의 스승이기도 했다. 괴팅엔과 베를린에서 교수 생활을 한 빌라모비츠는 오토 얀을 다룬 이 부분을 문제 삼으면서 니체의 불경과 교만을 날카롭게 공격했다. 바그너 음악을 음악의 몰락으로 여긴 얀은 바그너의 오페라 〈탄호이저〉를 혹평했다. 또한 그는 바흐 협회가 창설될 때 바그너를 둘러싼 싸움에서 철저한 반바그너주의자로 활동했다. 니체의 스승 리츨은 고전 문헌학을 뛰어넘어 철학을 하려 한 제자의 책을 '현란하면서도 무절제한 책'이라고 혹평을 가한다. 니체는 철학과 분리된 고전 문헌학을 소크라테스주의나 알렉산드리아 문화로 규정하면서 부정하는 반면, 리츨은 순수 문헌학을 고수하면서 문헌학과 철학이 섞이는 것을 경계했다. 이로 인해 니체는 독일 문헌학계로부터 외면받고 배척당하는 신세가 된다.

로 우리의 모든 문화의 한가운데서 유일하게 순수하고 깨끗하며 정화하는 불의 정령이기 때문이다. 에페소스의 위대한 헤라클레이토스[13]의 가르침에서처럼 모든 사물은 이 불의 정령으로부터 나와 그리고 그를 향해 이중의 궤도를 그리며 움직이고 있다. 우리가 지금 문화, 교양, 문명이라고 부르는 것은 모두 언젠가는 무오류의 재판관 디오니소스 앞에 출두해야만 할 것이다.

그럼 칸트와 쇼펜하우어를 통해 같은 원천에서 흘러나오는 **독일 철학의 정신**이 어떻게 학문적 소크라테스주의의 만족스러운 삶의 즐거움을 그 소크라테스주의의 한계를 증명함으로써 파괴할 수 있었는지 상기해 보자. 그리고 이러한 증명을 통해 어떻게 윤리적 문제와 예술에 대한 무한히 깊고 진지한 고찰이 시작되었는지 상기해 보자. 이러한 고찰을 우리는 말인즉 개념화된 형태의 **디오니소스적 지혜**라 부를 수 있

---

13   헤라클레이토스(Heraclitos, BC 540?~BC 480?): 불이 조화로운 우주의 기본적인 물질적 원리라고 주장한 우주론으로 유명하다. 헤라클레이토스는 불을 만물을 통일하는 근본 물질로 보고, 세계질서는 '일정한 정도로 타오르고 일정한 정도로 꺼지는 영원히 사는 불'이라고 썼다. 이와 동시에 모든 곳에서 똑같은 양의 땅과 바다가 각자 바다와 불의 모습으로 되돌아가고 있다. 그 결과 동적인 평형이 이루어지며, 이것이 세계의 질서 있는 균형을 유지한다. 변화 속에서도 이렇게 통일이 유지되는 것을 헤라클레이토스는 인생과 강의 유명한 비유로 보여주었다. "사람들은 같은 강에 발을 담그지만 흐르는 물은 늘 다르다." 뒷날 플라톤은 우리의 감각에 어떻게 나타나든 상관없이 만물은 끊임없이 변화한다는 것을 나타내기 위해 이 원리를 채택했다.

을 것이다. 독일 음악과 독일 철학의 이러한 일치라는 신비가 그리스의 유사한 예를 통해서만 그 내용을 어렴풋이 짐작할 수 있는 하나의 새로운 생활양식을 가리키지 않는다면, 그 신비는 우리에게 어디를 가리킨다는 말인가? 저 모든 이행과 투쟁의 모습이 고전적-교훈적인 형식으로 명백히 나타나는 그리스적인 모범은 두 가지 상이한 현존 양식들의 경계선에서 있는 우리에게 헤아릴 수 없는 가치가 있기 때문이다. 다만 우리는 말하자면 **역순**으로 그리스적 본질의 위대한 주요 시기를 유사하게 두루 체험하고 있는 것 같다. 그리고 지금 예컨대 알렉산드리아 시대로부터 비극 시대로 거슬러 올라가는 것 같다. 이때 우리 마음속에서 비극 시대의 탄생이 독일 정신에는 단지 자기 자신으로의 귀환, 축복스러운 자신의 재발견을 의미해야 하는 듯한 느낌이 든다. 그러기 전에 외부에서 침입한 엄청난 힘들이 오랫동안 형식의 무기력한 야만주의 속에서 연명하던 독일 정신을 강제로 그들 자신의 형식의 노예 상태로 만들었다. 이제 마침내 독일 정신은 자신의 본질의 원천으로 돌아감으로써, 로만어계 문명의 조종으로부터 벗어나 모든 민족 앞에서 대담하고 자유롭게 당당히 활보할 수 있게 된다. 그러기 위해서는 독일 정신이 한 민족, 즉 그리스인으로부터 꾸준히 배우는 법을 터득하기만 하면 된다. 이 민족에게서 배울 수 있다는 것 자체가 이미 드높은 명예이자 특기할 만하게 드문 일이다. 그리고 우리가 **비극의 재**

탄생을 체험하고 있는 지금보다, 그것이 어디에서 온 것인지 알지 못하고 또 어디로 가려고 하는지 말해줄 수도 없는 위험에 처해 있는 지금보다 이러한 최고의 스승이 더욱 필요한 적이 언제 있었던가?

20. 디오니소스적 삶과 비극의 재탄생
― 뒤러의 기사 쇼펜하우어

지금까지 독일 정신이 그리스인들로부터 가장 결연한 심정으로 배우려고 애쓴 시기가 언제이고, 애쓴 남자들이 누구인지 언젠가는 공정한 재판관이 신중하게 결정할지도 모른다. 괴테와 실러, 그리고 빙켈만[1]의 더없이 고귀한 문화 투쟁

---

1 빙켈만(Johann Joachim Winckelmann, 1717~1768): 독일의 미술사가이자 미학자. 고전 예술에 대한 대중의 관심을 다시 불러일으키고 신고전주의 예술 운동이 일어나는 데 중요한 역할을 한 할레대학교와 예나대학교에서 공부했으며 1748년 뷔나우 백작의 사서로 일하기 시작하면서 그리스 예술 세계를 접하게 되었다. 여기서 그리스 미학에 대한 철학적 정의를 내린 『회화와 조각에서 그리스 예술품의 모방에 대한 견해』(1755)를 출간하여 고전주의 사상의 선구자로 널리 인정받게 되었다. 이후 로마로 가 바티칸의 사서, 고대 유물 책임자에 이어 알바니 추기경의 비서가 되었다. 자신의 지위와 영향력 있는 후원자 덕분에 고전 예술품들을 접하며 예술 비평가이자 자문가로서 활동하게 되었다. 저작을 통해 당대 지식인의 존경을 받았으며, 중요한 저서 중 하나인 『고대 예술사』는 처음으로 고대 예술을 성장·성숙·쇠퇴의 유기체적 발전 과정으로 정의한 개설서였다. 그는 그리스 정신의 특성을 '조용한 위대성과

에 이러한 유일한 명예(Lob)가 돌아가야 한다고 우리가 자신 있게 가정한다면, 그 시대 이후부터 또 저 투쟁이 직접적인 영향을 미친 후부터는 같은 길을 걸으며 교양과 그리스인들에게 도달하려는 노력이 이해할 수 없을 만치 점점 더 약해졌다는 사실을 우리는 아무튼 덧붙여야 할지도 모른다. 독일 정신에 대해 완전히 절망하지는 않기 위해, 우리는 저 전사들이 어떤 중요한 점에서 그리스적 본질의 핵심 안으로 뚫고 들어가지 못했고, 또 어떤 중요한 점에서 독일 문화와 그리스 문화 사이의 지속적인 사랑의 결합을 구축하지 못했는지 살펴봄으로써 결론을 내려야 하지 않겠는가? 그리하여 저 부족한 점에 대한 무의식적인 인식은, 그들이 이러한 교양의 길을 따라 그러한 선구자들보다 더 멀리 여행할 것인지, 그리고 그들이 대체 그들의 목적지에 도달할 수 있기나 한지에 대해, 어쩌면 진지한 천성의 소유자들에게서도 절망적인 의구심을 불러일으켰을지도 모른다. 그 때문에 우리는 교양을 위한 그리스인들의 가치에 대한 우리 자신의 평가가 그때부터 지극히 우려스러운 방식으로 변질되었음을 보게 된다. 동정 어린 우월감의 목소리가 정신과 비정신의 극히 상이한 야영지들에서 울려 퍼진다. 다른 곳에서는 아무 효과 없는 미사여구가 '그리스적 조화', '그리스적 미'나 '그리스적 명랑성'에 대

고귀한 단순성'이라고 정의했다.

해 시시덕거린다. 그런데 독일 문화의 구원을 위해 지칠 줄 모르고 그리스라는 강바닥의 물을 퍼마시는 데서 자신들의 위엄을 얻었을지도 모르는 사람들, 즉 고등교육기관의 교사들 무리가 매우 일찍 편리한 방식으로 그리스인들과 타협하는 법을 가장 효과적으로 배울 수 있었다. 종종 그리스의 이상에 대해 회의를 품고 포기함으로써, 그리고 온갖 형태로 이루어지는 고대 연구의 진정한 의도를 완전히 전도함으로써 말이다. 이들 무리 중에서 고대 텍스트의 신뢰할 수 있는 교정자나 자연사를 연구하듯 하는 현미경적 언어 연구자가 되려고 노력하는 데에 자신의 에너지를 완전히 소진하지 않은 사람은 아마 고대 그리스도 다른 고대와 마찬가지로 '역사적으로' 습득하려 할 것이다. 하지만 아무튼 현재 우리의 교양 있는 역사 기술 방법에 따라 우월한 표정을 지으면서 그렇게 할 것이다. 그에 따라 고등교육기관 본연의 교육 능력이 현재 그 어느 때보다 더 낮고 더 약화해 있다면, 그날의 종이의 노예인 '저널리스트'가 교양의 모든 측면에서 고등교육 교사들에 대해 승리를 거두었다면, 그리고 교사들에게 남아 있는 유일한 길이라곤 이미 종종 체험한 변신뿐이라서 이제 저널리스트의 어투로 말하고 저널리즘 특유의 '경쾌한 우아함'으로 명랑한 교양 있는 나비가 되어 날아다닐 수밖에 없다면 ― 그러한 현재의 그 같은 교양인은 가령 지금까지 결코 이해되지 못한 그리스적 수호신의 가장 깊은 밑바탕으로부터 단지 비교에 의해 파악할 수 있었을 저 현상, 즉 디오니소스적 정신의 소생과 비극의 재탄생을 얼마나 고통스러운 혼란 속에서 바라보아야만 할 것인가? 다른 어떤 예술 시기에도 소위 교양과 본래의 예술이 오늘날 우리가 보고 있는 것만큼이나 서로 낯설어하고 혐오한 적이 없었다. 우리는 그토록 허약한 교양이 왜 진정한 예술을 증오하는지 이해한다. 교양은 예술 때문에 자신이 몰락할까 봐 두려워하기 때문이다. 하지만 온전한 종류의 문화, 즉 소크라테스적-알렉산드리아적 문화는 현재의 교양처럼 우아하고 가냘픈 정점에 도달한 후 종말을 맞이한 것이 아닐까? 실러와 괴테 같은 영웅들이 그리스적인 마법의 산으로 통하는 저 마법에 걸린 문을 부수어 열 수 없었다면, 아무리 용감하게 분투 노력했어도 그들이 괴테의 이피게니에[2]가 야만의 땅 타우리스에서 바다 저편의 고향으로 그리움의 시선을 보냈던 것 이상으로 나아가지 못했다면, 이제까지의 온갖 문화적 노력이 손대지 않은 완전히 다른 쪽에서 그들에게 갑자기 또 저절로 문이 열리지 않는다면—소생한 비극의 음악이 신비롭게 울려 퍼지는 가운데—그런 영웅들의 아류들에게 어떤 희망이 남아 있겠는가.

그리스적 고대의 재탄생이 임박해 있다는 우리의 믿음을 아무도 위축시키지 않았으면 한다. 왜냐하면 우리는 이러한

---

2   괴테의 희곡 『타우리스의 이피게니에』(1787)를 가리킨다.

믿음 속에서만 음악이라는 불의 마법을 통한 독일 정신의 혁신과 정화에 대한 희망을 발견하기 때문이다. 황폐해지고 지쳐버린 현재의 문화에서 미래에 대한 위로가 되는 기대를 일깨울 수 있는 것으로 그 외에 무엇을 들먹일 수 있겠는가? 우리는 힘차게 가지를 뻗은 단 하나의 뿌리와 비옥하고 건강한 땅 한 조각을 찾아보지만 헛수고에 지나지 않는다. 말하자면 어디서나 먼지와 모래, 경직과 초췌함이 만연해 있다. 절망적으로 고독한 사람은 화가 뒤러가 우리를 위해 그려주었듯이 죽음, 악마와 함께 한 기사[3]보다 더 나은 상징을 선택할 수 없을 것이다. 엄중하고 딱딱하게 굳은 시선을 하고 갑옷을 두른 기사는 소름 끼치는 동행이 있어도 흔들림 없이 그러나 희망도 없이 말과 개를 데리고 홀로 공포의 길을 가야 한다. 그러한 뒤러의 기사가 우리의 쇼펜하우어다. 즉 그에게는 아무런 희망도 없었지만, 그는 진리를 원했다.[4] 그와 필적할 만한

---

3   알브레히트 뒤러(Albrecht Dürer, 1471~1528)의 동판화 작품 〈기사, 죽음, 그리고 악마〉를 가리킨다. 니체는 『비극의 탄생』에서 쇼펜하우어를 뒤러의 기사에 비유한 덕분에 1875년 바젤의 한 귀족으로부터 그 동판화를 선물받았다. 철갑으로 무장한 기사는 굳은 시선으로 자신의 끔찍한 동행들에도 아랑곳하지 않고, 자신을 따르는 개와 함께 어떤 희망도 없이 무시무시한 험로를 고독하게 말을 타고 간다.

4   쇼펜하우어는 『의지와 표상으로서의 세계』(앞의 책, 24~25쪽) 제2판 머리말에서 자신의 심정을 이렇게 피력한다. "아무런 보답이나 편들어줄 동지가 없는 내 철학은 때로 박해까지 당하는 있는 그대로의 진리를 북극성으로 삼아 좌고우면하지 않고 앞으로 곧장 나아간다."

사람은 아무도 없다.

하지만 방금 그토록 음울하게 묘사된 우리의 지친 문화의 황량함이 디오니소스의 마법과 접촉하면 갑자기 어떻게 변하는가! 폭풍이 노쇠한 것, 썩은 것, 부서진 것, 쇠약한 것을 모두 움켜잡고, 회오리치는 붉은 먼지구름 속에 휘감아서는 마치 독수리처럼 공중으로 채어 가버린다. 우리의 시선은 혼란에 빠져 사라진 모든 것을 헛되이 찾아본다. 왜냐하면 우리 눈에 보이는 것은 땅 밑(Versenkung)으로부터 금빛으로 솟아오른 것처럼 너무나 충만하고 초록빛이며, 너무나 넘치듯이 생동감 있고, 너무나 동경에 가득 차 있고 측량할 수 없기 때문이다. 비극은 고상한 황홀감 속에서 이러한 풍부한 삶, 고통과 즐거움의 한가운데에 앉아, 멀리서 들려오는 우울한 노래에 귀를 기울인다. 그 노래는 광기와 의지, 고통이라는 이름을 갖고 있는 존재의 어머니에 관해 이야기한다.

그렇다, 나의 벗들이여, 나와 함께 디오니소스적 삶과 비극의 재탄생을 믿자. 소크라테스적 인간의 시대는 지나갔다. 담쟁이덩굴로 화환을 만들어 머리에 얹고, 바쿠스의 지팡이[5]를 손에 쥐어라. 호랑이와 표범이 알랑거리며 그대 무릎에 누워도 놀라지 말라. 이제 과감하게 비극적 인간이 되어라. 그

---

5 Thyrsusstab. 바쿠스(디오니소스)나 그의 여신도 마이나데스가 들고 다니는 지팡이. 그것에는 송악과 포도 덩굴로 감겨 있고 꼭대기에는 솔방울이 달려 있다.

대들은 구원받을 테니까. 그대들은 인도로부터 그리스로 향하는 디오니소스 축제 행렬에 가담하도록 하라![6] 격렬한 전투를 할 채비를 갖추고, 하지만 그대들 신의 기적을 믿어라!

---

6   인도의 약함의 비관주의로부터 그리스의 디오니소스적 강함의 비관주의에 동참할 것을 요구하는 표현이다.

21. 깨지고 파괴된 아폴론적 기만

　이러한 격려의 어조에서 직관에 어울리는 분위기로 되돌아가 보기로 하자. 되풀이해서 말하건대 비극이 그처럼 갑자기 기적과도 같이 깨어났다는 사실이 한 민족의 가장 내적인 삶의 근거에 대해 무엇을 의미하는지는 그리스인들만 우리에게 가르쳐줄 수 있다. 비극적 비밀 의식의 민족이 페르시아 전쟁을 치른 민족이다.[1] 그리고 저 전쟁을 수행한 민족은 다시 비극을 필수적인 원기 회복제로서 필요로 했다. 이 민족이 여러 세대에 걸쳐 디오니소스적 데몬의 더없이 강력한 경련에 의해 가장 깊은 내부까지 자극받은 뒤 더없이 단순한 정치적 감정, 더없이 자연스러운 애향심, 근원적인 남성적 전투

1　그리스인들은 마라톤 전투(BC 490)와 살라미스 해전(BC 480)을 승리로 이끌어 자유를 지켜냄으로써 아테네 번영의 토대를 마련했다.

욕을 그처럼 균등하게 강력히 방출할지 누가 상상이라도 했겠는가? 그러나 디오니소스적 흥분 상태가 의미 있는 수준에 도달할 때마다, 우리는 개체라는 족쇄로부터 디오니소스적 해방이 가장 먼저 무관심, 심지어 적대감으로까지 고양된 정치적 본능의 침해에서 어떻게 감지할 수 있는지, 항상 느낄 수 있을지도 모른다. 다른 한편으로 국가의 창설자인 아폴론 역시 '개별화의 원리'의 수호신이며, 개인적 인격을 긍정하지 않고는 국가와 애국심이 존재할 수 없다는 것도 확실하다. 주신제(酒神祭) 정신(Orgiasmus)으로부터 출발하면 한 민족에게 하나의 길, 인도의 불교에 이르는 그 길밖에 없다. 불교는 사실 무(無)에 대한 동경을 감내하기 위해 공간과 시간, 개체를 넘어 고양되는 희귀한 황홀경을 필요로 한다. 이러한 상태는 다시 중간 상태의 이루 형언할 수 없는 불쾌감을 어떤 표상에 의해 극복하는 법을 가르쳐주는 철학을 요구한다. 정치적 충동이 무조건적으로 통용되는 경우 한 민족은 필연적으로 극단적인 세속화의 길에 빠지게 되는데, 이 세속화의 길의 가장 웅대하지만 또한 가장 무서운 표현이 바로 로마 제국이다.

인도와 로마 사이에 위치해 유혹적인 선택을 하지 않을 수 없었던 그리스인은 고전적인 순수함으로 제3의 형식을 생각해냈다. 물론 자신이 오랫동안 사용하지는 못했지만, 바로 그 때문에 불멸의 형식이 되었다. 왜냐하면 신의 사랑을 받는 사람들이 일찍 죽는다는 것은 불변의 진리이긴 하지만, 그들이 신들과 함께 영원히 산다는 것 역시 그만큼 확실하기 때문이다. 모든 사람 중에서 가장 고귀한 사람에게 우리는 가죽처럼 질기고 튼튼할 것을 요구하지 않는다. 예컨대 우리가 고대 로마의 민족주의적 충동에서 발견하는 것 같은 질긴 내구성이 필경 완벽성의 필수적인 술어들 가운데 하나는 아니다. 그리스인들이 디오니소스적 충동과 정치적 충동이 유난히 강했던 그들의 위대한 시대에 어떤 약제를 가졌길래 황홀한 숙고에 의해서도 세속의 권력과 명예를 강렬하게 추구하면서도 소진되지 않았는지, 그리고 그 대신 불타오르게 하는 동시에 직관적 기분에 빠지게도 하는 고귀한 포도주라는 영광스러운 혼합물을 어떻게 만들어 낼 수 있었는지 질문을 해보자. 그러면 우리는 민족의 삶 전체를 자극하고 정화하고 발산하는 저 엄청난 비극의 힘을 잊지 말아야 할 것이다. 비극이 그리스인에게 했던 것처럼 모든 예방 치료 능력의 진수로, 그리고 민족의 가장 강력하고 또 그 자체로 가장 치명적인 특성 사이의 중재자로 우리에게 등장할 때 비로소 우리는 비극이 지닌 최고의 가치를 알아채게 될 것이다.

비극은 최고의 음악적 황홀경을 자신 속에 흡수하여, 우리의 경우에서처럼 그리스인의 경우에도 음악을 완성시키고, 그런 다음 비극적 신화와 비극적 주인공을 옆에 나란히 세운다. 이 비극적 주인공은 힘센 거인처럼 디오니소스적 세계 전체를 자기 등에 짊어지고 우리의 그 짐을 덜어준다. 반면에 다른 한편으로 비극은 동일한 비극적 신화를 이용해 비극적 주인공이라는 인물의 형태로 이 현존에 대한 열렬한 갈망으로부터 우리를 구원할 수 있고, 경고하는 손으로 다른 존재와 더 높은 즐거움을 상기시켜 준다. 투쟁하는 주인공은 자신의 승리가 아니라 자신의 파멸에 의해 그러한 즐거움을 불길하게 예감하며 준비한다. 비극은 음악의 보편적인 효력과 청중의 디오니소스적 감수성 사이에 고상한 비유, 즉 신화를 세워 청중에게 마치 음악이 단순히 신화라는 조형적 세계에 생기를 불어넣을 수 있는 최고의 재현 수단에 불과한 것 같은 착각을 불러일으킨다. 이 고상한 기만을 신뢰하는 가운데 비극은 이제 팔다리를 움직여 주신 찬가의 춤을 추고 거리낌 없이 자유가 주는 주신제 같은 느낌에 몰두한다. 비극이 그러한 기만 없이 음악 자체로는 주신제 같은 느낌 속에서 감히 마음껏 흥청거릴 수 없을 것이다. 신화는 우리를 음악으로부터 보호해 주면서도, 다른 한편으로 신화는 또한 음악에게 최고의 자유를 주기도 한다. 음악은 그에 대한 답례의 선물로 비극적 신화에 너무나 절실하고도 설득력 있는 형이상학적 의미심장함을 부여한다. 말과 영상은 그 같은 외적인 유일한 도움 없이는 그런 의미심장함을 결코 얻을 수 없다. 특히 그 음악을 통해 비극적 관객은 파멸과 부정의 길에서 얻은 바로저 최고의 즐거움에 대한 확실한 예감에 사로잡힌다. 그래서 관객은 사물의 가장 내적인 심연이 그에게 알아들을 수 있게 말하는 것처럼 듣는다고 느끼게 된다.

내가 마지막 문장으로 이 어려운 생각에 소수의 독자만이 곧장 이해할 수 있는 잠정적인 표현을 할 수 있었다면, 나는 바로 이 자리에서 다시 한번 시도해 보도록 나의 벗들에게 자극을 주고 싶고, 우리의 공동 경험의 어떤 개별적인 실례로부터 보편적인 명제의 인식을 위한 준비를 하도록 그들에게 요청하지 않을 수 없다. 음악적 느낌에 친근해지도록 돕기 위해, 나는 이러한 실례에서 무대에서 벌어지는 사건들의 이미지, 등장인물들의 말과 감정을 이용하는 사람들을 끌어들이지는 않겠다. 왜냐하면 음악은 이들 모두의 모국어가 아니고, 또 음악이 아무리 돕는다 해도 그들은 그것의 가장 내밀한 성소(聖所)에는 도달하지 못하고 음악적 지각의 현관 이상으로는 여전히 들어가지 못하기 때문이다. 이들 중 많은 사람은 게르비누스[2]처럼 이러한 도정에서 현관에조차 도달하지 못하는 형편이다. 그 대신 나는 음악과 직접 관련되어, 흡사 음악을 그들 어머니의 자궁으로 여기는 것 같은 사람들, 거의

2　게르비누스(Georg Gottfried Gervinus, 1805~1871): 독일의 문학사가이자 정치가. 그는 연구 결과물을 특정한 이념이나 목적에 구속받지 않고 객관적이고도 영속적인 학문적 가치를 지니도록 하는 데 노력을 기울인 실증주의 연구방법론자들과는 달리 자신의 연구 결과를 자신이나 세상이 요구하는 이념에 맞추도록 노력했다. 게르비누스의 이러한 자기화를 위한 역사 기술은 니체의 마음에 들지 않았다.

오로지 무의식적인 음악적 관계를 통해서만 세상과 관계 맺을 수 있는 사람들에게만 도움을 청할 수밖에 없다. 나는 이 진정한 음악가들에게 이런 질문을 던지고자 한다. 〈트리스탄과 이졸데〉[3]의 제3막을 말과 형상의 도움 없이, 영혼의 모든 날개를 경련하듯 펼치면서도 숨을 거두지 않고 순전히 엄청난 교향곡의 악장으로서 지각할 수 있는 사람을 상상할 수 있겠는가? 여기에서와 마찬가지로 흡사 세계 의지의 심장에 자신의 귀를 갖다 댄 것처럼, 맹렬한 생존 욕구가 우레같

3　리하르트 바그너의 3막으로 구성된 오페라로 1859년에 완성되어 1865년에 초연됨. 바그너는 작품 전체에서 '죽음이란 오류의 제거'와 다르지 않다는 메시지를 전하고 있다. 바그너는 신화적인 동기들을 좀 더 극적인 방식으로 발전시킨다. 가장 큰 차이는 두 주인공이 서로 사랑하는 시점이다. 신화에서는 두 사람이 우연히 사랑의 묘약을 마심으로써 사랑하게 되지만, 바그너 오페라에서는 둘이 서로 처음 본 순간 이미 사랑에 빠져 있었다. 하지만 이졸데는 조국에 대한 의무감으로 트리스탄에 대한 사랑을 숨기나 죽음의 약을 서로 나누어 마시는 순간 둘은 서로에 대한 사랑을 확인하고 숨겨둔 사랑의 고통에서 벗어나 서로 사랑하게 된다.

토마스 만은 쇼펜하우어 철학에서 중심 이념을 빌려온 〈트리스탄과 이졸데〉가 '성이 의지의 초점'을 이루는 '성애적 관점의 세계 이해'를 다루고 있다고 말한다. 쇼펜하우어는 생식기가 뇌수에 대립되는 의지의 초점이라고 말한다. "이 모든 것에 따르면 생식기는 의지의 본래적인 **초점**이고, 따라서 인식, 즉 세계의 다른 면, 표상으로서의 세계의 대표자인 뇌수에 대립되는 극이다. 생식기는 삶을 유지하고, 시간에 무한한 삶을 보증하는 원리이다. 이 특성을 가지고 있는 생식기를 그리스인은 남근상(Phallus)으로, 인도인은 링가로 숭배했는데, 이것들은 그러므로 의지의 긍정의 상징이다. 이와는 달리 인식은 의욕의 폐기, 자유를 통한 구원, 세계의 극복과 없어짐을 가능하게 한다."(『의지와 표상으로서의 세계』, 앞의 책, 449~450쪽)

은 소리를 내는 급류나 매우 조그맣고 뿌연 시냇물로서 여기서부터 세계의 모든 혈관 속으로 흘러드는 것을 느끼는 사람은 급작스레 산산조각으로 부서져야만 하지 않는지? 그는 인간 개체라는 참담한 유리 덮개 안에서, 이 형이상학적인 목가적 윤무에도 자신의 근원적 고향으로 가차 없이 도망치지 않고, '세계의 밤의 드넓은 공간'[4]으로부터 즐거움과 고통의 무수한 외침의 메아리 소리를 듣는 것을 감내해야 한다. 하지만 개체적 실존을 부정하지 않고 그런 작품을 전체로서 지각할 수 있다면, 창조자를 파괴하지 않고 그런 음악을 만들어 낼 수 있다면―우리는 어디에서 그런 모순의 해결을 찾아야 하겠는가?

여기서 우리의 최고의 음악적 흥분과 저 음악 사이에 비극적 신화와 비극의 주인공이 끼어든다. 이 신화와 주인공은 기본적으로 음악만이 직접적인 방식으로 말해줄 수 있는 가장 보편적인 사실들의 비유일 뿐이다. 그러나 이제 우리가 만약 신화를 순전히 디오니소스적 존재로 느끼기라도 한다면 신화는 비유적인 효과를 완전히 잃어버리고 아무런 주목을 받지 못한 채 우리 곁에 정체 상태로 있을지도 모르고, '사물 이전의 보편'[5]의 메아리에 귀를 기울이는 것으로부터 한순간

---

4   〈트리스탄과 이졸데〉 제3막의 가사.

5   universalia ante rem.

도 다른 데로 주의를 돌리게 하지 못할 것이다. 그러나 여기에 **아폴론적** 힘이 거의 조각조각으로 파괴된 개체의 원상회복을 겨냥하고 환희에 가득 찬 기만이라는 치료용 향유(香油)를 들고 모습을 드러낸다. 갑자기 우리는 "그 옛 가락, 그것은 왜 나를 일깨우는가?"라고 미동도 없이 울적한 기분으로 자문하는 트리스탄만을 볼 수 있다고 생각한다. 이전에는[6] 존재의 중심으로부터 울려 나오는 공허한 탄식 같았던 것이 이제 얼마나 "바다가 황량하고 텅 비어 있는지"[7]를 우리에게 말하려고 할 뿐이다. 전에는 우리의 모든 감정이 경련하듯 발작을 일으키는 와중에 숨이 막혀 소멸해 간다고 느꼈던 곳에서, 그리고 미미한 실 가닥에 의해서만 우리가 이 실존과 연결되어 있다고 느꼈던 곳에서, 우리는 지금 치명상을 입었지만 그래도 죽지는 않은 영웅이 "그립구나! 그립구나! 죽어가면서도 그립구나, 너무 그리워서 죽을 수 없구나!"[8]라고 절망적으로 외치는 소리를 듣고 또 그의 모습을 보게 된다. 이전에는 그러한 과도하고 극심한 무수한 고통을 겪은 후 호른의 환호 소리가 거의 최고의 고통처럼 우리 가슴을 갈가리 찢어놓았

---

6   3막의 이전인 1막과 2막을 가리킨다.

7   엘리어트의 「황무지」에도 〈트리스탄과 이졸데〉의 가사를 인용하여 "바다는 황량하고 임은 없어 쓸쓸하네"라는 구절이 나온다.

8   〈트리스탄과 이졸데〉 제3막의 가사.

다면, 이제 우리와 이 '환호 자체' 사이에 이졸데를 실은 배를 향해 고개를 돌리며 환호성을 지르는 쿠르베날(Kurwenal)[9]이 서 있다. 동정심이 아무리 강력하게 우리의 폐부를 파고든다 해도, 그것은 어떤 의미에서는 세상의 원초적 고통으로부터 우리를 구원해 준다. 신화의 비유적 이미지가 최고의 세계 이념에 대한 직접적인 직관으로부터 우리를 지켜주고, 사고와 말이 무의식적 의지의 막힘없는 분출로부터 우리를 구해주 듯이 말이다. 저 영광스러운 아폴론적 기만을 통해 마치 음의 나라가 조형적 세계처럼 우리 자신과 대면하고 있는 것 같으 며, 또한 여기서도 트리스탄과 이졸데의 운명만이 가장 섬세 하고 가장 표현력 있는 소재로부터 형성되고 조형적으로 각 인되어 있는 것 같은 생각이 든다.

이같이 아폴론적인 것은 우리가 디오니소스적 보편성으 로부터 벗어나게 하고, 개체들에 대해 우리가 황홀감을 느끼 게 한다. 아폴론적인 것은 우리의 연민의 감정을 이러한 개체 에 묶어놓고, 이 개체를 통해 위대하고 숭고한 형식을 갈망하 는 우리의 미적 감각을 충족시킨다. 아폴론적인 것은 삶의 이 미지를 가지고 우리 옆을 지나가면서, 그 이미지 안에 든 삶 의 핵심을 직관적으로 파악하라고 자극한다. 아폴론적인 것 은 엄청난 중압감을 주는 이미지, 개념, 윤리적 가르침을 통

---

9   쿠르베날은 트리스탄의 심복임.

해, 그리고 공감을 자극하여 인간을 광란적 자기 파괴로부터 건져낸다. 그리고 그가 단지 개별적인 세계 이미지만을, 예컨대 트리스탄과 이졸데를 보고 있고, **음악을 통해** 그 이미지를 더 잘 더욱 내면적으로 **보아야** 한다는 망상으로 이끌면서, 디오니소스적 사건의 보편성에 대해 인간을 기만한다. 사실상 디오니소스적인 것이 아폴론적인 것에 봉사하면서 그 영향력을 증대시킬 수 있고, 그러니까 음악이 심지어 본질적으로 아폴론적 내용에 대한 재현술이라는 기만을 아폴론의 치유 마법 자체가 우리 마음속에 불러일으킬 수 있다면, 그 마법이 무슨 일인들 못하겠는가?

완성된 연극과 그것의 음악 사이에 존재하는 예정 조화에 의해 연극은 보통 언어극만으로는 얻을 수 없는 최고 수준의 선명성에 도달한다. 무대 위의 모든 살아 있는 인물이 독립적으로 움직이는 멜로디의 선들 속에서 선명한 곡선으로 우리 앞에 단순화되듯이, 이 선들의 병존은 일련의 화음이 교체되는 가운데 움직이는 사건과 공감하며 가장 섬세한 방식으로 우리에게 울려 퍼진다. 즉 사물들 사이의 관계는 이런 화음의 교체를 통해 결코 추상적인 방식으로가 아니라 감각으로 지각 가능한 방식으로 직접 알아들을 수 있게 된다. 마찬가지로 우리는 이러한 관계 속에서 비로소 한 인물과 하나의 멜로디 선의 본질이 선연히 드러난다는 사실을 화음의 교체를 통해 인식한다. 그리고 음악이 이처럼 평소보다 더 많이 더 깊이 보도록 하고, 무대의 사건이 부드러운 직물처럼 우리 앞에 펼쳐지도록 하는 동안, 내면을 들여다보는 우리의 정신화된 눈에 무대 위의 세계는 내부로부터 확장되는 것만큼이나 무한히 확장되어 조명된다. 말과 개념이라는 훨씬 더 불완전한 메커니즘을 가지고 간접적으로 가시적인 무대 세계의 내적 확장과 그 세계의 내적 조명을 달성하려고 애쓰는 언어 시인이 유사한 어떠한 것을 제공할 수 있겠는가? 사실 음악적 비극 역시 언어를 이용하기는 하지만, 그것은 동시에 언어의 토대)와 탄생지를 그 옆에 세울 수 있고, 언어의 발달을 내부로부터 우리에게 명료하게 밝힐 수 있다.

그러나 우리는 이처럼 재현된 과정이 단지 멋진 가상, 말하자면 앞에서 언급한 아폴론적 기만에 불과하다는 점을 마찬가지로 확실하게 말할 수 있다. 그러한 기만은 디오니소스적 충동과 과도함으로부터 우리의 짐을 덜어주는 효과를 낸다. 기본적으로 음악과 연극의 관계는 바로 이러한 것의 정반대이다. 즉 음악은 세계의 본래적인 이념이고, 연극은 이 이념의 단순한 반사, 즉 그 이념의 개별적인 실루엣인 것이다. 멜로디의 선과 살아 있는 인물의 일치, 화음과 저 인물의 관계의 일치는 음악적 비극을 직관할 때 우리가 생각했을지도 모르는 것과는 반대되는 의미에서 참이다. 우리가 인물을 아무리 생생하게 움직이고 활기를 불어넣고 내부로부터 조명할지라도 그 인물은 언제나 현상으로 남을 뿐이다. 그 현상으

270

로부터는 진정한 실재, 세상의 심장으로 이어지는 다리가 존재하지 않는다. 그러나 음악은 이 심장으로부터 말한다. 그러한 종류의 무수한 현상들은 같은 음악의 곁을 스치며 지나갈지라도, 결코 그것의 본질을 다 퍼내지 못하고, 항상 그것의 표면화된 모사에 그칠 뿐이다. 대중적이지만 완전히 틀린 영혼과 육체의 대립으로는 물론 음악과 연극이라는 까다로운 관계에 대해 아무것도 설명할 수 없고 모든 것을 혼란스럽게 한다. 그러나 이 대립의 비철학적인 조야함은 무슨 이유에서 인지는 알 수 없어도 바로 우리의 미학자들 사이에서는 기꺼이 수용되는 유명한 신조가 된 것 같다. 반면에 그들은 현상과 사물 자체의 대립에 대해서는 아무것도 배우지 않았거나 또는 마찬가지로 알 수 없는 이유로 아무것도 배우고 싶지 않는 것 같다.

아폴론적인 것이 비극에서 자신의 기만을 통해 음악의 디오니소스적인 근원적 요소에 대해 완전히 승리를 거두었고, 이 음악을 그 자신의 목적을 위해, 말하자면 연극을 최고로 명료하게 하기 위해 이용했다는 사실이 우리의 분석에서 밝혀졌다면, 우리는 물론 매우 중요한 제한을 덧붙여야 할지도 모른다. 즉 가장 본질적인 점에서 저 아폴론적 기만이 깨지고 파괴된 것이다. 마치 우리가 위아래로 움직이는 방직기가 천을 짜는 모습을 보는 것처럼, 음악의 도움으로 모든 동작과 인물을 내적으로 조명하여 명료하게 우리 앞에 펼치는 연극은 전체로서 **모든 아폴론적 예술 효과를 뛰어넘는** 효과를 달성한다. 비극의 전체적인 효과 면에서 볼 때는 디오니소스적인 것이 다시 우위를 차지한다. 비극은 아폴론적 예술의 왕국에서는 결코 울릴 수 없는 음을 내며 끝난다. 그리고 이러한 과정에서 아폴론적 기만은 실제 그대로의 모습, 즉 비극이 지속되는 동안 계속되는 본래적인 디오니소스적 효과를 가리는 베일로서의 모습을 드러낸다. 그렇지만 그 효과는 너무 강력하여, 결국 아폴론적 연극이 디오니소스의 지혜로 말하기 시작하는 영역으로, 그 자신과 그것의 아폴론적 명료성을 부인하는 영역으로 아폴론적 연극 자체를 밀어 넣게 된다. 그러므로 비극에서 아폴론적인 것과 디오니소스적인 거의 까다로운 관계는 사실상 두 신의 의형제 관계(Bruderbund)를 통해 상징될 수 있다. 즉 디오니소스는 아폴론의 언어를 말하지만, 아폴론도 결국 디오니소스의 언어를 말한다. 다시 말해 이로써 비극과 예술 일반의 최고 목표는 달성된 셈이다.[10]

---

10   이 마지막 문장은 비극적 효과 면에서 앞에서 다룬 아폴론적인 것과 디오니소스적 사이의 관계에 대한 니체의 매우 난해한 변증론의 결론이다.

22. 비극의 재탄생과 함께 태어나는 미적 청중

주의 깊은 친구는 진정한 음악적 비극의 효과를 순수하고 티 없이 자신의 경험에 따라 머리에 떠올리기 바란다. 나는 이 효과라는 현상을 두 가지 측면에서 기술했으므로,[1] 그는 이제 그 자신의 경험을 해석할 수 있으리라고 생각한다. 다시 말해 그는 자신 앞에서 움직이는 신화와 관련하여 일종의 전지 상태로까지 고양되었다고 느꼈음을 기억할 것이다. 그의 시력이 단순히 피상적인 것에 그치지 않고 내부에까지 뚫고 들어갈 수 있는 것처럼, 또한 그가 의지의 충만, 동기의 갈등, 부풀어 오르는 열정의 물결을 이제 음악의 도움으로 생생하게 움직이는 수많은 선과 도형처럼 분명하게 보고, 그래서

---

1 21장에서 음악적 비극의 효과에 대해 서술한 내용을 말함. 그 하나는 최고의 음악적 황홀경을 자신 속에 흡수한 그리스 비극의 사례를 통한 서술이고, 다른 하나는 〈트리스탄과 이졸데〉 제3막의 사례를 통한 서술이다.

무의식적 움직임의 가장 미묘한 비밀 속에까지 잠길 수 있는 것처럼 말이다. 그는 이처럼 선명성과 정화를 지향하는 자신의 충동이 최고로 고양되는 것을 의식하는 중에 이 기다란 일련의 아폴론적 예술 효과가 조각가나 서사시인, 그러므로 진정으로 아폴론적인 예술가들이 자신의 예술 작품으로 그에게 불러일으키는 무의지적 직관 속의 지속적인 행복한 상태를 낳지 못한다는 점도 마찬가지로 분명하게 느낀다. 즉 저 직관을 통해 도달한 개체화된 세계의 정당성, 아폴론적 예술의 정점이자 진수를 분명하게 느끼는 것이다. 그는 무대 위의 변용된 세계를 바라보면서도 그것을 부정한다. 그는 눈앞의 비극적 주인공을 서사적 명료함과 아름다움 속에서 바라보면서도 그의 파멸에 기뻐한다. 그는 무대 위의 사건을 밑바닥 가장 깊은 곳까지 파악하지만, 파악할 수 없는 상태로 도피하는 것을 좋아한다. 그는 주인공의 행위를 정당하다고 느끼면서도, 이 행위가 그 장본인을 파멸시킬 때 그의 기분은 더욱 고양된다. 그는 주인공에게 닥칠 고통에 전율하면서도, 그것에서 더 높고 훨씬 더 강력한 즐거움을 예감한다. 그는 그 어느 때보다 더 많이 더 깊이 보면서도 자신의 눈이 멀기를 바란다. 우리가 이 놀라운 자기 분열, 아폴론적 정점의 둔화를 디오니소스적 마법, 즉 아폴론적 감정을 짐짓 극도로 자극하면서 그 넘치는 아폴론적 힘을 그 자신을 위해 활용할 수 있는 디오니소스적 마법으로부터가 아니라면 어디에서 유래하는 것으로 추론해야 하겠는가? 비극적 신화는 아폴론적 예술 수단을 통해 디오니소스적 지혜가 형상화된 것으로 이해될 수 있을 뿐이다. 그 신화는 현상세계를 그 한계점까지 끌고 간다. 거기서 현상세계는 자기 자신을 부정하고, 다시 진정하고 유일한 실재의 품속으로 도피하려고 한다. 그런 다음 현상세계는 이졸데와 함께 그녀의 형이상학적인 백조의 노래[2]를 부르기 시작하는 것 같다.

"환희의 바다의
출렁이는 파도 속에
향기로운 물결의
울려 퍼지는 음향 속에
세계의 숨결이
휘몰아치는 삼라만상 속에—
빠져 죽으며—가라앉네—
무의식중에—최고의 기쁨이여!"[3]

2　서양에는 백조가 죽기 직전에 고운 목소리로 운다는 믿기 어려운 상투적인 생각이 전해져 내려오고 있다.

3　〈트리스탄과 이졸데〉의 마지막 장면. 이졸데는 정신을 잃고 트리스탄의 모습에 완전히 빠져 찬양하다가 트리스탄의 시신 위에 쓰러져 숨을 거둔다.

이처럼 우리는 진실로 미학적인 청중의 경험을 통해 비극적인 예술가가 개체를 풍요롭게 생산하는 신처럼 그의 인물을 창조하듯이 예술가 자신을 머릿속에 떠올릴 수 있다. 이러한 의미에서 볼 때 그의 작품은 거의 '자연의 모방'으로 볼 수 없을지도 모른다—하지만 그런 다음 그의 엄청난 디오니소스적 충동은 현상세계의 배후에서 이 세계를 파멸시킴으로써 근원 일자의 품속에서 최고의 예술적인 원초적 즐거움을 예감하도록 하기 위해 이 현상세계 전체를 집어삼켜 버린다. 물론 우리의 미학자들은 영웅의 운명과의 갈등, 윤리적 세계질서의 승리나 비극으로 인해 야기되는 감정의 발산을 진정 비극적인 것으로 특징짓는 일에는 지칠 줄 모르게 되는 반면, 이 근원적 고향으로의 귀향, 비극에서 존재하는 두 예술 신의 의형제 관계, 청중의 아폴론적 흥분뿐 아니라 디오니소스적 흥분에 관해서는 우리에게 아무것도 말해줄 수 없다. 그들의 지칠 줄 모르는 끈기는 그들이 전혀 미적 자극을 받을 능력이 없는 사람은 아닌지, 그리고 비극에 귀 기울이면서 혹시 도덕적 본질로서만 고려하고 있는 것이 아닌지 하는 생각이 들게 한다.

아리스토텔레스 이래로 청중의 예술적 상태나 미적 활동을 추론할 만한 비극의 효과에 대한 설명이 주어진 적이 아직 한 번도 없었다. 때로는 엄중한 사건들을 통해 연민과 공포가 발산됨으로써 가슴이 후련해지도록 몰아가야[4] 하고, 때로는 우리는 선하고 고귀한 원칙이 승리하는 모습과 주인공이 윤리적 세계관을 위해 희생하는 모습을 보면서 감정의 고양과 감격을 느껴야 한다. 나는 많은 사람에게 바로 이것이, 오로지 이것만이 비극의 효과라고 확신한다. 또한 비극을 해석하는 미학자들을 포함하여 이 모든 사람이 최고의 예술인 비극으로부터 아무것도 체험하지 못했다는 사실이 그것으로부터 분명히 밝혀진다. 문헌학자들이 의학적 현상으로 봐야 할지 또는 도덕적 현상으로 봐야 할지 제대로 알지 못하는 저 병리학적인 감정 발산[5], 즉 아리스토텔레스가 말하는 카타르시스는 괴테의 주목할 만한 소견을 상기시킨다. 그는 이렇게 말한다. "생생한 병리학적 관심이 없었다면, 나 역시 어떤 비극적 상황을 다루는 데 결코 성공하지 못했을 것이다. 그런 이유로 나는 비극적 상황을 찾아내기보다는 오히려 그것을 회피했다. 최고의 비장함 역시 고대인들에게는 단지 미적 유희에 불과했다는 것도 혹시 그들의 장점 가운데 하나가

---

4   아리스토텔레스 『시학』(천병희 역, 문예출판사) 제6장 49쪽. "비극은 드라마 형식을 취하고 서술적 형식을 취하지 않으며, 연민과 공포를 환기시키는 사건에 의하여 바로 이러한 감정의 카타르시스를 행한다." 제13장, 77쪽. "가장 훌륭한 비극이 되려면 플롯이 단순하지 않고 복잡해야 한다. 그리고 그것은 공포와 연민의 감정을 불러일으키는 행동을 모방하지 않으면 안 된다."

5   카타르시스에 대해 학자들은 '감정의 정화'를 의미한다는 윤리적 견해와, '감정의 배설'을 의미한다는 의학적 견해로 나뉜다. 니체는 이런 관점을 넘어 격정의 카타르시스조차 미적 유희에 불과하다고 본다.

아니었을까? 우리의 경우에는 그런 작품을 생산해 내기 위해서는 자연의 진리가 함께 작용해야 하기 때문이다."[6] 우리는 바로 그 음악적 비극에서 사실 최고로 비장한 것이 단지 미적 유희에 불과할 수 있다는 사실을 놀랍게도 체험했으므로, 우리의 영광스러운 경험에 따라 이 마지막의 너무나 심오한 질문에 긍정적인 답변을 해도 된다. 그 때문에 우리는 이제야 비로소 비극적인 것의 근원적 현상이 어느 정도 성공적으로 묘사될 수 있음을 믿어도 될 것이다. 지금도 비극의 대표적인 효과에 관해 단지 미학 외적인 영역으로부터만 이야기해야 하고, 자신이 병리학적-도덕적 과정을 넘어서지 못했다고 느끼는 사람은 자신의 미적 천성에 대해 절망해야만 할지도 모른다. 그 대신 우리는 게르비누스[7]의 방식을 따른 셰익스피어 해석과 '시적 정의'[8]의 부지런한 탐색을 순진무구한 대용품으로 그에게 간곡히 추천한다.

그리하여 비극의 재탄생과 함께 **미적 청중** 역시 다시 태어난다. 이제까지 연극 관객석에는 그러한 미적 청중 대신에 반쯤은 도덕적이고 반쯤은 학문적인 주장을 하는 기이한 보상

---

6   괴테가 실러에게 보내는 1797년 12월 19일의 편지.

7   게르비누스는 19세기 중반에 셰익스피어에 관한 글을 발표했다.

8   쇼펜하우어는 '시적 정의'를 요구하는 것은 비극의 본질, 그러니까 세계의 본질까지도 완전히 오인하는 데서 기인한다고 말한다. 흔히 '시적 정의'는 권선징악과 같은 것으로 치부되고 있다.

물인 '비평가'가 앉아 있곤 했다. 이제까지 그의 영역에서는 모든 것이 인위적이었고 단지 삶의 허상으로 분석되어 있었을 뿐이다. 사실상 재현 예술가는 비판적 태도를 취하는 그런 청중과 무엇을 해야 할지 알지 못했고, 그래서 그에게 영감을 불러일으키는 극작가나 오페라 작곡자와 함께 까다롭게 굴면서도 황폐하고 즐길 줄 모르는 존재에게서 삶의 마지막 흔적을 불안하게 찾으려고 했다. 그런데 이제까지는 관중이 그런 종류의 '비평가들'로 구성되어 있었다. 대학생, 학교 남학생, 심지어 가장 무해한 여성까지도 부지불식간에 이미 교육과 저널리즘을 통해 예술 작품을 똑같이 지각하도록 준비되어 있었다. 예술가들 중에서 좀 더 고상한 천성을 지닌 사람들은 그런 관중에게서 도덕적-종교적 힘을 자극할 수 있다고 기대했고, 그리고 사실 강력한 예술의 마법이 진정한 관중을 황홀하게 해야 할 곳에 '윤리적 세계질서'에 대한 호소가 대신 등장했다. 또는 극작가들이 정치적이고 사회적인 현재의 보다 대규모의, 적어도 자극적인 경향을 너무나 명백히 진술해서, 청중은 자신의 비판 능력이 소진된 것을 잊을 수 있었고, 그리고 애국적인 순간이나 호전적인 순간을 경험할 때 또는 의회에서 연설을 들을 때 또는 범죄와 악덕을 단죄할 때의 경우와 비슷한 감정에 자신을 내맡길 수 있었다. 본래의 예술적 의도로부터의 이러한 소외는 가끔 곧바로 경향성 숭배를 초래할 수밖에 없었다. 그렇지만 옛날부터 예술이 허식적으로 될 때마다 나타났던 현상, 즉 저 경향성의 급속한 타락이 여기에서 나타났다. 그 결과 예컨대 극장을 국민에 대한 도덕 교육을 위한 기관으로 활용하는 경향이 생겨났다. 실러의 시대에 진지하게 고려되었던 이러한 구상은 지금은 이미 철지난 교육의 일종으로 신뢰하기 어려운 골동품 취급을 받고 있다. 극장과 연주회장에서는 비평가가, 학교에서는 저널리스트가, 사회에서는 언론이 지배권을 얻는 동안 예술은 가장 저질의 오락물로 타락했고, 미적 비평은 허영적이고 산만하고 이기적이며 더구나 가련할 정도로 비독창적인 형태의 사교를 위한 촉매제로 이용되었다. 이러한 사교의 의미는 고슴도치에 관한 쇼펜하우어의 우화[9]가 잘 알려주고 있다. 그

---

[9] 쇼펜하우어의 『소품과 부록Parerga und Paralipomena』에 수록되어 있는 우화. "어느 추운 겨울날, 고슴도치들은 체온을 유지해서 얼어 죽지 않기 위해 서로 바짝 달라붙어 한 덩어리가 되어 있었다. 그러나 그들은 곧 그들의 가시가 서로를 찌르는 것을 느꼈다. 그리하여 그들은 다시 떨어졌다. 그러자 그들은 추위에 견딜 수 없어 다시 한 덩어리가 되었다. 그러자 가시가 서로를 찔러 그들은 다시 떨어졌다. 이와 같이 그들의 두 악(惡) 사이를 오고 갔다. 그리하여 마침내 그들은 상대방의 가시를 견딜 수 있는 적당한 거리를 발견하게 되었다.

인간의 공허함과 단조로움으로부터 생겨나는 사교에 대한 욕구는 인간을 한 덩어리가 되게 한다. 그러나 그들은 불쾌감과 반발심으로 인해 다시 떨어진다. 그리하여 마침내 그들은 서로 견딜 수 있는 적당한 간격을 발견하게 되었다. 그것이 바로 정중함과 예의이다. 그러므로 그것을 지키지 않는 사람은 "당신의 거리를 유지하라!"(keep your distance!)라는 말을 듣게 되는 것이다. 그 결과 따뜻해지려는 서로의 욕망은 충족되지 않겠지만 가시에 찔리는 현상은 피할 수 있는 것이다.

결과 예술에 관해 지금처럼 말이 많았던 적이 없었고, 또한 지금처럼 예술을 하찮게 여긴 적도 없었다. 그러나 베토벤과 셰익스피어에 대해 대화를 나눌 능력이 있는 사람과 아직 교제를 나눌 수 있는가? 누구나 자신의 느낌에 따라 이 질문에 대답하겠지만, 그는 이 대답으로 자신이 '문화Bildung'라는 것을 어떻게 생각하는지를 드러낼 것이다. 물론 그가 깜짝 놀라서 입을 다물어버리지 않고 어떻게든 이 질문에 대답하려고 하는 한에서 말이다.

반면에 보다 고귀하고 섬세한 천성을 타고난 몇몇 사람은 방금 묘사했던 방식으로 점차 비평적인 야만인이 되었다 하더라도, 가령 성공을 거둔 〈로엔그린〉[10] 공연이 그에게 미친 효과, 예기치 못했을 뿐만 아니라 전적으로 이해할 수 없는 효과에 관해 이야기하지 않을 수 없을지도 모른다. 단지 아마도 그에게는 경고하고 해석하면서 그를 이끌어주는 손길이 없었을 것이므로, 공연 당시 그에게 큰 충격을 주었던 이해할

그러나 내적인 따뜻함이 많은 사람은 다른 사람에게 고통과 괴로움을 주거나 다른 사람으로부터 고통과 괴로움을 받지 않기 위해 사회로부터 멀리 떨어져 있기를 좋아하는 것이다."(『쇼펜하우어의 행복론과 인생론』, 홍성광 역, 을유문화사, 464쪽)

10   1846년에서 1848년 사이에 작곡된 이 낭만적 음악극은 1850년 8월 28일 바이마르에서 리스트의 지휘로 초연되어 큰 성공을 거두었다. 바그너는 1848년 혁명에 가담한 혐의로 수배 중이었던 관계로 초연에 참석하지 못했다.

수 없을 만치 색다르고 전적으로 비교 불가능한 느낌은 고립된 채로 남아 신비로운 별처럼 한순간 빛을 발하다가 꺼져버렸다. 당시 그는 미적 청중이란 무엇인지 어렴풋이 예감했던 것이다.

23. 독일 음악을 통한 독일 신화의 재탄생

자신이 진정한 미적 청중과 얼마나 가까운 관계인지 아니면 소크라테스적-비평적인 인간의 공동체에 얼마만큼 속하는지 자기 스스로 정확하게 검증해 보고자 하는 사람은 무대 위에 재현된 기적을 자신이 어떤 느낌으로 받아들이는지 솔직하게 물어보기만 하면 된다. 즉 그가 가령 엄격한 심리학적인 인과성을 겨냥하는 역사적 감각이 모욕당했다고 느끼는지, 기적을 호의적으로 인정하면서 아이들에게는 이해되지만 그 자신에게는 낯선 현상이라고 받아들이는지 또는 어떤 다른 식으로 감수하는지 물어보기만 하면 된다. 말하자면 이런 식으로 그는 현상의 축약으로서 기적 없이는 성립할 수 없는 신화라는 응축된 세계상을 자신이 어느 정도 이해할 능력이 있는지 측정할 수 있을 것이다. 하지만 엄격한 검증을 받음으로써, 거의 누구나 우리 문화의 비판적-역사적 정신[1]으로 인해 자신이 너무 해체되었다고 느낄 가능성이 농후하다. 가령 학문적인 수단과 매개적인 추상에 의하지 않고는 신화라는 예전의 존재를 믿게 만들 수 없게 된 것이다. 그러나 신화가 없으면 모든 문화는 건강하고 창조적인 자연력을 상실하게 된다. 즉 신화로 둘러싸인 지평만이 전체 문화 운동을 통일시킬 수 있다. 신화만이 상상력과 아폴론적 꿈의 모든 힘을 정처 없는 방랑으로부터 구원한다. 신화의 이미지는 눈에 띄지는 않지만 어디서나 존재하는) 데몬과 같은 파수꾼임에 틀림없다. 그것의 보호를 받고 젊은 영혼은 성장하고, 그것의 신호를 보고 남자는 자신의 삶과 투쟁을 해석한다. 국가조차 종교와 자신의 관계, 자신이 신화적 표상으로부터 생겨났음을 보증해주는 신화적 토대보다 더 강력한 불문율[2]을 알지 못한다.

우리 이제 그 옆에 신화의 인도를 받지 못한 추상적 교육, 추상적 윤리, 추상적 정의, 추상적 국가를 세워보자. 즉 어떠한 토착 신화에 의해 제어되지 않는, 예술적 상상력의 무질서한 방황을 머릿속에 떠올려 보자. 확고하고 신성한 본거지

---

1   비판적-역사적 정신은 신화를 부정적으로 평가한 19세기 역사학의 실증주의 정신을 가리킨다. 니체는 『비극의 탄생』을 쓰던 초기에는 실증주의에 반대하지만 중기에 들어가서는 실증주의와 이성을 옹호하게 된다.

2   소포클레스의 『안티고네』에서 안티고네는 크레온의 포고령보다 신들의 처벌을 받지 않기 위해 영원히 살아 있는 불문율을 따른다.

도 없이 모든 가능성을 소진하고 온갖 문화에 빌붙어 근근이 살아갈 운명에 처한 어떤 문화를 상상해 보자—그것이 바로 신화의 파괴를 조준한 저 소크라테스주의의 결과로서 현재 우리 시대의 모습이다. 이제 신화를 잃은 인간은 영원히 굶주린 채 모든 지나간 시대의 한가운데에 서서, 설령 가장 멀리 떨어진 고대에서 뿌리를 파헤쳐야 할지라도, 땅을 파헤치고 뒤지며 뿌리를 찾고 있다. 충족되지 않은 근대 문화의 엄청난 역사적 욕구, 무수한 다른 문화들을 그러모으는 행위, 소모적인 인식욕이 신화의 상실, 신화적 고향과 신화적 모태의 상실을 지시하지 않는다면 다른 무엇을 지시하겠는가? 열에 들뜨고 그래서 이 문화의 음산한 움직임이 굶주리는 자가 탐욕스럽게 손을 뻗어 음식물을 낚아채는 것과 다른 어떤 행위인지 스스로에게 물어보자—그리고 아무리 집어삼켜도 충족되지 않는 문화, 아무리 영양가 높고 아무리 건강에 좋은 음식물도 '역사와 비평'으로 변형시키곤 하는 그와 같은 문화에 누가 아직 뭔가를 주고 싶은 생각이 들겠는가?

문명화된 프랑스에서 우리가 끔찍하게도 관찰할 수 있었던 것[3]과 똑같은 방식으로 독일적 본질이 이미 독일 문화와 뗄 수 없이 얽혀 있어, 즉 하나가 되어 있다면, 우리는 그 독일

---

3 친독일적인 민족주의 시각에서 프랑스를 부정적으로 보던 니체는 후기로 갈수록 프랑스를 칭찬하고 국수주의적인 독일 정신과 문화를 비판적으로 보게 된다.

적 본질에 대해서도 고통스럽게 절망하지 않을 수 없다. 오랫동안 프랑스의 커다란 장점이었던 것, 그리고 프랑스의 엄청난 우세의 원인이었던 것은 바로 민족과 문화의 일치였다. 우리는 이러한 현상을 보면서 미심쩍은 우리의 이러한 문화가 지금까지 우리 민족성의 고귀한 핵심과 아무런 공통점이 없다는 사실을 행운으로 여기고 칭찬하지 않을 수 없다. 우리의 모든 희망은 오히려 이 불안하게 위아래로 급격하게 움직이는 문화생활과 교양의 경련 밑에 놀랍고 내적으로 건강한 태곳적 힘이 숨겨져 있다는 지각을 향해 동경하며 뻗어간다. 물론 이러한 힘은 엄청난 순간에만 힘차게 한번 요동치다가 그런 다음 미래에 다시 깨어나기를 꿈꾸는 것으로 돌아간다. 이 심연으로부터 독일의 종교개혁[4]이 자라났고, 그 개혁의 합창 속에서 독일 음악의 미래의 가락이 맨 먼저 울려 퍼졌다. 루터의 이 합창은 봄이 임박한 가운데 무성하게 자라난 덤불로부터 갑자기 솟아오르는 최초의 디오니소스적 유혹의 소리로서 너무나 심오하게, 용감하고 혼이 담긴 채, 너무나 넘칠 정도로 훌륭하고 섬세하게 울렸다. 디오니소스적 광신자들의 장엄하고 활기찬 축제 행렬이 이 소리에 경쟁하듯 메아리치며 응답했다. 우리가 독일 음악을 갖게 된 것은 이들 덕

---

4   하지만 후일 니체는 르네상스 자연주의 운동에 반대한 루터와 종교개혁의 반동적 태도를 비난한다.

분이다―그리고 우리는 이들 덕분에 독일 신화의 재탄생을 맞이하게 될 것이다!

나는 이제 관심을 갖고 나를 따라오는 친구를 고독하게 관찰하는 높은 장소로 인도해야 한다는 것을 알고 있다. 그곳에는 그의 동반자가 몇 명밖에 없을 것이다. 나는 우리의 빛나는 안내자들인 그리스인들을 꼭 붙잡고 있어야 한다고 그를 격려하면서 외친다. 지금까지 미적 인식을 정화하기 위해 우리는 저 두 신의 이미지를 그들로부터 빌려왔다. 우리는 이 두 신이 각기 별도의 예술 영역을 다스리고, 서로 접촉하면서 서로를 고양한다는 사실을 그리스 비극을 통해 알게 되었다. 그리스 비극의 몰락은 두 예술적인 근원적 충동(의 기묘한 분열로 인해 필연적으로 초래된 것 같다. 이러한 과정은 그리스 민족성의 타락 및 변화와 발맞추어 일어났다. 이러한 사실은 예술과 민족, 신화와 윤리), 비극과 국가가 토대 면에서 얼마나 필연적으로 긴밀하게 얽혀 있는지 진지하게 성찰할 것을 우리에게 촉구한다. 비극의 몰락은 동시에 신화의 몰락이었다. 그때까지 그리스인들은 체험한 모든 것을 즉각 그들의 신화와 자기도 모르게 연결시키지 않을 수 없었다. 그러니까 이렇게 연결시켜야만 그들이 체험한 것을 이해할 수 있었다. 이러한 사실로 인해 바로 눈앞의 현재도 그들에게는 즉각 '영원이라는 관점으로'[308], 그리고 어떤 의미에서는 시대를 초월한 것으로 보일 수밖에 없었다. 그러나 예술과 마찬가지로 국가는 찰나의 부담과 탐욕으로부터 안식을 얻기 위해 시대를 초월한 것의 이러한 흐름 속에 자신을 담갔다. 한 민족은 인간과 마찬가지로 자신의 경험에 영원의 도장을 찍을 수 있는 만큼의 가치만 지닌다. 왜냐하면 그런 식으로 민족은 말하자면 세속화에서 벗어나서, 시간의 상대성 또 삶의 진정한, 즉 형이상학적 의미에 관한 자신의 무의식적인 내적 확신을 보여주기 때문이다. 그러나 어떤 민족이 자신을 역사적으로 이해하기 시작하고, 자신을 둘러싸고 있는 신화적 보루를 파괴하기 시작하면 그와는 정반대의 현상이 벌어진다. 즉 보통 결정적인 세속화, 자신의 이전의 현존을 떠받치던 무의식적인 형이상학과의 단절이 모든 윤리적 결과로 그와 결부되어 나타난다. 그리스 예술, 특히 그리스 비극은 무엇보다 신화의 파괴를 저지했다. 그리스인들은 그들 고향의 토양으로부터 벗어나 사상, 윤리와 행위의 황무지에서 아무 제약 없이 살 수 있기 위해 신화도 함께 파괴해야 한다. 지금도 저 형이상학적인 충동은 삶을 얻으려고 애쓰는 학문의 소크라테스주의 속에서, 비록 약화된 것이긴 했지만 하나의 변용 형식을 만들어내려고 한다. 그러나 보다 낮은 단계에서는 똑같은 충동이 단지 온갖 곳에서 잔뜩 모아 수북이 쌓아둔 신화와 미신(Superstition)의 복마전 속으로 점차 빠져드는 열에 들뜬 탐색으로 이어질 뿐이다.

5　　sub specie aeterni.

그 한가운데에 그리스인이 그럼에도 여전히 진정되지 않은 가슴으로 앉아 있었다. 그러다가 마침내 그는 그리스적 명랑성과 그리스적 명랑성을 가지고 한 명의 그래쿨루스[6]로서 저 열기를 위장하는 법이나 또는 동양적으로 몽매한 어떤 미신[7](Aberglaube) 속에 자신을 완전히 마비시키는 법을 터득하게 되었다.

15세기에 알렉산드리아적-로마적 고대의 소생[8] 이래 오랫동안의 묘사하기 어려운 막간을 거쳐 우리는 이제 가장 눈에 잘 띄는 방식으로 이러한 상태에 가까이 다가가게 되었다. 우리는 그 정점에서 똑같은 아주 풍부한 지식욕, 똑같은 채울 수 없는 발견자의 행복, 똑같은 끔찍한 세속화에 직면했으며, 그리고 이와 아울러 정처 없는 방랑, 남의 식탁으로의 탐욕스러운 돌진, 경박한 현재 숭배, 또는 둔감하게 마비된 은둔,

---

6   그래쿨루스(Graeculus)는 '작은 그리스인', '그리스 애송이'라는 뜻으로 모욕적인 어감을 담고 있다.

7   이시스 숭배와 미트라교, 기독교가 동방으로부터 그리스에 유입되었다.

8   니체는 르네상스를 그리스 정신의 진정한 부활로 여기지 않았기에 그것을 '알렉산드리아적-로마적 고대의 소생'이라고 칭하고 있다. 하지만 니체는 『인간적인 것, 너무나 인간적인 것』에서 초기의 견해를 뒤집고 이탈리아의 르네상스가 근대 문화를 해방한 것을 찬양하고 종교개혁이 르네상스와 더불어 시작된 진보의 흐름을 지체하려고 한 것을 비난한다. 그는 그 책을 계몽주의의 예지자인 볼테르에게 바치며, 계몽주의 정신을 단념한 쇼펜하우어의 실수를 짚어낸다.

'현시대Jetztzeit'라는 '무상한 상 아래[9]'에서 이 모든 현상이 벌어졌다. 즉 이러한 것은 우리 자신의 문화의 심장에 유사한 결함, 즉 신화의 파괴를 암시해 주는 동일한 징후들이다. 어떤 낯선 신화를 다른 곳에 옮겨심을 때 나무를 치유 불가능하게 손상하지 않고, 지속적인 성공을 거두며 그 낯선 신화를 이식한다는 것은 거의 불가능한 것 같다. 그 나무는 혹시 한때 무섭게 투쟁하여 저 이질적 요소를 배척할 만큼 강력하고 건강할지도 모르지만, 보통은 쇠약해지고 발육이 정지되거나 또는 병적으로 과도하게 자라다가 피폐해지고 만다. 우리는 독일적 본질의 순수하고 강력한 핵심을 높이 평가하므로 강제로 이식된 낯선 요소들의 제거를 바로 그 본질로부터 감히 기대하며, 그리고 독일 정신이 다시 각성하여 그 자신의 모습으로 돌아오는 것을 가능하다고 간주한다. 어떤 사람들은 아마도 이 독일 정신이 라틴적 요소를 제거하는 것으로 자신의 투쟁을 시작해야 한다고 생각할 것이다. 이들은 지난 전쟁[10]에서의 무적의 용기와 피에 물든 영광을 이 투쟁을 위한 외적 준비이자 격려로 인식할지도 모른다. 그러나 내적인 필요성은 앞서 이 길을 간 숭고한 선구자들, 예컨대 우리의 위대한 예술가와 시인뿐만 아니라 루터와 끊임없이 동등해

---

9   sub specie saeculi.

10   독불전쟁을 가리킨다.

지려는 경쟁심에서 찾아야 할 것이다. 하지만 그들이 가정의 수호신들이나 자신의 신화적 고향, 모든 독일적 사물의 '회복' 없이 비슷한 투쟁을 치를 수 있다고 믿지 않기를 바란다! 그 독일인이 더 이상 길이 친숙하지 않아 주저하며 오래전에 잃어버린 고향으로 자신을 다시 데려다줄 안내자를 찾아 주위를 두리번거린다면—그는 그의 머리 위를 맴돌며 그에게 고향으로 가는 길을 가리키려고 하는 그 디오니소스적 새[11]가 환희에 차서 유혹하는 소리에 귀 기울이기만 하면 될 것이다.

---

11   바그너의 〈지크프리트〉 제2막에서 숲속 새는 지크프리트에게 브룬힐트가 잠자고 있는 곳으로 안내해 준다. 숲속 새는 곧 그의 무의식의 소리이다. 용이 된 파프너의 피를 마신 지크프리트는 갑자기 산새들의 말을 알아듣는 능력을 갖게 된다. 산새 한 마리가 그에게 동굴로 들어가 요술 투구와 반지를 취하라고 알려준다. 산새가 그에게 다시 미메를 주의하라고 속삭인다. 미메가 피곤할 테니 쉬라며 독약이 든 음료를 건네자 이를 눈치챈 지크프리트는 그를 찔러 죽인다. 지친 지크프리트가 나무 그늘에서 휴식을 취하면서, 자신의 쓸쓸함을 토로하며 아내를 가지고 싶다고 말하자, 산새는 바위 위에 잠들어 있는 브륀힐데에 대해 알려준다. 두려움을 모르는 용사만이 그녀를 구할 수 있다는 새의 충고를 따라 지크프리트는 브륀힐데가 있는 곳으로 인도해 달라고 부탁하며 길을 나선다.

24. 음악과 신화 사이의 친화력

음악적 비극의 독특한 예술적 효과들 중에서 우리는 디오니소스적 음악과의 직접적인 합일로부터 우리를 구해주는 아폴론적 기만을 강조해야 했다. 반면에 우리의 음악적 흥분은 아폴론적 영역으로 또 사이에 끼워 넣어진 가시적 중간 세계로 발산될 수 있다. 이와 동시에 우리는 바로 이러한 발산이 무대 위의 사건이 전개되는 중간 세계, 즉 연극을 다른 어떤 아폴론적 예술에서는 도달할 수 없는 정도로 내부로부터 가시적이고 이해할 수 있게 만들었다는 것을 관찰했다고 생각했다. 그리하여 우리는 이 아폴론적 예술이 말하자면 음악의 정신에 의해 날개를 달고 높이 솟구치는 바로 여기에서 아폴론적 예술의 힘이 최고로 상승하고, 따라서 아폴론과 디오니소스 사이의 저 의형제 관계 속에서 디오니소스적 예술 의도뿐 아니라 아폴론적 예술 의도 역시 정점에 이른다는 것을 인정하지 않을 수 없었다.

　물론 아폴론적 빛의 영상은 음악에 의해 내부로부터 조명을 받으면서 아폴론적 예술의 보다 약한 등급들 특유의 효과를 달성하지 못했다. 서사시니 혹은 혼이 깃든 돌이 할 수 있는 일, 즉 직관하는 눈이 개체의 세계에서 고요한 희열을 얻도록 하는 일이 보다 높은 정도의 생기와 명료성에도 불구하고 이곳에서는 달성될 수 없었다. 우리는 연극을 보면서 꿰뚫어 보는 시선으로 그 내부의 동요하는 동기의 세계 속으로 들어갔다―그렇지만 우리에겐, 우리가 그 이미지의 가장 심오한 의미를 거의 간파했다고 믿은 하나의 비유적인 이미지만이 우리 곁을 스쳐 지나가는 것처럼 생각되었고, 그리고 그 배후에 있는 근원적 이미지를 알아보기 위해 그 비유적인 이미지를 커튼처럼 걷어버리기를 바랐다. 그 이미지가 아무리 밝고 명료해도 우리에겐 충분하지 않았다. 왜냐하면 이것은 무언가를 드러내는 것만큼이나 은폐하는 것 같았기 때문이다. 그 이미지는 자신의 비유적인 드러냄으로 베일을 찢어버리고 신비로운 배경이 드러나기를 촉구하는 것 같았던 반면, 다시금 바로 환히 밝혀진 명료성은 우리의 눈을 사로잡아 그 눈이 더 깊이 뚫고 들어가는 것을 저지했다.

　보아야 하면서 그리고 동시에 단순히 보는 것을 넘어서서 동경하는 것을 체험해 보지 못한 사람은 이 두 가지 과정이 비극적 신화의 관찰에서 얼마나 확실하고 명백하게 나란히 존재하고 나란히 느껴지는지 상상하기 힘들다고 여길 것이다. 반면 진정으로 미적인 관객은 비극의 독특한 효과들 중에서 이러한 병존이 가장 주목할 만하다는 것을 내게 확인해줄 것이다. 이제 미적인 관객의 이러한 현상을 비극적 예술가에게서 일어나는 유사한 과정으로 옮겨보면, 우리는 비극적 신화의 발생을 이해하게 될 것이다. 비극적 신화는 아폴론적 영역과는 가상과 직관에 대한 완전한 즐거움을 공유하는 동시에 이 즐거움을 부정하고 가시적 가상세계의 파괴로부터 훨씬 더 높은 만족을 얻는다. 비극적 신화의 내용은 처음에는 투쟁하는 영웅을 찬미하는 서사적 사건이다. 그러나 영웅의 운명에서 볼 수 있는 고뇌, 더없이 고통스러운 극복, 동기들의 더없이 고뇌에 찬 대립, 요컨대 실레노스의 지혜의 실례, 또는 미적으로 표현한다면 추한 것과 부조화한 것이 그토록 무수한 형식 속에서 그러한 편애를 받으며, 그것도 한 민족의 가장 풍요롭고 가장 젊은 시대에 늘 새로이 표현된다는 그 자체로 저 수수께끼 같은 특징은, 바로 이 모든 것에서 보다 높은 즐거움이 지각되지 않는다면 어디에서 유래하는 것일까?

왜냐하면 삶이 정말 그토록 비극적이라고 말하는 것으로는 어떤 예술형식의 생성을 조금도 설명할 수 없을 것이기 때문이다. 만약 예술이 자연 현실의 모방일 뿐만 아니라 자연 현실을 극복하기 위해 그 곁에 나란히 세워놓은 자연 현실에 대한 형이상학적 보충이라고 한다면 말이다. 비극적 신화는 아무튼 그것이 예술에 속하는 한 예술 일반의 이러한 변용이라는 의도에 전적으로 참여한다. 그러나 만약 비극적 신화가 현상세계를 고통받는 영웅의 이미지로 보여준다면, 그것은 무엇을 변용시키는 것인가? 그렇다고 이러한 현상세계의 '실재'를 변용시키는 것은 결코 아니다. 왜냐하면 비극적 신화는 우리에게 바로 이렇게 말하기 때문이다. "보아라! 자세히 보아라! 이것이 그대들의 인생이다! 이것이 그대들 현존시계(Daseinsuhr)의 시침이다!"

그러면 그 신화가 인생을 보여준 것은 그로써 우리 눈앞에서 그 인생을 변용시키기 위해서란 말인가? 하지만 만약 그렇지 않다면 우리가 저 이미지들이 우리 곁을 지나가게 하는 것에서 미적 즐거움을 느끼는 것은 어찌 된 까닭인가? 나는 미적 즐거움에 대해 묻고 있으며, 그 밖에 이러한 이미지들 중의 많은 것이 가령 동정이나 도덕적 승리의 형식을 띠고 또한 어떤 도덕적 흥겨움을 낳을 수 있다는 것도 잘 알고 있다. 물론 미학에서 너무 오랫동안 통례였던 것처럼, 비극적인 것의 효과를 단지 이러한 도덕적 원천으로부터만 추론하려고 한 사람은 자신이 그로써 예술을 위해 무언가를 했다고 생각해서는 안 될 것이다. 즉 예술은 무엇보다도 자신의 영역에서 순수성을 요구해야 한다. 비극적 신화의 설명을 위해 제일 먼저 요구되는 것은 동정, 공포, 도덕적 숭고함의 영역에 관여하지 않고 순전히 미적 영역에서 신화 특유의 즐거움을 찾는 일이다. 비극적 신화의 내용을 이루는 추한 것과 부조화한 것이 어떻게 미적 즐거움을 불러일으킬 수 있는가?

이제 여기서 우리는 "현존과 세계는 오직 미적 현상으로만 정당화되는 것 같다"[1]는 이전의 명제를 되풀이하면서, 예술의 형이상학 속으로 과감하게 뛰어들 필요가 있다. 즉 그러한 의미에서 바로 그 비극적 신화는 추한 것과 부조화한 것조차, 의지가 자신의 즐거움이 영원히 충만한 가운데 그 자신과 노는 하나의 예술적 놀이라는 사실을 우리에게 확신시켜야 한다. 그러나 디오니소스적 예술의 파악하기 어려운 이 근원적 현상은 직접적인 방법으로 유일하게 이해될 수 있고, **음악적 불협화음**[2]이라는 놀라운 의미를 통해 즉각적으로 파

---

1   이 책 제5장의 끝부분 참조.

2   음악극에서 성악보다 관현악을 중시한 바그너는 매우 강렬한 극적 효과를 불러일으키는 반음계적 불협화음을 즐겨 사용했다. 바그너는 이 반음계적 불협화음을 불안정한 영혼의 상태를 묘사하는 데 누구보다도 더 효과적으로 사용했다. 이런 마술적인 방법을 통해 〈방랑하는 네덜란드인〉, 〈로엔그린〉, 〈지크프리트〉, 〈트리스탄과 이졸데〉 같은 고독한 인간들이 탄생했다. 바그너는 음악에 대한 아이디어를 쇼펜하우어로부터 얻었다. 쇼펜하우어는 소망에서 충족으로, 이 충족에서 새로운 소망으로 재빨리 옮겨가는 것이야말로 인간의 행복이고 안녕인데, 충족이 이루어지지 않는 것은 고통이고, 새로운 소망이 없는 갈망은 권태라고 본다. 그는 선율을 여러 가지 형태를 띠는 의지의 노력으로 보면서, 결국 화음의 단계, 더구나 으뜸음으로 되돌아감으로써 충족을 나타낸다고 말한다. "소망에서 충족으로, 이 충족에서 새로운 소망으로 재빨리 옮겨가는 것이 행복이고 안녕이듯이, 으뜸음에서 크게 벗어나지 않는 빠른

악될 수 있다. 세계 옆에 세워진 음악만이 우리가 미적 현상으로서의 세계의 정당화를 어떻게 이해할 수 있는가에 관한 개념을 제공할 수 있다. 비극적 신화가 낳는 즐거움은 음악에서 불협화음이 주는 즐거운 느낌과 같은 고향을 갖는다. 디오니소스적인 것은 고통에서조차 지각된 자신의 근원적 즐거움과 함께 음악과 비극적 신화를 낳는 공통의 모태이다.

그러는 사이에 우리가 불협화음이라는 음악적 관계의 도움을 받음으로써 비극적 효과라는 저 어려운 문제를 상당히 쉽게 만든 것이 아닐까? 그렇지만 이제 우리는 비극에서 보려고 하면서도 이와 동시에 보는 것을 넘어 동경한다는 것이 무엇을 의미하는지 이해하고 있다. 즉 이러한 상태를 우리는 예술적으로 활용된 불협화음과 관련해, 들으려 하면서도 이와 동시에 듣는 것을 넘어 동경하려고 하는 것과 똑같은 것으로 특징지어야 할지도 모른다. 명료하게 지각된 현실에서 최고의 즐거움을 느끼면서 무한성을 향한 노력, 즉 동경의 날갯짓은 두 가지 상태가 디오니소스적 현상에서 일어나는 양상임을 우리에게 상기시킨다. 디오니소스적 현상은 거

선율은 즐겁다. 고통스러운 불협화음으로 되면서, 여러 소절을 거친 후에야 으뜸음으로 느릿느릿 돌아가는 선율은 충족이 지연되고 어려워진 것 같아 슬프다. 새로운 의지 활동의 지연, 즉 권태는 다름 아닌 으뜸음이 언제까지나 계속되는 것을 표현하는 것이며, 그 결과 이내 참을 수 없게 될 것이다."(『의지와 표상으로서의 세계』, 앞의 책, 367쪽)

듭 되풀이하여 개체 세계의 유희적인 건설과 파괴가 원초적 즐거움의 산물임을 우리에게 보여주고 있다. 이는 어두운 자(Dunkle) 헤라클레이토스[3]가 세계를 형성하는 힘을 장난삼아 돌멩이를 이리저리 옮기면서 모래성을 쌓았다가 다시 허물어버리는 어린아이에 비유한 것과 유사한 방식으로 이루어진다.

그러므로 한 민족의 디오니소스적 능력을 올바로 평가하기 위해서는 그 민족의 음악뿐 아니라 그 능력의 두 번째 증거인 이 민족의 비극적 신화에 대해서도 반드시 생각해 보아야 한다. 이렇게 음악과 신화 사이에는 더없이 긴밀한 친화력이 존재하므로 우리는 같은 방식으로 이제 어느 한 쪽의 변질과 퇴화가 다른 쪽의 위축과 연결되리라고 추측할 수 있다. 무릇 신화의 약화는 디오니소스적 능력의 쇠약을 표현하기 때문이다. 독일적 본질의 발전을 흘끗 살펴보면 이 신화와 음악 이 두 가지에 대해선 의심의 여지가 없을지도 모른다. 즉 저 소크라테스적 낙관주의의 비예술적이면서도 삶을 갉아먹는 본성이 신화가 없는 우리 현존의 추상적 성격에서처럼 오페라에서도, 개념에 따르는 삶에서처럼 오락의 차원으

---

3 고독을 즐기고 선대 사상가들을 거침없이 비판한 헤라클레이토스는 이해하기 어려운 기이한 행동과 수수께끼 같은 심오한 말들을 많이 했기 때문에 후대 사람들로부터 '스코테이노스'(어두운 자, 모호한 자), '수수께끼를 내는 자'라고 불렸다.

로 떨어진 예술에서도 우리에게 드러난 것이다. 하지만 그럼에도 독일적 정신이 놀라운 건강과 심오함, 디오니소스적 힘 속에서 파괴되지 않고 마치 선잠에 빠진 기사(騎士)처럼 접근할 수 없는 깊은 심연 속에서 휴식을 취하며 꿈꾸고 있다는 조짐이 있어서 우리에게 위안이 된다. 이 독일 기사가 지금도 자신의 태곳적 디오니소스 신화를 복되고 진지한 환영들 속에서 꿈꾸고 있다는 사실을 이해시켜 주기 위해 이 심연으로부터 디오니소스적 노래가 솟아 나온다. 독일적 정신이 저 고향에 관해 이야기하는 새의 노랫소리[4]를 아직도 그처럼 분명히 알아듣는 있는 한, 독일적 정신이 자신의 신화적 고향을 잃어버렸다고 아무도 생각하지 않을 것이다. 어느 날 독일적 정신[5]은 엄청난 잠을 자고 난 아침의 온갖 상쾌한 기분 속에서 깨어나 있는 자신을 발견하게 될 것이다. 그런 다음 그는 용을 죽이고, 음흉한 난쟁이들을 파멸시키고, 브륀힐데를 잠에서 깨울 것이다―보탄의 창(槍)[6]조차 그의 길을 막을 수 없

---

4 바그너의 〈지크프리트〉 제2막에서 지크프리트는 용인 파프너를 퇴치하면서 피를 마신 후 산새들의 소리를 알아듣는 능력을 얻게 된다.

5 여기서 독일적 정신은 지크프리트를 가리킨다.

6 바그너의 〈지크프리트〉제2막에서 보탄과 우연히 만나 싸우게 된 지크프리트는 보탄의 창을 부러뜨린다. 보탄은 손자 지크프리트를 보면서 신들의 파멸을 예감하면서 슬퍼하지만, 한편으로는 자신을 대신해 지크프리트가 세계를 구원해주리라는 희망을 갖는다.

을 것이다!

　나의 벗들, 디오니소스의 음악을 신뢰하는 그대들이여, 그대들 역시 비극이 우리에게 어떤 의미가 있는지 알고 있다. 비극 속에서 우리는 음악으로부터 다시 태어나 비극적 신화를 갖게 된다―그리고 신화 속에서 그대들은 뭐든지 희망하고, 가장 고통스러운 것은 잊어버릴지도 모른다! 그러나 우리 모두에게 가장 고통스러운 것은 독일의 수호신이 집과 고향으로부터 소원해져 음흉한 난쟁이들을 위해 살아왔던 오랫동안의 굴욕이다. 그대들은 내 말을 이해한다―그대들은 또한 결국 내 희망도 이해하게 되듯이 말이다.

25. 디오니소스적 능력의 표현인 음악과 신화

음악과 비극적 신화는 똑같은 방식으로 한 민족의 디오니
소스적 능력의 표현이며, 서로 떼어놓을 수 없는 관계에 있
다. 양자는 아폴론적인 것의 저편에 놓인 예술 영역에서 유래
한다. 양자는 어떤 영역, 그 즐거움의 화음 속에서 세계의 끔
찍한 이미지와 마찬가지로 불협화음이 매력적인 소리로 멎
는 어떤 영역을 변용시킨다. 양자는 극도로 강력한 자신의 마
법을 믿으면서 불쾌의 가시를 가지고 논다. 양자는 '최악의
세계'[1]의 존재조차도 정당화하기 위해 이러한 놀이를 이용

---

1   라이프니츠는 이 세계를 가능한 세계들 중 최상의 세계라고 말한 데 비
해, 쇼펜하우어는 이 세계가 가능한 세계들 중 최악의 세계라고 말했다. 토마
스 만은 그에 이어 이렇게 말한다. "생각할 수 있는 온갖 세계들 중에서 최상
의 세계라는 이 세계를 가리켜 주인되는 유희 정신은 조소적으로 그것이 생
각할 수 있는 최악의 세계임을 입증했다는 것이다."(『부덴브로크 가의 사람들
2』, 홍성광 역, 민음사, 2001, 347쪽 참조)

한다. 여기에서 아폴론적인 것과 비교해 볼 때 디오니소스적인 것이 현상의 세계 전체를 현존 속으로 불러들이는 영원하고 근원적인 예술적 힘으로서 자신의 모습을 드러낸다. 생명을 얻은 그 개체화의 세계가 살아 있게 하기 위해서는 이 현상세계의 한가운데에 하나의 새로운 변용의 가상이 필요해진다. 만약 우리가 불협화음[2]이 인간이 되는 것[3]을 생각할 수 있다면—그리고 인간은 달리 무엇이란 말인가?—이 불협화음은 살아 있기 위해 그 자신의 고유한 본질을 아름다움의 베일로 은폐하는 훌륭한 환상을 필요로 할 것이다. 이것이 아폴론의 진정한 예술적 의도이다. 우리는 매 순간 현존 일반을 살 만한 가치가 있는 것으로 만들고, 그다음 순간을 체험하도록 우리에게 촉구하는 아름다운 가상의 저 모든 무수한 환상들을 아폴론이라는 이름으로 통합한다.

이 과정에서 모든 존재의 저 토대, 세계의 디오니소스적 기반으로부터 정확히 저 아폴론적 변용력에 의해 다시 극복될 수 있는 만큼만 인간 개체의 의식에 들어올 수 있다. 그래서 이 두 가지 예술 충동은 영원한 정의의 법칙에 따라 엄격

---

2   여기서 불협화음은 근원 일자인 디오니소스를 가리킨다.

3   'Menschenwerdung인간되심'은 '그리스도의 강생降生'을 의미한다. 빌립보서 2장 7~8절. "오히려 자기를 비워 종의 형체를 가지사 사람들과 같이 되셨고, 사람의 모양으로 나타나사 자기를 낮추시고 죽기까지 복종하셨으니 곧 십자가에 죽으심이라"

한 상호 균형 속에서 자신의 힘을 펼치지 않을 수 없다. 디오니소스적인 힘들이 우리가 지금 체험하고 있는 것만큼 격렬하게 일어나는 곳에서는 아폴론도 이미 구름에 감싸여 우리한테 내려왔음에 틀림없다. 어쩌면 다음 세대는 그의 가장 풍성한 미의 효과를 보게 될지도 모른다.

그러나 이러한 미적 효과가 필요하다는 것, 그것에 대해서는 누구나 가장 확실하게 직각적으로 느낄지도 모른다. 비록 꿈속에서라도 그가 한번 고대 그리스의 실존으로 도로 옮겨졌다고 느낀다면 말이다. 즉 높다란 이오니아식 주랑(柱廊) 밑을 거닐면서 순수하고 고상한 선으로 새겨진 지평선을 올려다보며, 빛나는 대리석 속에 비치는 자신의 변용된 모습 곁에서, 조화로운 음을 내고 율동적인 몸짓 언어로 엄숙하게 걷거나 우아하게 움직이는 사람들에 둘러싸인 그는—이처럼 끊임없이 아름다움이 밀려오는 가운데 아폴론에게 손을 들어 이렇게 외쳐야 하지 않겠는가. "축복받은 민족, 그리스인들이여! 델로스[4]의 신이 그대들의 주신 찬가적 광기를 치유하기 위해 그러한 마법이 필요하다고 생각한다면, 그대들 사이에서 디오니소스는 얼마나 위대한 존재였겠는가!"—그러나 이런 기분에 잠겨 있는 사람에게 아테네의 어느 백발노인

---

4   그리스의 에게해의 섬으로 델포이와 함께 아폴론의 신전이 있는 곳임. 이 섬에는 그것 말고 아르테미스와 아테나 여신의 신전도 있다.

이 아이스킬로스 같은 숭고한 눈으로 처다보면서 이렇게 대꾸할지도 모른다. "그대 이상한 이방인이여, 그러나 이런 사실도 생각해 보게. 그토록 아름답게 되기 위해 이 민족이 얼마나 많은 고통을 겪어야 했겠는가! 그러나 지금 나를 따라와 비극을 보고, 나와 함께 두 신의 신전에 제물을 바치세!"

니체의 삶과 『비극의 탄생』, 주요 저작 해설

홍성광

1. 니체는 누구인가?

프리드리히 니체(Friedrich Nietzsche)는 1844년 10월 15일 독일의 작센주의 뤼첸 근처 뢰켄에서 태어났다. 하이네의 운문 서사시 『독일. 어느 겨울 동화』가 나온 해였고, 그로부터 4년 후에 마르크스와 엥겔스의 『공산당 선언』이 나왔다. 1840년대는 독일에서 산업화가 막 시작되던 시대였다. 니체의 할아버지와 아버지, 외할아버지 모두 루터교 목사였다. 그런데 니체가 다섯 살 때 아버지가 뇌연화증으로 사망하는 바람에 니체는 할머니, 어머니, 고모, 여동생 등 순전히 여자들 틈에서 자라게 되었다. 이 여인들이 집안의 유일한 사내인 니체를 너무 애지중지하는 바람에 그가 여성적이고 섬세하며, 감수성이 예민한 아이로 자라게 했다. 전형적인 시골 성직자의 모습을 지닌 아버지는 온화한 성품으로 음악을 좋아했고, 어머니는 신앙심이 깊은 여자였다.

아버지는 뢰켄 교구의 목사직을 맡기 전에 알렌부르크 성에서 몇 년간 프로이센의 공주 네 명을 가르쳤다. 그래서 아버지는 프로이센 왕 프리드리히 빌헬름 4세에게 매우 충성했으며, 왕은 그에게 목사직을 하사했다. 그러했기에 그는 1848년 독일의 민주화 운동이 일어났을 때 그것에 부정적인 입장이었다. 니체는 프로이센 왕과 생일이 같다는 이유로 '프리드리히 빌헬름'이라는 이름을 얻었다. 그래서 니체의 생일은 나라의 축제일이기도 했다. 그러나 니체는 프로이센 특유의 권위주의 문화를 끔찍하게 여겼기 때문에 프로이센 왕가에 대한 감정도 그다지 좋지 않았다. 한편 니체의 귀족적 성향, 도덕적 엄격성, 명예심, 질서를 존중하는 마음 등에 대한 의식은 부모의 집에 완전히 자리 잡고 있었다. 종종 열정을 분출하기도 했지만 조용하고 과묵한 니체는 다른 아이들을 멀리했으며, 외부 세계와 단절되어 조용하고 단순하지만 행복한 생활을 했다. 하지만 그의 실제 성격은 온화하고 유머를 좋아했으며 사교성이 없지 않았다고 한다. 마을 주변이 자신의 세계였으며, 멀리 떨어진 곳은 어디든 그에게는 마법의 세계였다.

바그너와 같은 해에 태어난 아버지 카를 루트비히 니체가 36세의 나이로 세 자녀를 남겨두고 1849년 사망하자 어머니

프란치스카는 가족을 데리고 나움부르크로 이주했다. 그곳에서 지적 정열이 왕성한 니체는 신학과 고전 문헌학을 비롯하여 문학, 철학, 어학, 음악 등 다방면으로 관심 영역을 넓혀 갔다. 이때 그는 셰익스피어, 휠덜린, 실러 등의 작품을 열심히 읽으며 글 읽기와 글쓰기에 관심을 가졌다. 이즈음부터 그는 평생토록 편두통과 눈의 통증에 시달리게 되었다.

어린 시절 니체는 아주 얌전하고 예의 바르며 종교적 열성을 보이는 모범 소년으로 '꼬마 목사'라는 별명을 얻게 되었다. 심지어 소나기가 쏟아지는데도 의젓하고 품위 있게 학교에서 집으로 돌아가는 그의 모습이 목격되기도 했다. 그는 성경 구절과 찬송가를 기가 막히게 암송했고, 사람들은 그에 감동하여 눈물을 흘리지 않을 수 없었다. 또 어려서부터 피아노를 배워 즉흥 연주를 했고, 8세 때부터 작곡을 하는 등 음악에 남다른 재주를 보였다. 13세에 그는 이미 악의 문제에 골몰했고, 14세 때에 벌써 자서전 격인 '나의 생애'를 쓰기도 했다. 그는 '가슴속에 반은 어린이를, 반은 신을' 품고 있던 어린 시절 장난스럽게 최초의 철학적 사유에 전념해 신을 악의 아버지로 여김으로써 그 문제를 나름대로 해결했다. 니체는 명문 슐포르타 김나지움에 다니면서 경직된 학교 분위기와 낡은 도덕을 비웃으며 반항적 기질을 드러내기 시작했다. 한번은 학생들을 감독하고 보고서를 제출하는 일을 맡았는데, 그는 다소 장난기 섞인 익살스러운 내용으로 기록했다. 엄격한 교사들은 그를 종교재판에 회부했고, 벌칙으로 세 시간 동안의 감금과 몇 차례의 외출금지를 선고했다. 그러자 학교생활에 염증을 느낀 니체는 음악에서 안식처를 찾아 슈베르트나 슈만의 영향이 두드러진 곡들을 작곡하기도 했다.

니체는 어머니의 희망대로 목사가 되기 위해 본대학 신학과 들어갔으나 기독교에 대한 회의에 빠지게 되었다. 그런 연유로 독일의 개신교 신학자이자 자유주의 신학의 거두인 리츨(F. W. Ritschl) 교수의 권유도 있고 해서 그는 결국 신학을 버리고 문헌학으로 전공을 바꾼다. 이듬해 1865년 스승 리츨이 동료 오토 얀 교수와의 불화로 라이프치히대학으로 자리를 옮기자 니체는 몇 명의 학생과 함께 그를 따라 라이프치히대학으로 옮겨갔다. 그는 그곳에서 본대학에서의 실패를 만회하려는 자세로 문헌학 연구에 열성을 쏟았다. 니체는 학창 시절 핀다로스의 조언 '네 자신이 되어라!'를 가슴에 새긴다. 이 말은 스스로 생각하고 자신의 길을 가라는 칸트와 쇼펜하우어의 조언과도 겹친다.

라이프치히에서 니체의 생애에 결정적인 영향을 끼친 사건이 일어났다. 니체는 1865년 10월 헌책방에서 쇼펜하우어의 주저 『의지와 표상으로서의 세계』를 우연히 집어 든 것이다. 그는 무언가에 홀린 듯 그 책을 사서는 새벽 6시부터 다음날 밤 2시까지 꼬박 2주일에 걸쳐 그 철학 서적을 탐독했다. 그리고 나서 니체는 쇼펜하우어가 마치 자신을 위해서 그 책을 써놓은 것 같다고 말했다. 이 독서는 니체가 철학과 관계를 맺는 결정적인 계기가 되었다. 이후부터 그는 쇼펜하우어 철학에 심취해 친구들이나 여동생에게까지 쇼펜하우어를 공부하도록 설득했다. 그 후 니체는 1868년 초까지 쇼펜하우어 철학에 몰두하면서 점차 무미건조한 고전 문헌학에 회의를 느끼게 된다. 이제 쇼펜하우어 철학은 니체의 사고에 기본 틀을 형성하게 된다. 그래서인지 니체는 자신의 책상에 아버지와 함께 쇼펜하우어의 초상화를 올려두기도 했다.

1865년 21세의 니체는 퀼른으로 여행을 떠난다. 니체는 관광 안내인에게 좋은 음식점을 소개해 달라고 했는데 그자가 제멋대로 넘겨짚고 그를 유곽으로 데리고 간다. 그곳에서 도망을 친 니체는 트라우마라고 부를 수 있는 일종의 정신적 충격을 받았다. 그런데 일 년 후 그는 안내인 없이 혼자 다시 그곳을 찾아갔다. 아마 이때 니체가 몹쓸 병에 걸리지 않았나 추정된다. 그러고 24년이 지난 후 니체는 아버지와 마찬가지로 뇌연화증으로 쓰러져 11년간 어둠의 세계에서 살게 된다.

23세 되던 1867년에 니체는 군대에 징집되어 1년 동안 포병대에서 근무했다. 그러던 중 말에서 떨어져 가슴에 타박상을 입고 제대했는데, 이 사건은 그를 한평생 괴롭히는 원인이 된다. 니체가 쇼펜하우어의 책을 만난 지 3년 후인 1868년 11월 24세의 니체는 바그너와 그의 동거녀 코지마를 처음으로 알게 된다. 바그너는 니체보다 31세 연상이었다. 감격적인 첫 만남을 가진 이래 두 사람은 10여 년간 이른바 '별의 우정'을 맺게 된다. 다음 해 2월 니체는 리츨 교수의 추천으로 스위스 바젤대학 고전 문헌학 객원교수로 초빙된다. 바젤대학교 문서에 따르면, 리츨 교수의 추천과 니체의 문헌학에 대한 특출난 재능 때문에 이러한 이례적인 결단이 내려졌다고 한다. 리츨 교수는 니체를 가리켜 "내가 39년이란 세월 동안 강단에서 학생들을 가르쳐 본 이래로 니체처럼 이렇게 젊은 나이에, 그리고 이렇게 빨리 성숙한 청년을 일찍이 본 일이 없다……니체는 천재다. 그는 하고자 하는 일을 무엇이나 이룰 수 있을 것이다."라고 탄복하며, 니체를 전폭적으로 지원해 주었다.

그는 바젤대학에서 대학이라는 울타리에 구애받지 않고 자유분방하게 강의 활동을 전개했다. 그러나 편두통, 심장병, 류머티즘, 눈의 통증 같은 각종 질병으로 시달리던 니체는 보불전쟁이 발발하자 위생병으로 지원하여 종군한다. 그러나 얼마 후 디프테리아와 이질에 걸리는 바람에 한 달도 안 되어 제대를 해야 했다. 게다가 약을 잘못 쓴 탓에 이때부터 극심한 신경쇠약과 위장병으로 평생 병마와 싸우면서 늘 소화제와 수면제를 달고 사는 신세가 되었다.

1869년에 정교수가 된 니체는 루체른 근교 트립셴에 있는 바그너 집을 방문해 그의 가장 열렬한 이해자이자 귀의자가 된다. 그 영향으로 1872년 『비극의 탄생』이 나오게 된다.

그 책에는 이미 디오니소스적 긍정과 운명애(amor fati)의 싹이 보인다. 바그너 부부는 『비극의 탄생』에 갈채를 보냈지만, 은사인 리츨 교수는 바그너에게 흠뻑 빠진 애제자를 냉랭하게 대한다. 그런데 바그너와 니체의 우정은 오래가지 못한다. 이후 여러 가지 이유로 니체는 바그너의 예술에 점차 회의를 품게 된다. 그는 바그너 작품들 자체가 지닌 내재적인 모순에 대해 회의하며 혐오하게 된 것으로 보인다. 1876년 바그너의 바이로이트 극장 낙성을 기념하는 축제극에 참석해 〈니벨룽의 반지〉 초연을 관람한 니체는 거기서 대중적 성공에 취한 그의 오만함과 속물근성, 배우와 같은 거장의 몸짓만 보았을 뿐이었다. 이즈음 니체는 우연히 네덜란드 여성 음악가 마틸데 트람페다흐를 알게 된다. 그러나 너무 성급하게 그녀에게 다짜고짜 구혼했다가 거절당한다. 그 일로 상처를 받은 니체는 알프스 산중으로, 지중해 연안으로 떠돌아다닌다.

니체는 사실상 1876년부터 바그너와 정신적으로 결별한 것으로 보인다. 그러나 바그너 부부에게 부모와도 같은 정을 느꼈던 니체는 결별 선언을 미루었다. 결국 1882년 바그너 최후의 작품인 〈파르치팔〉을 보고 니체는 바그너가 기독교에 굴복 내지는 귀의했다고 비판하며 그를 데카당이라 규정하고, 죽음이 얼마 남지 않았던 바그너가 요양하던 베네치아로 찾아가 마지막 인사를 하며 결별을 선언한다. 그다음 해에 바그너는 사망한다. 이미 그전부터 니체가 심심찮게 바그너를 비판하는 글을 써왔기 때문에 바그너도 니체와의 결별을 예상하긴 했으나, 그의 입으로 직접 결별을 선언 받자 안타까워했다고 한다. 언론을 통해 가차 없는 독설로 자신의 적들을 비판해 왔던 바그너였지만 니체에 대해서는 매독으로 정신적으로 좀 이상해진 것 같다고 언급한 것 이외에는 그의 공개적인 비판에 대해 따로 대응하지는 않았다.

니체는 독불전쟁 이후 건강상의 문제로 1879년 10여 년 동안의 교수 생활을 접고 강연 활동도 중단한 채 이후 저술 활동에만 매진하게 된다. 35세의 나이로 교수직을 사임한 것에는 먼저 견디기 힘든 두통과 눈의 통증, 우울 증세를 들 수 있다. 또한 다른 사람들과 교제하는 데 따르는 어려움, 대학교수의 의미에 대한 회의, 그리고 무엇보다 '바보 같은 학생들을 상대하다가 자신까지 바보가 되고, 재능 없는 교수들을 상대하다가는 자신의 재능까지 망칠지도 모른다'라는 것이 그 이유였다. 그 후 1882년 집필한 『즐거운 지식』에서 니체는 처음으로 기독교적 신의 권위를 부정하고 '신의 죽음'이라는 말을 쓴다.

이즈음 37세의 니체는 21세의 지적이고 매력적인 러시아 여성 루 살로메를 만나 운명적인 사랑에 빠진다. 니체가 그녀를 처음 만나 한 말은 "어떤 운명적인 힘이 우리를 서로 만나게 했나요?"였다. 그녀를 자신의 유일한 제자라고 여긴 니체는 그녀를 믿고 마음속 깊이 감춰둔 비밀스러운 이야기까지 속속들이 털어놓는다. 루 살로메는 니체, 파울 레에게 세 사람이 동거하는 '성스럽지 못한 삼위일체' 계획을 제안한다. 니체가 파울 레를 통해 그녀에게 청혼하자 분방한 생활을 즐기는 정신의 소유자 루 살로메는 니체의 청을 매몰차게 거절해버리고 그의 친구이자 철학자인 파울 레와 동거 생활에 들어간다. 철저히 고립된 생활을 하는 니체에게서 살로메는 존경과 호기심, 그리고 반발을 느꼈을 뿐이었다. 그녀는 그저 니체를 존경하고 그의 철학을 사랑했을 뿐이었다. 니체는 이때를 가리켜 '내 생애 가운데 최악의 겨울'이라 회고했고, '결혼한 철학자는 희극에나 어울린다'며 결혼을 부정적으로 생각하게 되었다.

니체는 자신의 가장 중요한 책 『차라투스트라는 이렇게 말했다』를 썼으나 아무도 그 책을 거들떠보지 않았다. 니체는 사람들에게 자신의 천재성을 인정받지 못하고 있다는 생각 때문에 힘들어했다. 그리하여 어떤 때는 자기 책을 들여다보며 몇 시간이나 눈물을 흘리기도 했다. '영혼의 가장 깊은 내면에서 우러나오는 외침'에 대해 한마디의 대답도 듣지 못하는 것, 그것은 그에게 너무나 끔찍한 체험이었다. 그래서 이를 만회하려고 『선악의 저편』을 썼지만 그 책 역시 혹평을 받았다. 그것의 속편으로 쓴 『도덕의 계보학』에서 니체는 기독교의 도덕을 노예 도덕, 약자의 도덕이라고 비난한다. 『우상의 황혼』에서 소크라테스는 퇴폐의 전형으로서 부정되고,

이성과 도덕도 뒤집힌다. 기독교는 약자의 도덕, 천민의 도덕이라고 낙인찍힌다. 니체는 도덕적 현상이란 존재하지 않고, 단지 현상의 도덕적 해석만 존재할 뿐이라고 말한다. 이 해석 자체는 도덕과 무관한 기원을 가진다. 즉 도덕은 그 자체로 가치를 가지는 게 아니라, 사람이 한때 그것에 가치를 부여하고 증여한 것이라는 것이다. 그런데 『반그리스도』에서는 역사적인 기독교를 격렬히 비판하면서도 예수라는 인간 자체는 부정하지 않는다. 그는 근본적으로는 단 한 사람의 기독교인이 있었을 뿐이며, 그 사람은 십자가에 못 박혀 죽었다고 말한다. '복음'은 십자가에서 죽었다는 것이다. 니체가 볼 때 예수가 십자가에 못 박혀 죽음과 동시에 하나의 불교적인 평화 운동, 약속만이 아닌 실천, 지상의 행복 등에 관한 하나의 새롭고도 철저한 근원적인 바탕이 끝나버렸다. 이처럼 모든 가치의 전도를 위해 여러 해 동안 벌여온 니체의 영웅적인 투쟁은 그의 체력뿐만 아니라 정신력까지 고갈시켰다. 급기야는 신체적 조건을 이겨내는 처절한 몸부림 속에서 시력마저도 거의 잃고 말았다.

1888년 말부터 정신착란의 징후가 니체에게 나타나기 시작했다. 그의 정신착란 증세를 두고 사람들은 매독이 원인이라고 주장해 왔다. 그러나 최근에는 의학적 고찰을 통해 나온 많은 논문에서 뇌종양을 원인으로 보고 있다. 1889년 1월 3일 그는 이탈리아 토리노의 광장에서 마부에게 채찍질 당하는 말을 보고 눈물을 흘리면서 그 말을 감싸 안다가 쓰러졌다. 이틀 밤낮을 혼수상태로 있다가 눈을 떴을 때, 그는 이미 예전의 영민한 그가 아니었다. 니체의 이상한 편지를 받고 달려온 친구 오버베크가 그를 바젤의 정신병원에 입원시킨다. 예나 대학병원으로 옮겨진 그는 진행성 마비증이라는 진단을 받는다. 이를 두고 기독교인들은 그가 날벼락을 맞은 것이라고 했다. 그런데 아이러니하게도 그가 쓰러진 후부터 차츰 그의 이름이 세상에 알려지기 시작했다. 그 후 그는 악기를 연주하고 노래를 하면서 가끔 "나는 신이다. 다만 변장하고 있을 뿐이다"라고 외치기도 했다. 말년엔 정신 발작으로 정신적 능력이 떨어지고 몸과 마음이 더 쇠약해져 어머니와 여동생의 보살핌 없이는 온전히 살아갈 수 없었다. 쓰러진 후 니체는 어머니가 살았던 나움부르크에서 8년, 어머니의 사후에는 바이마르에 살던 누이동생 엘리자베트 곁에서 2년을 지내다가 마침내 56세의 나이로 1900년 8월 25일 영면에 든다.

니체가 죽은 뒤 방대한 양의 유고와 편지는 누이동생 엘리자베트의 손에 넘어갔다. 지독한 인종주의자이자 반유대주의자와 결혼한 여동생은 유고를 멋대로 왜곡해서 출판함으로써 니체의 저작은 오랫동안 반유대주의자들과 파시스트들에 의해 악용되었다. 독일의 군국주의를 비판하고 자유 정신을 옹호한 니체는 히틀러를 증오했을 것임에 틀림없다. 질 들뢰즈는 『니체와 철학』에서 현대 철학이 대부분 니체의 덕으로 살아왔고, 여전히 니체의 덕으로 살아가고 있다면서 '니체의 가장 일반적인 기획은 철학에 의미와 가치의 개념을 도입하는 데 있다'고 말한다.

2. 『비극의 탄생』

니체는 독불전쟁의 포성이 울려 퍼지는 가운데 1870년과 1871년 사이에 자신의 첫 작품 『비극의 탄생』을 쓰기 시작하여 1872년 1월 2일 출간했다. 그의 나이 28세 되던 해였다. 원제목은 『음악 정신에서 나온 비극의 탄생Die Geburt der Tragödie aus dem Geiste der Musik』이었다. 니체는 바그너에게 이 책과 함께, 운명의 힘 때문에 책 발간이 늦어졌으며, 운명의 힘으로도 매듭은 묶을 수 없었다는 내용의 편지를 보냈다. 바그너는 '자네의 책보다 더 멋진 책은 읽지 못했다'며 최고의 찬사를 보낸다. 바그너의 부인 코지마도 '모든 면에서 심오하고 아름다웠다, 그동안 내면에 품고 있던 질문에 대한 답이 모두 담겨 있었다'며 아낌없는 칭찬을 했다.

니체는 바그너와 친교를 맺기 이전인 1868년 10월 8일 친구 로데에게 보낸 편지에서 그를 '딜레탕티즘의 대표자'라며 비판적으로 평가한 적이 있었다. 그러나 그는 자신을 매혹시켰던 쇼펜하우어적 요소인 '윤리적 분위기와 파우스트적 향기, 십자가, 죽음 그리고 무덤' 등이 바그너에게서도 발견됨

을 인정하고 생각을 바꾸게 된다. 그로부터 3주 후 니체는 〈
트리스탄과 이졸데〉와 〈뉘른베르크의 장인 가수들〉의 서곡
이 상연되는 연주회장을 찾는다. 그는 이 음악에 냉정한 태도
를 취하려고 하나 몸의 힘줄 하나하나가 경련을 일으키는 황
홀경에 사로잡히고 만다.

　라이프치히대학을 다니던 시절 니체의 하숙집에서는 음
악애호가인 탁월한 학생 니체에 대한 칭찬이 자자했다. 그래
서 라이프니치에 있는 여동생과 매제 브로크하우스의 집을
방문한 바그너는 이 젊은 문헌학자를 한번 만나보고 싶어 한
다. 바그너의 여동생은 니체의 은사였던 알브레히트 리츨 교
수의 부인 친구였는데, 리츨 교수의 부인이 바그너에게 그의
음악을 니체한테서 소개받았다고 하자 바그너는 그 젊은이
에게 더욱 관심을 갖게 되었다. 그해 11월 8일, 바그너가 니체
에게 다가와 몇 마디 칭찬의 말을 하고는 어떻게 자신의 음
악을 알게 되었는지 묻는다. 니체와 바그너는 죽이 잘 맞았
다. 쇼펜하우어가 화제에 오르자 바그너는 그를 가리켜 음악
의 본질을 아는 유일한 철학자라고 추어준다. 바그너의 쇼펜
하우어에 대한 이해는 피상적인 수준에 머무른 것이 아니었
다. 니체는 자신이 아는 사람 중에 바그너보다 쇼펜하우어를
더 잘 이해하고 있는 사람을 보지 못했다고 말했을 정도였다.
1868년은 쇼펜하우어가 세상을 떠난 지 8년째 되는 해였다.
바그너는 청년 독일파 시인 헤어베그의 소개를 통해 1854년

쇼펜하우어 철학과 만난 이래로 죽을 때까지 '그에게 얼마나 감사를 표해야 할지 모르겠다'고 거듭 말했다고 한다. 바그너가 〈뉘른베르크의 장인 가수들〉의 몇 소절을 연주해 보이자 니체는 마법에 걸린 듯 황홀감을 느낀다. 모임이 끝날 무렵이 거장은 니체의 손을 다정하게 잡고 철학과 음악을 논해보자며 트립셴의 자기 집으로 니체를 정식 초대한다.

그리하여 1869년 2월 12일 은사 리츨 교수의 추천으로 박사학위도 없이 스위스 바젤대학에 초빙받은 니체는 4월 19일 바젤에 도착해 5월 17일 루체른 근교의 트립셴에 있는 바그너 부부의 저택을 처음으로 방문한다. 트립셴의 방문은 니체와 바그너의 지적인 우정으로 발전했다. 니체는 바그너의 생일인 5월 22일 바그너에게 자신이 '지금까지 게르만적인 삶의 진지함과 불가사의하고 의심스러운 현존에 대해 깊은 성찰을 할 수 있었던 것은 바로 바그너와 쇼펜하우어 덕분'이라는 찬사의 편지를 쓴다. 니체는 바그너와의 토론을 통해 철학에 더욱 깊이 빠지게 되어 문헌학자로서가 아닌 철학자로서의 삶을 살아가기 시작한다. 그 후 니체는 바그너 부부와 밀접하게 교류하면서 1869년부터 3년 동안 그의 저택을 23번이나 찾아간다. 그는 친구 게르스도르프에게 보낸 편지에서 "그중 의미 없었던 날은 하루도 없었으며, 그들이 없었다면 지금의 내가 어떤 모습이었을지 모르겠네!"라고 썼다. 그때는 니체와 바그너 부부 사이에 구름 한 점 없는 청명한 시절이었다. 후일 『이 사람을 보라』에서도 니체는 바그너를 '내 생애 최고의 은인'이라 부르며 '그를 사랑했다'고 토로한다.

니체는 코지마의 아버지 리스트에게도 편지를 보냈다. 그 역시 이렇게 예술을 잘 정리한 책은 보지 못했다며 호의적인 반응을 보였다. 하지만 니체는 철학자나 문헌학자, 언론의 반응을 초조하게 기다렸으나 그들에게서는 아무런 평가가 나오지 않았다. 니체는 스승 리츨에게도 편지를 보내 답변을 구했는데, 그는 니체가 과대망상에 빠져 제멋대로 헛소리를 지껄인다고 생각했지만 '자의식을 몰아지경으로 녹여내는 것이 좋지 않겠느냐'는 등의 애매하고 교묘한 표현으로 니체를 과히 기분 나쁘게 하지는 않았다. 니체가 존경한 야코프 부르크하르트 역시 그 책의 논리와 과격한 태도, 오만한 말투를 언짢게 여겼다.

1886년 『선악의 저편』이 나오던 해에 니체는 『비극의 탄생』을 『비극의 탄생 또는 그리스 정신과 비관주의Die Geburt der Tragödie oder Griechentum und Pessimismus』라는 제목으로 다시 펴내면서 서문에 「자기비판의 시도」를 첨가해 14년 전의 자신을 비판적으로 바라본다. 여기서 책의 부제로 언급된 비관주의는 세상에 대한 염세주의가 아니라 힘과 활력, 건강을 추구하는 의지, 헬라스적 강함의 비관주의를 의미한다. 『비극의 탄생』의 새로운 서문은 『우상의 황혼』(1888)의 마지막 단락[1]이라 볼 수 있다. 「자기비판의 시도」는 그가 집필했던 글 중 가장 훌륭한 것에 속한다. 어느 누구도 자신의 글의 서문에 이러한 가혹한 자기비판을 쓰지 못할 것이다. 이 글은 바그너를 비판하는 점에서 2년 후에 나온 「바그너의 경우」와 연결되고 있다. 『비극의 탄생』에는 과장되고 모호하게 쓰인 것과 같은 많은 결점이 있긴 하지만, 그것은 아리스토텔레스의 『시학』 다음으로 그리스 비극을 다룬 중요한 책이라 할 수 있다. 그러나 『비극의 탄생』은 비극만을 다루는 것이 아니라 학문과 예술의 관계, 그리스 문화의 현상 전체, 그리고 현시대도 다루고 있다. 그 책에서 니체는 어떤 낯선 목소리, 즉 '알려지지 않은 신'의 사도가 '학자의 두건을 쓰고 독일인의 둔중함과 변증법적 뚝뚝함 속에, 바그너주의자들의 무례한 태도 속에 자신을 감추고', '함께 열광할 사람들을 찾아내어 그들을 새로운 샛길과 무도회장으로 유혹하는 법' 역시 잘 터득한 인물로 스스로를 묘사하고 있다.

『비극의 탄생』은 여러 단계의 생성 과정을 거친다. 우선

---

1   거기서 니체는 헬라스인들의 비관주의가 쇼펜하우어적 의미의 비관주의와 다르다면서, 비극을 그런 비관주의에 대한 단호한 거부이자 대응 심급으로 간주한다. 또 아무리 가혹한 문제를 안고 있더라도 삶 자체를 긍정하는 삶에의 의지를 그는 디오니소스적이라고 칭한다. 그리고 『비극의 탄생』을 모든 가치의 첫 번째 가치전도로 보면서, 니체는 자신을 디오니소스의 최후의 제자이자 영원회귀의 스승이라 일컫는다.

1870년 1월 18일의 「그리스의 음악극」과 1870년 2월 1일의 「소크라테스와 비극」(1871년 『소크라테스와 그리스 비극』이라는 소책자로 자비 출판)이라는 두 차례의 공개 강연이 있었다. 첫 번째 강연에서 니체는 그리스 비극이 디오니소스 축제에서 유래했다는 논제를 개진한다. 이 점은 당대 고전 문헌학의 일 반적 견해에서 벗어나지 않는다. 그러나 두 번째 강연은 사람들의 경악과 오해를 불러일으켰다. 그는 음악의 힘을 분쇄하고 그 대신 변증법을 끌어들인 소크라테스를 재앙이라고 피력한다. 지혜 없는 지식이 시작됨으로써 '운명의 파토스가 계산과 간계와 타산에 의해 배격되었다'는 것이다. 그리하여 앎의 의지가 신화와 예술이 지녔던 생명력을 압도해버려, 인간의 삶이 본능과 열정의 어두운 근원에서 분리되고 만다. 그렇지만 니체는 이 강연에서 음악극이 영원히 소멸해버린 것은 아니고 그리스 비극의 부활 가능성을 암시하면서 끝맺는다. 바그너는 니체의 강연에 찬사를 보내지만 그에게 좋지 않은 일이 생길까 봐 우려를 표명하기도 한다. 그가 니체에게 생각을 '좀 더 거대하고 포괄적인 작업'으로 발전시키는 게 좋겠다고 제안하자 니체는 이에 고무되어 『비극의 탄생』 집필 계획을 세우게 된다.

그런 뒤 문화의 양극적인 기본적 힘들의 상호유희라는 중요한 착상이 그에게 떠오른다. 그리하여 1870년 여름 「디오니소스적 세계관」을 집필하는 중이던 7월 19일 독불전쟁이 발발한다. 이 논문의 일부는 「비극적 사유의 탄생」이라는 제목으로 1871년 초 다시 발표되었다. 「디오니소스적 세계관」에서 니체는 아폴론적과 디오니소스적이라는 개념을 그리스 비극을 해석하기 위한 열쇠로 사용한다. 그는 그리스 비극이 이 두 가지 근본 충동의 투쟁과 화해라는 생각에 이른다. 열정과 음악은 디오니소스적이며, 무대 위의 언어와 변증법은 아폴론적이다. 아폴론적 예술은 대상과의 거리를 유지하는 데 반해, 디오니소스적인 예술은 대상과의 거리감을 잃게 한다. 아폴론적 예술에 감동한 사람은 반성적이고 개체적이지만, 디오니소스적 예술에 감동한 사람은 도취적이 되어 개체를 뛰어넘는다. 이 과정에서 쇼펜하우어의 의지 철학이 힘을 발휘한다.

쇼펜하우어에 따르면 원래 세상에는 하나의 거대한 의지가 있었다. 이 의지가 개별화 원리에 따라 갈라져 우리가 보는 이 표상의 세계가 탄생한다. 의지라는 근원적 존재에서 갈라져 나온 개별화의 파편들이 바로 우리 개인들이다. 우리들은 조그만 의지의 파편들, 뭔가 하려고 하는 욕망의 작은 조각들이다. 개별 의지들은 서로 부딪혀 갈등을 일으킨다. 이 표상의 세계를 불교에서는 사바세계라 부른다. 저 근원적 의지 속에서 하나였을 때 우리들 사이에는 갈등이 없었다. 그때는 나도, 너도, 세계도 없었다. 니체는 쇼펜하우어의 이 '삶의 의지'라는 동일한 근원에서 아폴론적인 것과 디오니소스적인 것이, 하나는 가상 내지 꿈을 통해, 하나는 혼연일체 내지 도취를 통해 갈라져 나온 것으로 본다. 니체는 디오니소스적인 것을 충동적인 의지의 세계로 이해하고, 아폴론적인 것은 표상, 즉 의식을 관할하는 것으로 보기 때문이다. 디오니소스적인 것은 가장 원초적이자 근원적인 생명력으로 창조적인 동시에 잔인하고 고통스럽다.

디오니소스적인 것은 세 번에 걸쳐 자신의 한계를 뛰어넘고, 개별화의 원리를 극복한다. 우선 인간은 자신의 한계를 넘어 자연과 일체감을 느끼고, 광란의 축제나 도취 속에서 주변의 사람들과 하나가 되어, 개인의 내적 한계가 제거된다. 이리하여 의식이 무의식을 받아들이자 자아는 이러한 한계 극복을 위협으로 느낀다. 이와는 달리 디오니소스적인 것은 자신의 몰락까지도 흔쾌히 받아들일 각오가 되어 있다. 니체는 전쟁의 발발을 디오니소스적인 것의 분출로 여긴다. 자신의 철학적 투쟁을 선전포고로 생각한 니체는 전쟁을 인간이 경험하는 최고의 아곤(agon)으로 찬미한 헤라클레이토스를 좋아했다. 그리하여 그는 원초적인 의지의 세계를 헤라클레이토스적인 전쟁의 세계로 인식한다. 니체는 전쟁이라는 삶의 학교에서 자신을 파괴하지 못하는 것은 무엇이든 자신을 강하게 만든다고 말한다. 그는 선의의 경쟁인 아곤을 좋아했지만 그가 최고로 치는 싸움은 바로 자기 자신과의 싸움, 기독교 도덕과의 싸움, 유약함, 동정, 원한과의 싸움이었다. 결국 니체는 1870년 11월 책상에 그냥 앉아 있을 수 없어 위생병으로 자원입대한다. 그러나 시체를 모아 염하고 부상자 수송하는 일을 하다가 2주 만에 이질과 디프테리아에 감염되어 4주 만에 전장을 떠나게 된다. 그는 고독한 밤에 부상병을 돌보는 일을 하면서 비극의 세 가지 심연인 광기와 의지, 고통에 대해 사유한다.

바젤의 문화사가 및 예술사가 부르크하르트는 국가, 종교, 문화를 세 개의 중요한 현실 권력으로 정의했는데, 니체는 이중에서 문화를 가장 우선시한다. 그리하여 문화가 국가나 경제의 목적에 종속되는 것에 참지 못한다. 1872년에 행한 강연 「우리 교육기관의 미래에 대하여」에서 니체의 이러한 분노가 잘 드러난다. 그는 이 강연에서 정치나 경제를 위한 교육의 도구화에 반대하면서 완성된 인격의 이상을 옹호한다. 니체가 전쟁을 반긴 것도 문화를 위해서였다. 그러나 전쟁의 승리가 국가나 돈벌이, 군사적인 오만을 높이는 데 기여하자 그는 통일 독일 프로이센을 문화에 위험한 권력으로 여긴다. 그는 호전적인 충동을 문화 창조적인 경쟁 형식으로 바꾸는 것을 바람직하게 본다. 니체는 1871년 5월 파리코뮌의 폭동자들이 루브르 박물관을 강탈하고 파괴했다는 소식을 전해 듣고 경악한다. 그러나 실제로는 튈르리 궁전에 한 건의 방화사건이 있었는데 잘못 안 것이다. 아무튼 니체는 이 사건을 야만 시대의 도래로 받아들인다.

또한 니체는 사회 문제를 노동자의 관점에서 해결하려는 노력도 문화에 대한 위협으로 여긴다. 그는 문화와 사회 정의 사이에서 고민하다가 결국 문화를 택한다. 그는 고대 그리스에서 고급문화가 가능했던 것도 노예계급이 있었기 때문이라고 본다. "현존과 세계는 오직 미적 현상으로만 영원히 정당화된다"라는 『비극의 탄생』의 중요한 문장은 최대 다수의 행복을 염두에 두는 공리주의적 관점에서 벗어나 최고의 탁월하고 고결한 개인에게서 문화를 찾겠다는 미학적인 관점을 대변한다. 그에게는 창조적인 역량을 갖춘 고귀한 개인, 즉 어두운 밤의 빛나는 형상들이 중요하다. 이러한 창조적인 영웅은 사회적 유용성이 아니라 그들 자신의 뛰어난 존재 자체에 의해 정당화된다. 니체는 자신이 미학적 세계의 특권층에 속하기 때문에 노예제도를 옹호하면서도 죄의식을 느낀다. 그는 예술품을 파괴하는 폭도들을 비난하는 친구 게르스도르프에게 자신은 마음이 아프지만 저 폭도들에게 돌을 던질 수는 없다고 고백한다. 자기가 보기에 그들은 보편적인 죄를 뒤집어썼을 뿐이라는 것이다. 예술이 죄와 연루되지 않으려면 고급문화를 없애야 하는 문제가 생긴다. 니체는 평등과 정의의 원칙을 철저히 적용하면 문화 적대적인 감정을 불러일으킬 수밖에 없다고 생각한다. 그래서 문제를 극단적으로 생각한 나머지 민주주의를 부정적으로 보기에 이른다. 그러나 현실 사회주의나 공산주의에서는 예술에 적대적인 일이 발생하지만 민주주의에서는 그런 일이 생기지 않는다는 사실은 잘 모르고 있다. 그런데 니체는 민주주의, 사회주의뿐 아니라 독재나 전제주의, 과두제, 신정정치, 민족주의, 국수주의, 인종주의 등 온갖 종류의 불관용과 정치적 우둔함을 공격했다. 그가 지지하는 것이 있다면 아마 '최고의 사람들에 의한 통치', 귀족정치였을 것이다. 아이러니하게도 그가 자주 공격하는 대상인 소크라테스도 이런 생각을 공유했다.

이 책에서 니체는 그리스 비극의 생성(1~11장)과 소멸 (11~15장), 소생(16장 이하)을 다루고 있다. 이 중에서 그리스 비극의 기원과 소멸을 다룬 7~15장을 이 책의 핵심이라 할 수 있다. 그리스 비극이 죽음을 맞는 것은 소크라테스주의 때문이고, 비극이 재탄생하는 것은 바그너 음악을 통해서라는 것이다. 니체는 바그너의 음악극을 통해 물질주의, 이기주의, 경제적 공리주의, 역사주의, 군국주의에 의해 손상된 독일 정신을 소생시킬 수 있다고 본다. 니체의 강연 원고「디오니소스적 세계관」은 1~7장, 「소크라테스와 비극」은 8~15장, 「그리스의 음악극」은 16장 이후로 들어간다. 이 책은 당대의 문화적 퇴보를 냉정하게 비판함과 동시에 한편으로는 바그너의 시각으로 독일의 문화적 부흥을 이루려는 목적에서 쓰였다. 주된 내용은 '새로운 생명이 탄생하기 위해서는 남녀라는 두 성이 필요하듯이, 예술과 문화가 계속 발전하기 위해서는 아폴론적인 것과 디오니소스적이라는 두 가지 상반된 요소가 필요하다. 그리스 비극은 서로 대립하는 이 두 가지가 서로 투쟁하고 화해하는 가운데 하나의 혼연일체를 이루었다. 그런데 소크라테스라는 소피스트가 논리와 이성이라는 칼을 들이대고, 에우리피데스라는 내부 배신자가 등장하여 간신히 연명하고 있는 비극과 신화의 숨통을 완전히 끊어놓았는데, 게르만 정신을 계승한 바그너의 음악을 통해 그리스 비극이 소생하고 있다'는 것이다.

그러나 이 책에는 각주가 없고 참고 문헌이 없어 문헌학적 성실성을 결하고 있는데, 사실 그는 의도적으로 학술적 기준을 무시하고 있다. 그 때문에 그 책은 은사 리츨을 비롯하여 학계와 언론으로부터 호의적인 평을 받지 못했다. 또한 젊은 고전 문헌학자 울리히 폰 빌라모비츠-묄렌도르프(Ulrich von Wilamowitz-Moellendorff, 1848년~1931)가 「미래의 문헌학 Zukunftsphilologie」이라는 냉소적인 소책자를 써서 『비극의 탄생』을 조롱하며, 니체가 바그너를 찬미하며 '미래의 예술 작품'을 창조하고 있다고 비꼬았다. 그는 '소크라테스를 모범으로 삼는 인간'이 욕의 대명사라 한다면, '자신은 그 욕을 기꺼이 듣겠다'고 선언한다. 그는 니체의 저서에서 장점은 하나도 발견하지 못했다며, 니체의 '진리에 대한 사랑의 결여와 진리애에 대한' 무지를 주된 공격 목표로 삼았다. 빌라모비츠가 그런 제목을 단 것은 바그너 음악이 당시 '미래의 음악'이라고 불리고 있었기 때문이었다. 니체의 학교 4년 후배였던 그는 고전 문헌학자이자 음악학자로 후일 고대 그리스와 그 문학에 대한 유명한 권위자가 된 사람이다. 니체의 스승인 본 대학의 리츨은 동료인 오토 얀과 교수 초빙 문제로 다툰 후 1865년 본대학을 사임하고, 라이프치히대학교로 옮겨 퇴임할 때까지 그곳에 재직했다. 그러자 니체도 스승을 따라 라이프치히대학으로 학교를 옮겼다. 니체가 이 책에서 빌라모비츠의 스승인 오토 얀을 '거짓말쟁이이자 사기꾼'이라고 칭한 것이 특히 문제가 되었다. 빌라모비츠는 오토 얀을 다룬 이 부분을 문제 삼으면서 니체의 불경과 교만을 날카롭게 공격했다. 또한 얀은 바그너에게도 반대하는 입장을 보이면서 바흐 협회가 창설될 때 바그너를 둘러싼 싸움에서 철저한 반바그너주의자로 활동하기도 했다.

니체의 생각을 학문적인 주장이 아니라 종교적 광신이라고 여긴 빌라모비츠는 명랑한 그리스인에게 비극이 필요했다는 니체의 생각을 말도 안 되는 헛소리라고 공박했으며, 아폴론과 디오니소스를 동맹 관계로 본 것도 어처구니없다고 비판했다. 그는 디오니소스 숭배는 비장함에서 생기는 것이 아니라 갓 수확한 포도로 담근 신선한 포도주를 즐겁게 마시며 노는 가운데 생겨났다고 주장했다. 그는 '에우리피데스는 세계를 자신이 본 그대로 재현한 작가이고, 거기에는 어떤 수치도 원한도 없다'면서 자신을 비극의 살해 하수인으로 몰린 에우리피데스의 구원자로 자처한다. 그러면서 세계의 묘사와 재현에 능숙한 에우리피데스의 태도야말로 진정으로 '혁명적'이라고 평가한다. 이런 의미에서 에우리피데스는 '현대적 사유 방식의 예시자'이며, '구시대적 사고와 전통을 흔들고 일소하는 데 있어서 어떤 소피스트도 못해낸 일을 해냈다'는 것이다. 빌라모비츠는 니체에게 그만 교수직에서 물러나 고전 문헌학 학생들이 아니라 호랑이와 표범을 주위에 불러모으라고 요구하기까지 한다.

그러자 니체의 친구인 로데(Erwin Rohde)가 「이후의 문헌학Afterphilologie」[2]이라는 소책자로 이에 응수했다. 로데는 빌라모비츠를 '우리의 철학박사' 또는 '중상 모략가'라고 부르면서 그가 발견했다는 오류들이 실은 빌라모비츠 쪽의 오류임을 보여주려 했다. 니체는 빌라모비츠의 공박을 가볍게 치부했다. 그러나 그의 논박서가 학생들이 니체를 멀리하고 그의 강의를 듣지 않게 해서 니체가 1879년 학교를 물러나는 하나의 계기가 되기도 했다. 1872년 겨울 학기에 그리스 로마의 수사학 강의 수강생은 두 명밖에 없었고, 게다가 문헌학 강의 수강생은 한 명도 없었다. 그 이전에 비해 학생들의 숫

---

2   이후(After)라는 말에는 '엉덩이'와 '사이비'라는 두 가지 의미가 담겨 있다. 루터는 이후라는 접두어를 즐겨 썼는데 이는 문자 그대로 인간 이후를 뜻한다. 칸트도 '이후'라는 단어를 자신의 종교 저서에서 썼으며, 쇼펜하우어는 대학 철학을 공격할 때 '이후 철학'이라는 말을 사용했다.

자가 급감한 것은 바로 빌라모비츠의 논박서 때문으로 보인다. 그는 니체가 전반적으로 무지하고, 사실을 잘못 알고 있고, 진실을 추구하려는 마음이 부족하다고 주장했다. 하지만 그다음에는 니체가 학교에서 물러날 때까지 대체로 열 명에서 스무 명에 가까운 학생들이 그의 강의를 들었다.

그러나 『비극의 탄생』은 바그너의 음악이 그리스 비극의 정신을 소생시킨 것으로 평가하고 있기 때문에 바그너의 호평을 받았다. 니체는 책의 서문을 바그너에게 바치고 있다. 『비극의 탄생』에 관해서는 다양한 해석과 평가가 있을 수 있지만 문헌학자로서는 그의 마지막을 알리는 책이 되고 말았다. 니체는 친구 카를 폰 게르스도르프에게 보낸 편지에서 보낸 책이 아주 잘 팔릴 것 같다며 의기양양해한다. 그러나 이 책은 지금은 니체의 베스트셀러 목록에 들어 있지만, 1872년 처음 출간된 800부 중 625부만, 그것도 6년에 걸쳐 판매되었을 뿐이었다.

니체는 1886년에 가서 「자기비판의 시도」를 새로 첨가하고 바그너에게 바치는 서문은 삭제한다. 그는 이 책의 공과를 솔직하게 밝힌다. "요컨대 첫 작품이라는 단어가 지닌 모든 나쁜 의미에서 보더라도 첫 작품이며, 노인이 관심 가질 법한 문제를 다룸에도 불구하고 청년기의 모든 결점, 무엇보다도 '장황함'과 '질풍노도'에 매여 있는 책이다." 그렇지만 그는 청년기의 작품을 비판적으로 돌아본다. "그럼에도 이 책이 지금 내게 얼마나 불편하게 생각되는지, 16년이 지난 지금 얼마나 낯설게 내 앞에 놓여 있는지를 완전히 숨기지는 않겠다." 그는 그 책이 형편없이 쓰였다며 서툴고 곤혹스럽고 비유가 장황하고 혼란스러우며 감정적이라고 말한다. 바그너에 대한 열광적인 찬사가 담긴 17장부터 25장까지가 스스로에 의해 부정되는 셈이다. "이따금 여성적으로 보일만치 달콤하고, 속도가 고르지 않고, 논리적 정확성에의 의지가 결여되어 있다. 또 너무 확신에 차 있어 증명을 건너뛰며 증명의 적절성 자체를 불신하고 있다."

독일 음악에 대한 부정은 바로 바그너 음악에 대한 부정이다. 그는 바그너 음악을 이제는 낭만적이고 쇼펜하우어적이며 가장 비그리스적인 음악이라 지칭하고, "독일 음악은 신경을 망치는 데는 으뜸가는 것이고, 음주를 사랑하고 모호함을 미덕으로 존중하는 민족에는 두 배로 위험한 것이다. 다시 말해 음악은 도취하게 만드는 동시에 **몽롱하게 하는** 마취제라는 이중적 성격을 지니고 있다"고 말하면서 "가장 현재적인 것에 너무 성급한 기대를 걸고 그것을 잘못 응용해서 당시 자신의 첫 번째 책을 망쳤다"고 술회한다. 니체가 『비극의 탄생』을 쓰고 있을 때 바그너 음악의 낭만적이고 퇴폐적인 진면모를 몰랐을 리 없다. 그래서 이 책은 불신 속에 쓴 아첨의 책으로 보인다.

이것 말고도 현재의 시각으로 볼 때 니체의 견해가 과연 옳은 것인지에 대해서는 의문의 여지가 있다. 그는 디오니소스 축제와 관련하여 디오니소스 숭배가 아시아에서 그리스로 전해진 것으로 보는데 새로운 고고학적 증거에 의하면 그렇지 않다는 사실이 밝혀지고 있다. 니체는 서정시 또는 민요를 비극의 전(前)단계로 보면서 아르킬로코스의 서정시를 비롯하여 우리에게 단편적으로 전해지는 많은 서정시를 음악으로 단순화하고 있다. 또한 그리스 비극의 기원을 주신 찬가 내지는 비극 합창단이라고 주장하지만 과연 극적 주신 찬가가 존재했는지는 여전히 불분명하다. 그리고 에우리피데스가 예술 적대적인 소크라테스주의를 연극에 끌어들임으로써 비극이 소멸했다고 하지만 소크라테스가 에우리피데스의 극에 영향을 끼쳤다는 사실도 논란의 여지가 있다.

『비극의 탄생』에서 니체는 문화와 예술에 대한 자기 생각을 전하며, '아폴론적'인 것과 '디오니소스적'인 것을 나누어 설명한다. 거기에는 벌써 모든 가치의 전도가 어른거리고 있다. 당시 그리스인에 대한 일반적인 이해는 독일의 미술사가 겸 고고학자 요아힘 빙켈만이 주장하고 괴테에 의해 계승된 '고귀한 단순과 고요한 위대성'이라는 개념이었다. 니체는 아폴론적인 것을 조형 미술, 특히 조각으로 간주했는데, 그러한 점은 고대 그리스의 신전과 조각 속에 훌륭하게 표현되어

있다. 이것은 억제와 제한과 조화의 재능이다. 니체는 사실
『비극의 탄생』에서 디오니소스적인 것을 찬양한다기보다는
그리스 비극의 성취를 위해서는 디오니소스적인 것이 지닌
파괴적 잠재력의 억제가 더 중요하다는 점을 강조한다. 아폴
론은 치료, 정의, 음악, 궁술, 그리고 빛의 신이다. 니체의 주
장에 의하면 아폴론적인 것에는 그림과 건축 말고 꿈도 포함
된다. 이때 꿈은 예언력이나 정신적 깨우침, 신의 계시와 같
은 고대적 의미를 지닌다. 아폴론적인 것은 쇼펜하우어식으
로 말하면 '표상'에 해당한다. 아폴론적 세계는 '개별화의 원
리'를 전형적으로 보여주는 도덕적이고 이성적인 사람들로
구성된다. 디오니소스는 죽은 어머니 세멜레의 뱃속에서 끄
집어 내져 제우스의 허벅지 속에서 자라났고, 헤라의 시기를
받아 거인족들에게 갈기갈기 찢겼으며, 아이로 변신하여 님
프들에 의해 길러진다. 니체는 거듭되는 재생적 존재인 이 유
동성을 디오니소스적인 것, 즉 전체와 합일할 때의 도취감,
'바쿠스적 향연'의 핵심이라고 보았다. 디오니소스적인 것
에 속하는 예술은 음악과 비극이다. "포도주의 신이자 광기
의 신, 술과 약물의 신, 극적 허구의 신, 가면의 신, 의인화와
망상의 신"[3]인 디오니소스는 이교도의 신으로 성적인 분방
함, 집단적 광기 속에서 자아의 망각을 나타내는 술과 도취의

---

3   니체의 삶, 수 프리도, 박선영 옮김, 로크미디어, 2018, 154쪽.

신이다. 니체는 도취적인 음악을 디오니소스적 예술의 진수라고 생각했다.

니체는 일명 무도병에 걸려 성 요한제나 성 비투스제를 휩쓸고 다닌 광분한 군중에게서 고대 그리스의 바쿠스 합창단의 모습을 보았다. 도취, 음악, 노래, 춤은 개별화의 원리를 잃게 하는 행위였다. 디오니소스적인 것은 칸트식으로 말하면 '사물 자체', 쇼펜하우어식으로 말하면 '의지'에 해당한다. 니체는 디오니소스적인 것의 예를 기원전 5세기쯤 그리스의 야외극장에서 펼쳐진 비극에서 찾고 있다. 그것은 주로 탁월한 능력을 지닌 영웅들이 등장하고, 그들의 운명적 비극에 따라 결국 비참한 결말을 맞이하게 되는 연극이었다. 여기에선 합창단을 통해 연극의 인물과 상황에 대해 설명하거나 앞으로 전개될 줄거리를 암시하고, 관객의 생각을 대변하곤 했다. 합창은 비극의 기원을 상징하고 디오니소스적 상태를 대표한다.

니체는 7장 끝에서 디오니소스적 인간에게 햄릿과 유사한 점이 있다고 말한다. 둘 다 한번 사물의 참된 본질을 들여다본 인식하는 자들이라는 점 때문이다. 그들은 사물의 영원한 본질 면에서 아무것도 변화시키지 못하는 행위에 구토를 느낀다. 그들은 혼란스러운 세계에 질서를 회복하라고 요구받는 것을 우스꽝스럽거나 치욕스럽게 느끼기 때문이다.

"인식은 행동을 죽이고, 환영의 베일이 드리워진 상태가 행동에 속한다—이것이 햄릿의 가르침이며, 너무 많이 반성하여, 말하자면 지나치게 많은 가능성 때문에 행동에 이르지 못하는 몽상가 한스의 저 진부한 지혜가 아니다. 반성이 아니라, 그것은 아니다!—참된 인식, 무서운 진실에 대한 통찰이 햄릿의 경우뿐만 아니라 디오니소스적 인간의 경우에도 행동으로 몰아가는 모든 동기보다 더 중요하다. 이제 위로는 더 이상 쓸모가 없고, 동경은 사후 세계와 신들 자신을 넘어선다. 현존은, 신들 속에서 혹은 불멸의 저편에서 빛나는 자신의 거울상과 함께 부정된다. 한번 흘깃 바라본 진리를 의식하고 있는 상태에서 이제 인간은 어디서나 존재의 끔찍함이나 부조리를 볼 뿐이다. 이제 그는 오필리아의 운명 속의 상징적인 것을 이해하고, 이제 그는 숲의 신 실레노스를 인식한다. 그것이 그를 구역질 나게 한다.

여기, 의지에 대한 이러한 최고 위험 속에서 이제 **예술**이 구원과 치료의 여자 마법사로서 다가온다. 예술만이 현존의 끔찍함이나 부조리에 대한 저 구역질 나는 생각들을 삶과 양립할 수 있는 표상들로 변화시킬 수 있다. 이 표상들은 끔찍함의 예술적 제어로서 **숭고한** 것이고, 부조리의 구역질로부터의 예술적 해방으로서 **희극적인** 것이다. 디오니소스 주신 찬가의 사티로스 합창단은 그리스 예술의 구원하는 행위다. 이 디오니소스의 시종들의 중간 세계에서는 앞에서 묘사한 저 변덕스러운 기분들이 모두 고갈되었다."

니체는 셰익스피어가 자신이 디오니소스적인 것으로 이해한 유의 통찰을 했다고 생각한다. 셰익스피어는 자신의 작품에서 디오니소스적 통찰을 아름다움을 창조하는 아폴론적 힘과 결합시킨다. 이 점에서 셰익스피어는 니체가 디오니소스적인 원리와 아폴론적인 원리를 성공적으로 결합시킨 위대한 그리스 비극에 돌렸던 보기 드문 성취를 이룩했다. 또한 철학자보다 시인을 더 높이 평가한 것도 두 사람의 공통점이라 할 수 있다. 차라투스트라에서 "아, 하늘과 대지 사이에는 오직 시인들만 꿈꿀 수 있는 많은 것들이 있다!"[4]고 한 말은 햄릿이 친구 호레이쇼에게 한 "천지간에는 호레이쇼, 우리네 철학으로는 꿈도 꾸지 못할 일이 많다네"[5]라는 말을 상기시킨다. 차라투스트라의 말은 플라톤을 희생시키면서, 철학자들이 알아차리지 못한 것을 인식한 셰익스피어에게 바친 찬가이다.

그리스 신화에서 태양신 아폴론은 질서와 조화, 명료함을 대변하는 신으로 음악·시·예언 등을 맡았다. 그런데 니체는 조각을 아폴론적 예술의 전형으로 생각하고, 아름다운 형식과 명확한 구조를 특색으로 하는 조형적 이미지를 아폴론적인 것으로 그리고 있다. 니체가 말하는 아폴론적 원리는 칸트

---

4 『차라투스트라는 이렇게 말했다』, 홍성광 역, 펭귄 클래식, 218쪽.

5 『햄릿』, 앞의 책, 51쪽.

의 미학적 전통 안에서 예술의 고전적 이상과 일치한다. 디오니소스적인 것의 강조는 기독교적 전통의 도덕 법칙에 반대한다는 뜻을 나타내며, 후일 『이 사람을 보라』에서 니체는 "도덕 자체가 데카당의 징후라는 것은 인식의 역사에서 새롭고도 유일한 제1급 인식이다"라고 말한다. 그는 디오니소스적인 것과 반대편에 있는 '아폴론적'인 것은 완벽하고 이성적인 특징을 갖고 있다고 이야기한다. 따라서 디오니소스적 원리에 대한 니체의 강조는 칸트의 미학적 전통에 대한 비판을 담고 있다.

니체는 디오니소스적인 것만을 강조하는 것은 아니다. 그는 로마는 아폴론적인 힘이, 인도는 디오니소스적인 힘이 강한 것으로 본다. 그런데 그리스는 아폴론적인 꿈에의 충동과 디오니소스적인 도취에의 충동이 균형을 이루고 있었다고 여긴다. 그리스인들은 디오니소스적인 힘이 외부에서 밀려들어왔을 때 자신들의 아폴론적인 성격을 강화함으로써 디오니소스적인 힘의 파괴적인 측면을 억누르고 두 충동을 화해시킬 필요성을 느꼈다. 반면에 그는 비그리스인들의 디오니소스 축제에서 잔인함과 성적인 방종, 문란함이 아폴론적 충동에 의해 제어되지 않은 것을 문제로 본다. 또한 그는 서구의 문화적 전통이 너무 '아폴론적'인 것에 치우쳐 있다고 비판한다. 지나치게 이성 중심적이고 개념 위주라는 것이다. 니체는 자기 시대의 문화에 대해 이렇게 경고한다. "그와 반대로 우리가 오늘날 자연적인 것과 현실적인 것의 숭배를 통해 이상주의의 반대극, 말하자면 밀랍 세공품 진열장의 영역에 도달했다는 점이 우려된다." 여기서 그는 이러한 전통에 반대하며, 그리스 비극에서 시작되는 '디오니소스적'인 또다른 전통을 찾아내고 있다. 후일 디오니소스는『우상의 황혼』에서 삶의 순환적인 갱신과 창조로 그려지는 영원회귀와 관련된다.

니체는 칸트와 쇼펜하우어의 철학을 받아들여 자신의 사유를 발전시킨다. 이 두 철학자는 과학 지식의 한계를 입증하여 소크라테스적 합리주의를 무너뜨린 독일 철학의 투사이다. 이들은 과학 지식은 현상세계에 한정되며, 본체계의 세계를 언급하지 않고는 해소될 수 없는 이율 배반을 산출한다는 것을 보여주었다. 그들은 이러한 공격을 통해 디오니소스적 문화의 부활을 위한 토대를 마련했다. 한편 독일 음악은 바흐에서 베토벤, 바그너에 이르기까지 디오니소스적 정신을 배양해왔다. 니체는 독일 정신이 탈신화화의 사악한 힘을 견디고 자신의 건강한 문화를 유지할 수 있을 정도로 강하기를 희망한다. 그는 원초적인 생명력의 면에서 독일 문화가 프랑스 문화보다 우월하다고 믿는다. 독일 문화의 생명력은 보통 감춰져 있지만, 독일 개혁 같은 결정적인 순간에는 강력을 힘을 발휘한다. 심오하고 용감하며 영적인 루터의 성가들은 다가오는 봄을 맞이해 덤불 속에서 들려온 최초의 디오니소스적 외침이었다.

쇼펜하우어는 우리 경험의 전정한 본성에 대해 깨우쳐준 칸트를 누구보다 존경했지만, 경험 세계의 바깥에 다수의 사물이 있을 수 있다고 추정한 점에서 그가 잘못했다고 생각했다. 시간이나 공간 속에 있을 때만 어떤 것이 다른 것과 다를 수 있기 때문이다. 따라서 그는 경험세계에서만 구별이 가능할 뿐 시간과 공간의 바깥에서 모든 것은 단일하고 차별이 없다고 주장한다. 칸트는 실재와 현상 사이에 인과관계가 있다고 생각했지만, 쇼펜하우어는 그럴 수 없다고 주장한다. 칸트의 말에 따를 때 인과법칙이란 오로지 현상 영역 안에서만 유효하기 때문이다.

현상계를 벗어나면 어떤 것도 다른 것의 원인이 될 수 없으므로, 쇼펜하우어는 초월계와 현상계란 다른 두 가지 방식으로 이해되는 동일한 실재라고 본다. 이에 따라 쇼펜하우어의 독특한 윤리적 입장 생기게 된다. 궁극적인 의미에서는 가해자와 피해자, 고문자와 희생자, 사냥꾼과 도망자가 결국 동일한 존재로 드러나면서 자비와 연민(Mitleid)이 생기는데, 이것이 바로 도덕과 윤리의 기초라고 주장한다. 그러면서 그는 인간을 통합하는 주된 열쇠가 이성이며, 윤리의 기초는 합리성이라는 칸트의 견해를 반박하고 있다. 쇼펜하우어의 철학에 따르면 초월계와 현상계가 다른 방식으로 보이는 동일한 실재이므로 초월계도 무언가 끔찍한 세계라는 결론이 나온다. 그는 초월계를 맹목적이고 목적도 없고 비개인적이며 도덕과는 무관한 힘이나 충동, 삶이나 생물에 대해 전혀 관심이 없는 어떤 것으로 보았다. 이 알려질 수도 이해될 수도 없는 초월적 존재를 쇼펜하우어는 의지라고 불렀다.

우리가 삶과 세계에서 완전히 해방되려면 이 삶에의 의지, 존재하려는 의지를 극복해야 하는데, 그러기 위해서는 의지를 놓아버리는 것이 필요하다. 그런데 자살은 오히려 적극적이고 격렬한 의지의 표명이므로 쇼펜하우어는 흔히 생각하는 것과는 달리 결코 자살을 옹호하지 않았다. 쇼펜하우어에 의하면 유일한 구원은 집착을 끊고 개입과 참여를 하지 않으며 맹목적인 삶에의 의지를 부정하는 것이다. 격정은 의지에서 발생한다. 인간에게 근원적인 것은 의지이며, 인식은 이차적이고 부수적인 것이다.

니체는 이러한 쇼펜하우어 철학 체계로부터 압도적인 영향을 받았지만 그것을 수용하면서도 다른 길을 모색하며 자신의 독자적인 사유를 전개한다. 니체는 『비극의 탄생』에서 쇼펜하우어의 용어들을 활용해 논지를 펴면서도 이미 여러 지점에서 자신의 고유한 사유를 시작한다. 니체는 「자기비판의 시도」에서 쇼펜하우어와 바그너를 숭배하던 시기에도 그것이 벌써 독립적이고 자립적인 책이었음을 밝힌다. "청년다운 용기와 우수가 가득 찬 청년기의 작품으로 어떤 권위와 자신이 숭배하는 대상에 고개를 숙이는 것처럼 보이는 곳에서도 독립적이고 반항적이며 자립적인 책이다."

쇼펜하우어는 예술-종교-철학으로 이어지는 헤겔적인 단계와는 달리 순진성-종교-철학-예술로 이어지는 독자적인 단계를 내세운다. 그는 예술 중에서는 음악을 최고로 친다. 이러한 생각이 바그너를 비롯한 음악가들에게 큰 영향을 끼친다. 쇼펜하우어는 삶에의 의지의 긍정을 원죄론으로, 삶에의 의지의 부정을 구원론으로 제시한다. 이와는 달리 니체는 디오니소스적 삶에의 의지를 긍정적으로 평가한다. 쇼펜하우어가 의지, 즉 욕망의 부정을 최고의 윤리적 이상으로 내세운다면, 니체는 문화의 활력, 건강과 영원한 젊음에 주안점을 둔다. 니체가 말하는 힘(Macht) 또한, 물리적 힘을 뜻하는 것이 아니라, 보다 나은 정신으로 '변화할 수 있는 잠재력으로써의 힘'을 뜻한다. 즉 니체의 힘은 변화하는 것 그 자체이며, 그런 맥락에서 그는 생성의 철학자라고 할 수 있다.

니체는 처음에 쇼펜하우어를 교육자, 미래에 대한 안내자의 모델로 보았지만, 차츰 쇼펜하우어의 주장을 거북해하며 그의 보편적 공감이나 연민의 윤리를 거부한다. 쇼펜하우어는 삶이란 고통스럽고 무의미한 것이며, 예술이야말로 우리가 삶으로부터, 불가피한 맹목적인 삶에의 의지의 광기로부터 도피할 수 있도록 해준다고 생각했다. 삶에 대한 니체의 태도 역시 쇼펜하우어의 그것과 다르다. 니체는 금욕주의와 의지의 단념을 조장하는 쇼펜하우어 철학이 기독교와 마찬가지로 삶에 대한 적대감을 나타낸다고 생각했다. 니체는 고통을 겪고 있는데도, 심지어 고통을 겪고 있기 때문에도 세계를 아름답게 보려고 한다. 니체는 고대 그리스인들을 분석하면서 니체는 그들이 삶의 불합리함과 고통을 마주하고도 그 삶을 받아들이는 태도에 감명을 받았다. 전통 형이상학을 거부하며 의지와 예술, 특히 음악에 주목한 쇼펜하우어는 약함의 비관주의를 대변하는 소극적 허무주의자로 삶의 부정에 이르는 반면, 니체는 강함의 비관주의를 대변하는 적극적 허무주의로 인과율과 변증법을 거부하며 삶의 긍정, 힘의 감정을 주창한다.

니체도 쇼펜하우어 마찬가지로 삶이 고통스럽다고 말한다. 하지만 그는 체념이나 도피로 빠지지 않고 디오니소스적 긍정을 한다. 이는 쾌락뿐 아니라 그 모든 고통까지 함께 하면서 자신의 삶을 긍정하는 것, 바로 그것이 삶에 대한 디오니소스적 긍정이다. 니체에게는 삶에 궁극적 의미를 부여해 주는 것은 삶 속에서 향유하는 쾌락이나 성공이 아니라 삶 그 자체이다. 그렇다고 니체가 쇼펜하우어의 영향력이나 그의 비관적 세계관을 완전히 떨쳐버리지 못했기에, 『이 사람을 보라』에서 자신의 몇몇 공식에서는 '쇼펜하우어의 역겨운 냄새가 난다'며 자책하고 있다.

고대 그리스에서는 소크라테스의 영향으로 이제 비극에서 변증법적 논리에 따라 미덕과 지식, 믿음과 도덕 사이에는 필연적이고 가시적인 연결고리가 있어야 했다. 모든 사물에 대한 무모순성과 합리적 이해를 강조했던 소크라테스는 디오니소스적 경험에 대한 어떤 여지도 남겨두지 않는 세계관을 퍼뜨렸다. 그는 보편적인 지식욕을 부추기고 능력이 뛰어난 사람에게 본연의 과제로서 학문을 제시했다.

　"학문의 밀교 사제(Mystagog)인 소크라테스의 사망 이후 철학 학파들이 어떻게 파도처럼 잇달아 나타났다가 사라졌는지 한번 살펴보기로 하자. 또 교양 세계의 가장 넓은 영역에서 전혀 예상치 못한 지식욕의 보편성이 어떻게 보다 높은 능력을 가진 모든 사람에게 본연의 과제로서 학문을 넓은 대양으로 이끌어 가고, 그 이후로 그 대양에서 학문을 완전히 추방할 수 없게 되었는지 살펴보기로 하자. 이 보편성을 통해 먼저 전 세계를 아우르는 합리적 사고의 공동 네트워크가, 그러니까 태양계 전체의 법칙성을 조망하면서 어떻게 확립되었는지 살펴보기로 하자. 현대의 놀라울 만치 높은 지식의 피라미드와 함께 이 모든 것을 머릿속에 그려보는 사람은 소크라테스를 이른바 세계사의 전환점이자 소용돌이로 보지 않을 수 없다."

니체는 사람들이 지식에서 얻는 즐거움으로 현존의 영원한 상처를 치유할 수 있다는 소크라테스적 망상에 사로잡혀 있다고 지적한다. 그러나 세계는 현상의 모사 이상이며, 우리에게는 디오니소스적인 것, 삶에의 맹목적인 의지라는 것도 존재한다. 그리하여 그는 소크라테스 문화 말기의 영원히 굶주린 상태에 처한 합리적 인간을 비판적으로 바라본다. "말하자면 근대인은 영원히 굶주려 있는 자이고, 즐거움이나 힘이 없는 '비평가'이며, 실제로는 도서관 사서이고 교정자이며, 책의 먼지와 인쇄 오류에 가련하게 눈멀게 될 알렉산드리아적 인간인 것이다."

니체는 학문이 자연을 제대로 설명할 수 있다고 보지 않는다. 지식을 모든 것의 만병통치약으로 믿어 모든 신화를 말살함으로써, 인간이 존재에 대해 노쇠하고 비생산적인 사랑에 빠졌다는 것이다. 그는 근대인이 이론적 문화로 인해 점점 나약해질 때 올림포스의 마법의 산으로 통하는 마법의 문을 부수어 연 사람이 괴테와 실러라고 말한다. 니체는 쇼펜하우어를 죽음, 악마와 함께하는 뒤러의 기사라고 칭하고, 그에게서 불의 마법을 통한 독일 정신의 혁신과 정화에 대한 희망을 발견하고 "그에게는 아무런 희망도 없었지만, 그는 진리를 원했다. 그와 필적할 만한 사람은 아무도 없다"면서 그를 칭송한다.

실제로 쇼펜하우어는 그렇게 영웅적으로 행동했으며, 니

체는 그의 이러한 행동을 높이 평가하여 「교육자로서의 쇼펜하우어」(1874)에서 쇼펜하우어를 천재라고 지칭하기에 이른다. 완전히 독립적이었다는 점에서 다른 사람들의 모범이 될 수 있는 독창적인 인간이라는 것이다. 니체가 쇼펜하우어를 위대하다고 본 것은 그가 핀다로스의 '바로 너 자신이 되거라'라는 모토, 나를 따르지 말고 너 자신을 따라야 한다는 모토를 실천하면서 살았다는 데에 있다. 천재의 특징은 무엇인가? 니체의 대답은 다음과 같다. "철학적인 천재는 현존재의 가치를 새롭게 정의하고 척도와 가치, 그리고 사물의 중요성을 위한 법을 제정하는 사상가이다." 젊은 니체에게 철학이란 힘을 갖고 삶 속으로 직접 뛰어드는 것이었다. 그것은 단순히 삶의 모습에 대해 숙고하고 성찰하는 것이 아니라 삶을 변화시키는 것이며, 그 자체로서 하나의 변화이다.

니체는 소크라테스의 합리주의와 낙관주의가 그리스 비극을 죽였다고 주장한다. 소크라테스의 합리주의는 궁극적으로 인간의 지성이 자연을 알아낼 수 있고, 자연 세계에 관해 추정되는 모든 신비는 무지의 소산이라고 주장한다. 니체는 덕을 높이 평가하는 낙관주의의 기본 형식에 이미 비극의 죽음이 내포되어 있다고 보고, 「자기비판의 시도」에서는 낙관주의의 승리, 우세해진 합리성, 민주주의와 실천적이고 이론적인 공리주의를 쇠약해지는 힘, 생리적인 피로의 징후가 아닐까 자문한다.

"왜냐하면 변증론의 본질 속에 든 낙관주의적 요소, 결론이 나올 때마다 환호하며 냉정한 명석함과 의식 속에서만 숨쉴 수 있는 그런 요소를 누가 알아보지 못하겠는가. 즉 비극속으로 일단 뚫고 들어간 낙관주의적 요소는 비극의 디오니소스적 영역을 점차 잠식하면서 필연적으로 그것을 자멸로몰아갈 수밖에 없다—결국 이는 시민극으로 투신자살하는데까지 이어진다. 우리는 다음과 같은 소크라테스적인 명제의 결론을 떠올려보기만 하면 된다. '덕은 지식이다. 모든 죄는 무지에서 비롯된다. 덕이 있는 사람은 행복한 사람이다.'낙관주의의 이 세 가지 기본 형식에 비극의 죽음이 들어있다. 왜냐하면 이제 덕이 있는 주인공은 변증론자라야 하고, 이제덕과 자식, 신념과 도덕 사이에는 눈에 보이는 필연적인 연합이 존재해야 하기 때문이다. 아이스킬로스의 초월적 정의라는 해결책은 이제 통상적인 기계장치의 신을 활용하는 '시적정의'라는 피상적이고 뻔뻔스러운 원리로 축소되었기 때문이다."

니체는 아이스킬로스의 '초월적 정의'가 에우리피데스에의해 '시적 정의'로 변질되었다고 본다. '시적 정의'는 '시적미메시스'를 부정하는 플라톤의 견해를 계승하고 있다. 플라톤은 시적 미메시스에 의해 이성이 아닌 감각이나 감정 등영혼의 비이성적 부분에 호소하는 경우 시민의 윤리적 정서를 심각하게 훼손한다고 본다. 그는 시문학은 해롭거나 기껏해야 무익한 것에 지나지 않으므로 국가에서 추방하자고 주장하기에 이른다. 그러면서도 국가와 인간 생활에 유익한 시라면 받아들일 수도 있다는 단서를 달고 있다. 17세기 말 셰익스피어 비평 작업에서 생겨난 개념인 '시적 정의'는 "문학 안에서 사용되는 장치 중의 하나로, 선행은 보상을 받고 죄는 처벌받는다"라고 요약된다. 흔히 '시적 정의'는 권선징악과 같은 것으로 치부되고 있다. 쇼펜하우어는 '시적 정의'를 낙관주의적이며, 신교적이고 합리주의적인, 참으로 유대적인 세계관일 뿐이라며 뻔뻔하고 진부한 것으로 격하한다. 시적 정의를 요구하여 그것이 충족되면 자신의 요구도 충족된 것으로 생각하는 것은 신교적이고 합리주의적인, 낙관주의적 세계관일 뿐이라는 것이다. 쇼펜하우어는 '시적 정의'를 요구하는 것은 비극의 본질, 그러니까 세계의 본질까지도 완전히 오인하는 데서 기인한다고 말한다. 니체는 '시적 정의'의 문제에 있어 플라톤이 아닌 쇼펜하우어의 견해를 수용하고 있다. 괴테 역시 좋은 예술 작품이 도덕적인 결과를 낳을 수 있을지도 모르지만, 예술가에게서 도덕적인 의도와 목적을 요구하면 그의 손작업을 망치게 된다고 말하는데, 토마스 만은 만년에 쓴 에세이 「예술가와 사회」(1952)에서 괴테의 말에 공감하여 이렇게 말한다. "예술가란 원래 도덕적인 존재가 아니라 미적인 존재이고, 그의 근본 충동은 유희이지 덕이 아님이 아주 잘 알려져 있기 때문입니다."[6] 그는 예술가란 도덕적인 가르침과는 전혀 다른 방식을 통해 세계를 개선한다고 말한다.

또한 학문과 학자에 대한 니체의 부정적 시각은 이후 『차라투스트라는 이렇게 말했다』(1885)와 『도덕의 계보학』(1887)에서도 이어진다.

"학문은 온갖 종류의 불만, 불신, 설치류 종(種), 자기 멸시, 양심의 가책 등이 숨는 은신처이다. 학문은 이상을 상실한 자체의 **불안**이고, 커다란 사랑의 **부족**에 시달리는 것이며, 본의 아니게 분수를 아는 것에 대한 불만이다. 오, 오늘날 학문은 모든 것을 숨기고 있는 것이 아닌가! 그것은 적어도 얼마나 많이 숨겨야 **하는가**! 우리의 가장 훌륭한 학자들의 유능함, 그들의 끊임없는 노력, 밤낮없이 일하는 그들의 두뇌, 그들의 일에 대한 장인 정신 자체—이 모든 것의 진정한 의미는 너무나 자주 자기 자신의 무언가를 더 이상 보이지 않게 하는 데에 있지 않은가! 자기 마비의 수단으로서의 학문, **여러분은 이런 사실을 알고 있는가?** 학자들과 교제해 본 사람은 누구나 아는 사실이지만, 그들은 때때로 아무 악의 없는 한마디 말로 뼛속까지 상처를 받는다. 사람들은 그들에게 경의를 표하려는 순간 학식 있는 그 친구들을 노하게 만든다. 우리가 사실 상대하는 자, 자신이 어떤 존재인지 자기 스스로 인정하려고

---

6 토마스 만, 예술과 정치, 홍성광 역, 청송재, 2021, 357쪽.

하지 않는 자가 누구인지, **제정신으로 돌아간다**는 한 가지 사실만을 두려워하는 마비된 자나 정신이 없는 자가 누구인지 알아보기에는 우리가 너무나 섬세하지 못하기 때문에 그들은 분노로 어쩔 줄 몰라 하게 된다……."[7]

　그런데 니체가 소크라테스와 소크라테스주의, 학문과 이론적 세계관에 반대하긴 하지만 그에 대한 양가감정이 없지 않다. 그는 아폴론에 적대하지 않는 것처럼 소크라테스를 아폴론이나 디오니소스와 어깨를 나란히 하는 신의 반열에 올려놓는다. 물론 신이라 해서 니체가 비판하지 않는 것은 아니다. 그는 소크라테스에게 반대하면서 그를 존경하기도 한다. 그는 소크라테스가 없었다면 그리스 문화는 한꺼번에 몰락했을 것이라고 지적한다. 그러니까 소크라테스의 영향력은 항상 다시 예술의 재탄생을 불가피하게 만든다. 그런 점에서 현재 예술가 소크라테스, 음악을 하는 소크라테스가 필요하다는 것이다. 이 예술가 소크라테스는 바로 니체 자신이다. 니체는 그리스 시인들이 그랬던 것처럼 삶의 비극적 양상을 받아들이면서도 비판적 지성을 잃지 않는 어떤 철학의 도래를 학수고대한다. 이 철학은 덕, 지식, 행복이 삶의 세쌍둥이와 마찬가지라는 낙관주의적 믿음을 부정하는 철학이다. 그것은 소크라테스 철학만큼이나 예리하고 비판적이지만 예

7　『도덕의 계보학』, 홍성광 역, 연암서가, 2020, 242쪽.

술의 가능성과 자원을 기꺼이 이용하려 하고, 이용할 수 있는 철학이다.

이론적 세계관과 비극적 세계관의 영원한 충돌 역시 소크라테스를 앞세운 낙관주의적 학문과 디오니소스적인 비극적 세계관의 대립으로 빚어진다. 이론적 세계관을 구성하는 것은 소크라테스주의, 학문의 낙관주의, 알렉산드리아적 문화이며, 비극적 세계관을 구성하는 것은 아폴론적인 것과 디오니소스적인 것이라는 두 예술 충동이 낳은 산물인 비극 내지는 비극적 신화이다. 이 양자의 대립과 투쟁 끝에 비극과 비극적 신화가 죽음을 맞는다. 비극적 음악의 분투는 학문의 낙관주의에 의해 날개가 꺾이고, 디오니소스적 세계관은 비의적 심층으로 숨어버린다. 학문의 낙관주의가 한계에 봉착할 때 디오니소스적 정신이 서서히 깨어나고 비극적 문화가 유입되기 시작한다. 니체의 견해에 따르면 루터를 비롯해 바흐, 베토벤, 바그너로 이어지는 독일 음악과 칸트, 쇼펜하우어로 이어지는 독일 철학은 독일적인 것들의 원상회복이며, 디오니소스적 정신의 소생이자 비극의 재탄생이다.

비극의 재탄생과 비극의 본질을 다루는 장들(20~25)에서는 비극의 재탄생을 믿으라고 호소하는 것으로부터 시작한다.

"그렇다, 나의 벗들이여, 나와 함께 디오니소스적 삶과 비극의 재탄생을 믿자. 소크라테스적 인간의 시대는 지나갔다. 담쟁이덩굴로 화환을 만들어 머리에 얹고, 바쿠스의 지팡이를 손에 쥐어라. 호랑이와 표범이 알랑거리며 그대 무릎에 누워도 놀라지 마라. 이제 과감하게 비극적 인간이 되어라. 그대들은 구원받을 테니까. 그대들은 인도로부터 그리스로 향하는 디오니소스 축제 행렬에 가담하도록 하라! 격렬한 전투를 할 채비를 갖추고, 하지만 그대들 신의 기적을 믿어라!"

니체는 음악과 신화를 결합해 독일식 디오니소스의 비극이라는 새로운 예술을 창조하고 세속적인 풍조에 맞서 독일의 신화적 문화를 회복하려는 바그너의 시도와 신화적 자연주의를 결합했다. 바그너의 음악 이력은 1. 도제 기간(〈요정〉, 〈사랑의 금지〉, 〈리엔치〉), 2. 낭만주의 국면(〈떠도는 네덜란드인〉, 〈탄호이저〉, 〈로엔그린〉), 3. 포이어바흐적 낙관주의 시기(청년 헤겔주의자 시기), 4. 쇼펜하우어적 비관주의 시기로 나뉜다. 〈트리스탄과 이졸데〉는 바그너가 니체의 『비극의 탄생』 이전에 작곡한 유일한 쇼펜하우어적인 비극이다. 이 작품에서 니체는 바그너를 디오니소스적인 음악과 신화를 소생시켜 세속화와 합리화의 과정을 전복하는 독일의 비극작가로서 찬미한다. 〈트리스탄과 이졸데〉에서 낮과 밤은 현상계와 본체계를 상징한다. 연인은 대낮을 싫어한다. 대낮은 그들에게 분리와 개체화의 번민하는 현상계를 대변하기 때문이다. 그들이 밤의 어둠을 동경하는 것은 어둠이 그들에게 합일의 기쁨을 주는 본체계를 대변하기 때문이다. 결국 그들은 '사랑이 죽음'의 어둠 속에서 황홀경을 성취한다.

니체는 비극의 재탄생에 대해 〈트리스탄과 이졸데〉의 제3막을 사례로 들어 설명한다. 아폴론적 영상은 인간을 디오니소스적 황홀경으로 인한 파멸에서 구해내어 트리스탄과 이졸데 같은 개별적 세계 영상을 보고 있다는 환상으로 이끈다. 그리고 디오니소스적 음악은 그 환상, 무대의 가상을 가장 명료하고도 웅대하게 드러낸다. 디오니소스의 마법은 아폴론의 활동을 자극하여 가상을 만들어내게 하지만, 아폴론적인 힘을 자신에게 봉사하게 만든다. 이것이 비극적 신화이다. 비극이란 영원한 근원 일자에 대한 디오니소스적인 지혜를 아폴론적 예술 수단으로 형상화하는 것이다. 비극적 신화는 현상세계를 그 한계점까지 끌고 간다. 거기서 현상세계는 자기 자신을 부정하고, 다시 진정하고 유일한 실재의 품속으로 도피하려고 한다. 그런 다음 현상세계는 이졸데와 함께 그녀의 형이상학적인 백조의 노래를 부르기 시작한다. 그러나 무대의 가상은 결국 아폴론적 기만에 불과하므로 가장 본래적 의미에서는 파멸하고 만다. 이 디오니소스적 예술 속에서, 이 음악적 불협화음 속에서 미적 현상으로서의 세계의 정당화가 실현된다. 비극적 신화가 낳는 즐거움은 음악에서 불협화음이 주는 즐거운 느낌과 같은 고향을 갖는다. 디오니소스적인 것은 고통에서조차 지각된 자신의 근원적 즐거움과 함께 음악과 비극적 신화를 낳는 공통의 모태이다. 신화가 없으면 모든 문화는 건강하고 창조적인 자연력을 상실하게 된다. 즉 신화로 둘러싸인 지평만이 전체 문화 운동을 통일시킬 수 있다. 또 신화만이 상상력과 아폴론적 꿈의 모든 힘을 정처 없는 방랑으로부터 구원한다. 비극적 신화는 우리에게 이렇게 말한다. "보아라! 자세히 보아라! 이것이 그대들의 인생이다! 이것이 그대들 현존 시계(Daseinsuhr)의 시침이다!"

"나의 벗들, 디오니소스의 음악을 신뢰하는 그대들이여, 그대들 역시 비극이 우리에게 어떤 의미가 있는지 알고 있다. 비극 속에서 우리는 음악으로부터 다시 태어나 비극적 신화를 갖게 된다—그리고 신화 속에서 그대들은 뭐든지 희망하고, 가장 고통스러운 것은 잊어버릴지도 모른다! 그러나 우리 모두에게 가장 고통스러운 것은 독일의 수호신이 집과 고향으로부터 소원해져 음흉한 난쟁이들을 위해 살아왔던 오랫동안의 굴욕이다. 그대들은 내 말을 이해한다—그대들은 또한 결국 내 희망도 이해하게 되듯이 말이다."

니체는 이후에 시도한 자기비판에서 학문을 문제가 있는 것, 의문스러운 것으로 파악한 점을 자랑스러워하며, 디오니소스적 지혜가 그 책에 영감을 주었다고 말한다. 디오니소스적 지혜는 위협적이면서도 유혹적인 디오니소스적 현실을 견디는 힘이다. 디오니소스적 쾌락을 맛볼 때는 삶의 제약과 한계가 사라지지만, 이 상태가 지나가고 일상적인 의식이 돌아오면 디오니소스적 인간은 역겨움을 느끼게 된다. 이러한 역겨움은 공포로까지 확대된다. 니체는 두 가지 측면에서의 공포를 말한다. 즉 일상적인 의식의 입장에서는 디오니소스적인 것이 공포이고, 반대로 디오니소스적인 것의 입장에서는 일상적인 현실이 공포이다. 니체는 디오니소스적 지혜의 화신으로 자신의 파멸을 피하면서도 세이렌의 노래를 듣기 위해 돛대에 자신의 몸을 묶게 한 오디세우스를 거론한다.

또한 니체는 스핑크스의 수수께끼를 지혜롭게 푸는 오이디푸스 신화를 통해 디오니소스적 지혜의 위험성을 경고한다. 『오이디푸스 왕』, 『콜로누스의 오이디푸스』, 『안티고네』를 쓴 소포클레스는 인간 영혼의 심연을 들여보고자 했다. 그리고 전통적인 도덕의 영역 안에서 움직이기를 거부했기에 비극적 운명을 지닌 사람들의 고귀함을 찬미했다. 니체는 소포클레스에 대해 도덕을 넘어선 관점에서 인간성을 볼 줄 알았던 가장 모범적인 인물로 생각했다. 이는 그가 아주 심오한 수준에서 인간적이었기에 가능한 일이었다. "그 심오한 시인이 말하려는 점은 고귀한 인간은 죄를 범하지 않는다는 것이다. 그의 행동을 통해 모든 법과 자연 질서, 즉 도덕 세계가 파괴될 수 있다. 그리고 바로 이런 행동을 통해 무너진 낡은 세계의 폐허 위에 새로운 세계를 세우는 영향들의 보다 높은 마법의 동그라미가 그어진다." 아버지의 살해자이자 어머니의 남편이 된 오이디푸스는 더없이 신성한 자연 질서도 깨뜨려야만 한다. 오이디푸스 신화는 "디오니소스적 지혜는 자연을 거스르는 하나의 만행이고, 또 자신의 지식을 통해 자연을 파괴의 심연 속으로 빠뜨리는 자는 그 자신도 자연의 해체를 경험해야 한다"고 속삭인다. "지혜의 칼끝은 지혜로운 자를 향한다. 지혜는 자연에 대한 범죄"라는 것이다.

이젠 독일 문화를 부흥시키는 역할을 오페라 작곡가 바그너가 맡는다. 음악과 말이 합쳐진 오페라는 디오니소스적인 것과 아폴론적인 것, 의지와 표상 사이에서 나타나는 긴장을 반영하고 그 두 가지를 재결합하는 비극적 예술 형태였다. 바그너가 제시하는 미래의 음악은 비극적 신화와 불협화음, 즉 인간 영혼의 불협화음의 필연적 부활을 토대로 했다. 니체에게 비극의 최고 목표는 디오니소스가 아폴론의 언어를 말하고 아폴론이 마침내 디오니소스의 언어를 말하는 순간이었다.

니체는 소크라테스가 삶을 즐겼다 하더라도 그에게서 삶에 대한 거부, 뿌리 깊은 비관주의를 발견한다. 죽음에 임한 소크라테스는 의술의 신인 아스클레피오스에게 닭 한 마리를 빚졌다고 크리톤에게 말한다. 소크라테스는 삶을 질병으로 보고 죽음이 그 질병을 치유해 주었다고 넌지시 말하는 셈이다. 이렇게 보면 낙관주의자 소크라테스는 삶을 고통스럽게 견뎌온 것이다. 이러한 비관주의 때문에 그는 이성의 힘을 과도하게 발전시켰다. 그래서 니체는 소크라테스를 고발하면서 그리스 비극을 살해한 에우리피데스가 가면을 쓴 소크라테스라고 말한다. 니체는 소크라테스의 영향을 받아 활동한 에우리피데스가 비극적인 드라마를 합리적인 담론으로 변모시켜 디오니소스적인 세계의 신비를 해체했다고 주장한다. 이 해체는 디오니소스적 세계의 신비의 기본 요소인 신화와 음악을 파괴함으로써 성취된다. 그리하여 에우리피데스의 연극에서는 소크라테스적 명령을 따르기 시작하면서 비극이 몰락하기 시작한다. 죽음을 기다리는 소크라테스가 꿈을 꾼다. 꿈속에서 자신에게 '음악을 하라'고 말하는 유령에게 그는 음악을 경건한 행위로 받아들이겠다고 다짐한다. 이 에피소드에 대해 니체는 소크라테스가 합리성만으로는 충분치 않다는 것을 어렴풋이 깨달았다고 말한다. 니체는 소크라테스의 꿈에 나타난 목소리가 '논리의 한계에 대해 깊이 생각하게 해주는 유일한 징표'라고 주장한다.

또한 니체는 이성의 전능성을 신봉하는 근대의 과학적 세계관도 비판한다. 그는 그 세계관이 경험의 어두운 디오니소스적 측면을 무시하고, 우리 자신의 본성의 비합리적인 측면과 대립하도록 잘못 인도한다고 보았다. 니체는 소크라테스에 비해 에우리피데스에 대해서는 눈에 띄게 불공정하게 대하는 것으로 보인다. 니체가 에우리피데스를 가장 격렬하게 비난하는 것은 그가 그리스 비극에서 합창단을 없앴기 때문이다. 니체는 에우리피데스가 합리적 설명을 하지 않고 합창단을 신비한 소리로 대체한 사실을 아폴론적인 것과 디오니소스적인 것 사이의 고전적인 긴장을 폐기한 것이라고 주장한다. 니체의 가혹한 해석에 따르면 그리스 비극을 더욱 합리적으로 바꾼 에우리피데스의 시도가 아테네 문화의 파괴를 향한 중요한 첫걸음이었다. 니체는 신화가 없는 문화는 자연스러운 건강을 잃는다고 믿는다. 신 없는 세상은 기독교적 신의 죽음으로부터 등장한 것이 아니라, 신화적 세계를 파괴한 과학적 합리주의와 더불어 등장했다. 니체는 에우리피데스의 비극에 소크라테스의 낙관적인 요소가 개입되어 있었다고 보았지만, 아리스토텔레스는 『시학』에서 에우리피데스가 '시인들 가운데 가장 비극적인 시인'이라는 인상을 준다며 니체와는 다른 말을 하고 있다. 또한 괴테는 에커만과의 대화에서 비극의 죽음을 에우리피데스 탓으로 돌리지 않고 훨씬 객관적이고 공정하게 말한다.

"알고 보면 인간은 단순한 존재야. 인간의 본성이 제아무리 풍부하고 다양하고 헤아릴 수 없다 하더라도, 인간이 처하고 있는 상황은 금방 들여다보이는 법이네.

괜찮은 극작품으로는 레싱이 두세 편, 내가 서너 편, 실러가 대여섯 정도 썼을 뿐이야. 그리고 이와 같은 사정이므로 잘만 했으면 제4, 제5, 제6의 비극 작가가 출현할 수도 있었겠지. 하지만 그리스인의 경우에는 작품이 홍수처럼 쏟아져 나왔지. 3대 작가가 각기 100편 이상 또는 거의 100편에 달하는 작품을 썼으니까. 그리고 호메로스나 영웅 전설의 비극적 주제들의 일부는 서너 번이나 중복해서 다루어질 정도였는데 그만큼 작품이 풍부했다는 말이지. 하지만 기존의 작품들이 풍부한 상태였다면 소재나 내용이 점차 고갈되어 버렸을 것이고, 따라서 이 세 명의 위대한 인물의 뒤를 잇는 작가들은 선배들을 넘어설 방도를 더 이상 찾을 수 없었을 걸세. 충분히 이해가 가는 일이지.

그런 상황이니 무엇 때문에 작품을 쓰겠나! 당분간 충분한 작품들이 널려 있는데 말이야! 아이스킬로스나 소포클레스나 에우리피데스가 창작한 작품들은 그 양식과 깊이에 있어서 듣고 또 들어도 지겹지 않고 버릴 데도 없지 않은가? 사실 지금까지 단편적으로 전해 내려온 그들의 작품의 양은 얼마 되지 않아. 하지만 그 내용은 웅대하고 의미심장한 것이어서 우리 가련한 유럽인들이 벌써 몇 세기 동안이나 연구하였지만 다 감당하지 못했을 정도일세. 그리고 그것을 소화하고 익히려면 앞으로도 몇 세기가 더 거릴 테지."[8]

앞에서 살펴보았듯이 그리스 비극은 아폴론적인 것과 디오니소스적인 것의 결합으로 성립되고, 그리스인은 이에 의

---

8   『괴테와의 대화 2』, 앞의 책, 117~118쪽.

해 구원을 받았다. 그러나 에우리피데스는 소크라테스적인 합리주의와 낙관주의를 받아들이고 디오니소스적인 것을 없 앰으로써 비극이 쇠퇴하고 말았다. 니체는 소크라테스적인 합리주의에 의한 낭만주의와 이론주의를 경계하고 있다. 이러한 낭만주의는 니체의 비극 정신과 극명하게 대립되는데, 니체의 주장에 따르면 '이론적 인간'은 하나의 망상에 불과하며 논리의 한계에 부딪힐 때 우리에게는 음악 정신과 비극적 신화가 필요하다는 것이다.

결국 『비극의 탄생』의 요지는 무엇보다도 문화가 가장 중요하고, 소름 끼치는 삶에 접근하려면 아폴론적인 것과 디오니소스적인 것의 균형을 기하는 것이 필요하고, 예술, 그중에서 음악, 그것도 바그너 음악을 통하는 것이 가장 좋다는 것이다. 또한 소크라테스주의와 학문에 대한 부정적 시각과 바그너 음악에 도취된 감동이 담긴 그 책은 현시대의 사상과 예술에 대해 도발하는 반시대적 선언문이기도 하다. 그리고 프로이센 같은 강대국이 되는 것보다 문화와 독일 정신의 중요성을 운위하는 점에서는 역시 군사나 경제 강국보다 문화 강국을 바라는 김구의 『백범일지』에 나오는 견해와 일맥상통하는 면이 있다. 또한 니체의 지대한 영향을 받은 헤세는 음악가 소설 『게르트루트』에서 작곡가 쿤과 오페라 가수 무오트를 통해 예술가의 아폴론적 속성과 디오니소스적 속성을 형상화하고 있다.

니체는 마지막에 가서 다음과 같은 수사학적인 질문으로 끝맺는다. "그대 이상한 이방인이여, 그러나 이런 사실도 생각해 보게. 그토록 아름답게 되기 위해 이 민족이 얼마나 많은 고통을 겪어야 했겠는가! 그러나 지금 나를 따라와 비극을 보고, 나와 함께 두 신의 신전에 제물을 바치세!"

3. 주요 저작 소개

1) 『차라투스트라는 이렇게 말했다』에서 초인(위버멘쉬)은 누구인가?

『차라투스트라는 이렇게 말했다』는 니체의 가장 유명한 저서로 '모두를 위한 책이면서 그 누구를 위한 것도 아닌 책'이라는 부제를 달고 있다. 이 책은 플라톤의 대화편이나 신약 성서를 참조한 많은 패러디들을 담고 있다. 근본적으로 새로운 방식으로 인간의 삶에 다가갈 것을 제안하고 있다는 점에서 차라투스트라는 소크라테스나 그리스도에 가깝다. 니체가 사도 바울은 싫어했지만 예수 그리스도는 존경한 것이 사실이다. 니체는 또한 종교적 삶을 추구한 몇몇 기독교인에게 개별적인 존경을 표하기도 했다. 차라투스트라는 기원전 6세기 고대 페르시아에서 생겨난 태양 숭배 종교인 조로아스터교 교조의 이름을 딴 것이다. 『즐거운 지식』의 마지막 부분에 이미 차라투스트라가 언급되고 있다. 역사적 예언가처럼 니체의 차라투스트라는 어떤 전언을 지닌 현인이다. 그런데 선과 악, 신과 악마라는 이원론을 주창한 조로아스터와는 달리 차라투스트라는 일원론의 주창자이다.

1883년 2월 3일부터 13일까지 니체는『차라투스트라는 이렇게 말했다』제1부를 집필했는데, 이렇게 독창적이고 천재적인 작품이 단숨에 써지던 날 바그너가 사망했다. 아이러니하게도 그가 과거에 숭배하던 스승이 사망한 날 그의 초인, 즉 '위버멘쉬'가 탄생한 것이다. 천재 숭배의 시기, 부정의 시기에 이어 니체 만년의 가장 창조적인 시기가 이렇게 시작된다. 이 같은 세 단계는 정신이 '낙타-사자-어린아이'로 변화하는 비유에서도 엿볼 수 있다. 일찍이 사제의 지배하에 무거운 짐을 짊어진 '낙타'였던 정신은, 먼저 '신의 죽음'을 확인하고 사막의 '사자'가 된다. 그러나 이제까지 인간 존재에 의미와 가치를 부여해 온 그 신의 죽음은 인간 존재의 무의미, 무가치를 의미하게 된다. 거기에서 낙타는 의무와 금욕을 의미하며, 존경할 만한 것에 복종하고 적극적으로 배우는 정신이다. 사자는 비판하고 투쟁하며 자유를 쟁취하고 고독에 견디며, 스스로 주인이 되려 한다.

차라투스트라가 하산해 시장에 간 이유는 이 위버멘쉬를 가르치기 위해서이다. 그에 의하면 인간은 극복되어야 하는 존재이다. 인간이 보기에 원숭이는 웃음거리이거나 고통스러운 수치이다. 그런데 위버멘쉬가 보기에 인간도 웃음거리이거나 고통스런 수치에 불과하다. 위버멘쉬는 하늘의 뜻이 아니라 대지의 뜻이다.

우리가 흔히 '초인'이라 칭하는 위버멘쉬란 누구일까? 초인이란 번역어에는 오해의 소지가 있을 수가 있다. 신의 자리를 대신할 절대적이고 초월적인 인격을 의미하거나 슈퍼맨을 의미할 수도 있기 때문이다. 독일어에서 초인 (Übermensch)이란 '건너가는 자, 넘어가는 자'의 의미를 지니고 있다. 초인이란 가치의 기준을 외부가 아닌 자신에게서 구하고 매 순간 자신의 삶을 부단히 극복하고 한계를 뛰어넘기 위해 노력하는 인간 유형으로 볼 수 있다.

초인의 반대 유형은 말인(末人, der letzte Mensch)이다. 이들은 모든 것을 다 귀찮아하고, 모든 것은 쓸데없으며 부질없다고 하는 허무주의자들이다. 최후의 인간은 모험심이 없고, 자기 비판력이 없고, 자신의 소박한 즐거움과 만족, 그리고 행복에 사로잡혀 있는 인간이다. 이들은 모든 진리와 도덕의 기준을 저 세계에 두고, 저 세계의 시각에서 이 세계를 비난하는 자들이다. 그러다가 그들은 저 세계 자체를 의심하기 시작하며, 마지막으로 가치 평가 자체를 무의미하게 보고 포기하기에 이른다.

최후의 인간은 니체가 말하는 천민과도 통한다. 즉 천민이란 신분적 의미에서의 천민이 아니라 스스로 가치 창조를 못하는 인간, 즉 권력, 명예, 돈, 쾌락을 좇는 노예가 된 현대인을 말한다. 따라서 니체가 말하는 강자나 높은 자는 스스로 사물과 행동에 가치를 부여할 줄 아는 인간을 말하지 귀족이나 단순히 물리적인 힘이 센 자를 말하는 것이 아니다.

초인은 니체의 핵심사상인 자기 극복, 영원회귀, 힘에의 의지와 서로 긴밀히 얽혀 있다. 스스로 주체적인 입장에서 새로운 가치를 창조하여 같지만 조금씩 바뀐 모습으로 힘차게 자꾸 되돌아오는, 자유 정신을 가진 인간이 바로 초인인 것이다.

니체의 철학은 자기 극복에서 출발한다. 니체의 저서에 모순되는 말이 많은 것처럼 보이는 것은 이처럼 이전의 자신을 부정하여 자꾸 자기 극복을 하기 때문이다. 그는 계속 다른 사람이 되어 갔지만 결국 조금씩 변한 동일한 사람이라 할 수 있다. 이와 마찬가지로 차라투스트라는 정신의 세 단계 변화에 대해 말한다. 정신의 자기 극복이다. 정신이 낙타에서 사자가 되고 마지막에 아이가 되는 변화다. 아이가 되면 초인의 상태가 되는 것이다. 마태복음에 "수고하고 무거운 짐 진 자들아, 다 내게로 오라, 내가 너희를 쉬게 하리라."라는 구절이 있다. 성서에서는 고통 속에서 번민하며 살아가는 인간을 무거운 짐을 지고 사막을 건너가는 낙타의 신세로 본다.

그러나 우리의 정신은 낙타에 머물러서는 안 되고 사자의 정신으로 변화해야 한다. 사자의 정신은 자유의 쟁취와 가치의 창조를 꿈꾼다. 그러나 사자에 머물러서는 안 된다. 사자처럼 으르렁거리지 않고 잘 웃는 아이가 되어야 한다. 천진한 어린아이는 도덕을 필요로 하지 않는 비도덕적 존재이다. 사자의 힘든 싸움이 어린아이에게는 재미있는 놀이인 것이다.

차라투스트라는 신의 죽음 이후 새로운 우상이 나타났다고 말한다. 그것이 곧 국가, 민족이다. 그러니 니체가 히틀러적인 국가주의자라고 말하는 것은 어불성설이다. 그는 국가 지상주의에 반대한다. 차라투스트라는 민족의 죽음과 국가의 소멸을 말한다. 그에 의하면 국가란 냉혹한 괴물 중에서 가장 냉혹한 것이다.

그러면 역사적으로 볼 때 니체는 누구를 초인으로 보았을까? 니체는 카이사르, 알렉산더 대왕, 나폴레옹, 괴테에게서 그런 인물 유형을 보았다. 이들은 틀에 갇힌 기존의 인간을 넘어서는 새로운 인간형이다. 이들은 노예 도덕의 소유자가 아닌 주인 도덕의 소유자들이다. 초인은 중력의 영에 짓눌리지 않는 사람이다. 중력의 영은 우리가 새털처럼 가벼워져서 춤추고 노래하는 것을 막는다. 그것은 제도와 관습, 법규와 도덕을 말하는 것이다. 이것은 프로이트에게는 초자아에 해당한다.

우리는 초인의 뒤를 따르고 추종하면 될까? 그런 것으로 착각하기 쉽다. 우리 모두 초인의 모범을 따라 스스로 가치 창조의 주인이 되어 각기 나름대로 초인이 되는 것이 필요하다. 니체가 민주주의에 반대하는 것은 현대 사회가 노예 도덕의 소유자로 온통 이루어져 있기 때문일지도 모른다.

2)『선악의 저편』

1886년에 쓰인『선악의 저편: 미래 철학의 전주곡』은『차라투스트라는 이렇게 말했다』의 주석서 격이다. 몸, 대지, 디오니소스, 생명, 여성성, 건강, 초인, 영원회귀 사상 등을 한층 사색적으로 다루며 새로운 미래 철학의 대안을 모색하기 때문이다. 이 책의 출간을 맡아줄 곳이 마땅치 않아 니체는 자비로 책을 펴내야 했다. 이 책은 니체가 1881년부터 1886년까지 기록했던 아이디어 노트를 중심으로 기술되었다.

이 책에는 일반적으로 현대성 비판, 자유 정신의 문제, 도덕 비판과 인류의 미래에 대한 질문, 진리와 여성, 영혼의 건강 문제, 가치의 전도 및 자유롭고 창조적인 미래 철학의 구상 같은 니체의 중후기 사상이 모두 담겨 있다. 머리말과 후곡(後曲)을 빼면 모두 9장으로 이루어져 있고, 각 장은 제목을 달고 있다. 이와 같은 구성은 역시 제1권이 모두 9장으로 이루어진『인간적인 것, 너무나 인간적인 것』과 아주 흡사하다.

니체는『차라투스트라는 이렇게 말했다』를 쓴 뒤 그 책에 관심을 갖는 사람이 없자 표현이 난해한 탓이 아닌가 생각했다. 그래서 운율문이 아닌 일반적인 문장으로 그 사상을 부연 설명하려고 했다. 여기서 니체는 이편의 삶을 저편의 신에게 희생으로 바치라고 가르치는 기독교가 삶을 퇴폐시키는 원흉이라고 지적했다. 그는 이러한 기독교에 의해 권위가 주어진 기존의 가치체계를 부정하고 선악 관념의 저편에서 발견되는 자연적인 삶을 충실히 하고 발전시키는 방향에서 새로운 가치를 구할 것을 역설하였다. 니체는 한 편지에서 『선악의 저편』이 2000년경에야 읽힐 수 있다고 말하고 있다. 이 책의 부제 '미래 철학의 전주곡'이라는 말에서 알 수 있듯이 니체는 이 책을 인류 정신사의 지도를 그리려는 의도로 저술하고 있다.

니체는 이 저서가 서양의 전통적 사유나 형이상학, 문명을 파괴하는 다이너마이트의 위력을 지닌 '위험한 책'임을 인식하고 있었다. 기존의 서양의 사유방식에 맞서며 새로운 대안 철학을 모색하기 때문이다. 니체는 또한 이 책을 자신의 영혼에서 흘러나온 '무서운 책'이라고 평가한다. 이 책이 위험하고 무서운 것은 현대성을 예리하게 포착하고 문제 의식화할 것을 요구하기 때문이다. 그래서 니체는 이 책에서 현대성 비판, 현대 과학, 현대 예술, 현대 정치를 중요하게 다루고 있다.

니체는 데카르트의 명제를 비판하며 "나는 생각한다"가 아니라 "그것이 생각한다"라고 말한다. 여기에서 그것이란 의식의 활동을 넘어서 무의식이나 몸 이성의 활동을 말하는 것이다. 니체에게 자아란 단순한 이성적 주체가 아니라 무의식, 흥분, 충동 등이 함께 작용하는 몸의 활동을 일컫는 이름이다. 니체는 형이상학적 근본오류를 현대 자연과학에서도 발견한다. 그는 진리도 순수 의지에 의해 추구된 객관성이나 과학성의 산물이 아니라고 본다. 그에게는 진리 그 자체보다도 진리의 가치문제, 그 해석의 가치에 대해서는 소홀히 해왔다고 말한다. 니체는 현대 예술 또한 고귀한 취향을 잃어가고 있고, 유럽 영혼의 위대한 소리를 상실해 협소한 민족주의적 경향을 잉태했다고 본다. 니체는 서양의 민주 정치의 배후에도 퇴화과정이 동시에 진행되고 있다고 고발한다. 무리 동물적 인간이 형성됨으로써 인간의 평준화와 평범화가 진행되어 보다 높은 인간 유형을 만들어내지 못하고 있다는 것이다. 사회주의 이념도 이러한 맥락에서 비판하며, 이와 더불어 민족주의의 광기에 대해서도 경고를 보낸다.

니체는 현대성을 극복하려면 자유 정신을 지닌 인간을 육성해야 한다고 본다. 그에게 미래의 철학자는 자유 정신이며, 진정한 철학자는 스스로 자신의 가치를 창조하는 자이다. 그는 자신의 가치가 무리 속에 매몰되고 평준화되어 자기 소외 속에서 살아가는 병든 시대에서 자기 자신의 가치를 창조하는 것이 인간의 진정한 과제라고 말한다. 그는 존재하는 모든 것을 긍정하고, 새롭게 눈을 뜨는 개안의 훈련을 요구하고 있다. 『선악의 저편』에서 그는 이렇게 말한다.

"고귀한 부류의 인간은 스스로를 가치를 결정하는 자로

느낀다. 그는 남에게 인정받는 것이 필요하지 않다. 그는 '나에게 해로운 것은 그 자체로 해롭다'고 판단한다. 그는 자신을 사물에 최초로 영예를 부여하는 자로 알고 있다. 그는 가치를 창조하는 자이다. 그는 자신이 알고 있는 모든 것을 존중한다. 그러한 도덕은 자기 예찬이다. 고귀한 인간 역시 불행한 사람을 돕긴 하지만, 동정해서가 아니라 오히려 넘치는 힘에서 나오는 충동 때문에 돕는다."

이처럼 『선악의 저편』은 '모든 가치에 대한 재평가', 그리고 명확한 '근대성 비판'에 초점을 맞추고 있는 새로운 국면의 저작이다. 이 책은 지금까지 진리와 도덕의 본성에 관한 철학을 괴롭혀 온 독단론을 공격하고 있다. 객관성에 대한 철학자들의 주장은 허식일 뿐이다. 사실상 어떤 철학이나 도덕도 그것을 제시하는 사람의 '무의식적이고 비자발적인 자기 기록'인 것이다. 따라서 우리는 우리가 마주하는 어떤 견해에 대해서도, 니체가 칸트의 정언명령에 관해 제기했던 다음과 같은 질문을 던져보는 것이 좋다. "그러한 주장이 그 주장을 제기한 사람에 대해 말해주는 것은 무엇인가?"

니체는 철학자들에게 기독교적 세계관을 넘어서는 견해를 가지라고 요구한다. 새로운 가치들의 정립은 힘든 바람이긴 하지만 불가능한 꿈은 아니다. 도덕적 가치들은 상황에 따라 이미 역사적으로 변화되어 왔으며, 분명히 우리가 변화시킬 수 있는 것들이다.

니체는 우리에게 도덕의 자연사를 보여준다. 현재 유럽을 지배하고 있는 도덕은 노예 도덕의 형태를 띠고 있다. 노예 도덕은 적극적이고 자기 긍정적인 어떤 도덕도 평가절하한다. 훨씬 건강한 주인 도덕은 자기 자신의 삶의 방식을 선의 기준으로 삼는 도덕이다. 주인 도덕보다 더 좋은 것은 판단의 섬세한 인식이며 '많은 다양한 눈과 의식을 가지고 높은 곳에서 사방을, 그리고 낮은 곳에서 모든 봉우리를 볼 수 있는 것'이다.

니체는 훨씬 커다란 생명력과 삶의 증진을 위한 근본적 충동을 가정하고, 바로 이것이 인간적인 동기부여에 대해서뿐만 아니라 모든 살아 있는 것들의 행동을 특징짓는 것이라고 말한다. "삶 자체가 힘에의 의지다. 자기 보존은 힘에의 의지 간의 간접적이고 습관적인 결과들 중 하나일 뿐이다." 차라투스트라도 비슷한 점을 지적한다. "오늘날 가장 근심 많은 자들은 이렇게 묻는다. '인간은 어떻게 보존되어야 하는가?' 그러나 차라투스트라는 이렇게 묻는 유일한 최초의 사람이다. '인간은 어떻게 극복되어야 하는가?'"

니체가 적절하게 표현하고 있는 도덕성의 심리적 동기들은 이 점에서 보자면 힘에의 의지의 표현들이다. 그러나 니체는 그러한 표현들이 똑같이 건강한 것은 아니라고 주장한다. 그는 또한 모든 사람이 동등한 가치를 지녔다는 것을 부정하며, 그 대신에 사람들은 자연적으로 '위계'를 갖는다고 말한다. 종(種)의 목표는 최고의 인간이 되는 것이지만 그런 인간은 필연적으로 아주 드물 수밖에 없다.

3)『도덕의 계보학』

니체는『차라투스트라는 이렇게 말했다』에 대한 세상의 몰이해를 조용히 견디며, 자연과학이나 법학 방면의 책, 특히 마키아벨리를 열심히 읽어, 정치와 도덕의 근저에 대한 생각을 단련했다. 그러나 잠언과 경구들을 적절히 사용한『선악의 저편』이 혹평을 받자 그는 그 속편으로『도덕의 계보학』을 쓰면서 치밀한 논리적 표현을 전개한다.

거기서 그는 사람들이 이제까지 신봉해 온 도덕적 가치 판단이란, 고대 전사나 귀족의 고귀한 도덕에 대한 기독교적 노예들의 원한 감정, 전자에 대한 후자의 커다란 반란에 지나지 않는다고 설명한다. 또한 양심을 인간의 내부로 향하는 잔인한 본능으로 보며, 그것의 이상을 열렬히 갈구하는 것은 데카당의 현상이라고 단정한다. 이렇게 니체는『도덕의 계보학』에서『인간적인 것, 너무나 인간적인 것』을 거쳐 신의 죽음을 선언한『즐거운 지식』에 이르기까지 자신이 전개한 도덕 개념의 종류와 기원을 철저하게 종합적으로 비판하면서 힘에의 의지 철학 체계를 완성하고 있다.

니체는『도덕의 계보학』에서 가치의 문제를 다루며, 전통

철학의 관점, 특히 가치관을 전환하고자 시도한다. 그리하여 그는 책의 머리말에서 소외된 인간을 극복하여 본래적인 인간상을 회복하려는 의도를 기술한다. 그는 책의 제1논문에서 '선과 악', '좋음과 나쁨'을 다루고, 제2논문에서 '죄'와 '양심의 가책', 그리고 이것과 유사한 것을 다룬 다음, 제3논문에서 사제의 금욕적 이상의 문제점을 다룬다. 니체는 인간의 소외, 곧 허무주의를 소크라테스의 합리주의와 아울러 기독교 도덕에서 찾고 있다.

니체는 『도덕의 계보학』에서 도덕의 기원과 전개 과정을 상세히 고찰하면서, 기독교 도덕에서 발생한 선과 악을 결국 극복해야 하는 대상으로 제시한다. 또한 니체의 주장에 의하면 고대 그리스 시대에는 '좋음'과 '나쁨'의 개념만 있었지 '선과 악'의 개념이 없었다고 한다. 가치문제를 고찰할 때 또 다른 중요한 주제는 양심과 원한인데, 니체는 그 두 가지에서 도덕의 기원을 찾고 있다. 여기서 원한을 낳는 것은 무능이고, 원한에서 신이라는 개념이 도출된다는 것이다. 강한 생명력과 용기를 지닌 고대 전사의 자리를 대신한 사제의 삶은 생명력이 결여되어 있으며, 특히 전쟁과 같은 상황에서 사제는 무력하기 짝이 없다.

그러므로 힘에 대한 증오심을 키우는 사제의 도덕은 무력한 자의 도덕이므로 노예도덕(니체가 말한 약자의 도덕. 지각이 없는 군중의 도덕을 말한다.)일 수밖에 없다. 그런데 현실에서 막강한 권력을 지닌 사제가 무력하다는 니체의 주장은 정신분석학적인 관점에서 고찰해야 제대로 이해할 수 있다. 사제의 무력함이 원한을 낳고 원한은 결국 온갖 가치를 날조한다는 니체의 입장은 인간의 심층 심리를 잘 꿰뚫고있는 것이다. 또한 니체가 보기에 청빈, 겸손, 순결과 같은 금욕적 이상 밑에서 지금까지의 철학이 명맥을 이어 왔는데, 그런 금욕적 이상을 유지하는 삶은 자기모순이라는 것이다. 왜냐하면 가장 본래적이어야 할 인간의 삶이 가장 비본래적인 금욕적 이상을 견지하면서 그것을 절대적인 목표 내지는 근거로 삼기 때문이다.

『도덕의 계보학』 서문에서 니체는 먼저 인간의 자기 인식에 관한 문제를 꺼낸다.

"우리는 우리 자신을 잘 알지 못한다. 우리 인식하는 자들조차 우리 자신을 잘 알지 못한다. 여기에는 그럴만한 이유가 충분히 있다. 우리가 우리 자신을 탐구해 본 적이 한 번도 없었기 때문이다. 우리가 어느 날 우리 자신을 **발견**하는 일이 어떻게 일어난단 말인가?"

니체에 따르면 인식하는 자이며, 세계의 여러 대상에 대한 인식을 추구해 온 우리는 정작 우리 자신이 누구인지 모른다. 니체는 우리가 우리 자신에게 낯선 타자임을 지적한다. 니체는 '자신을 찾는 일'을 수행하려고 한 다음 '도덕적 편견의 기원'에 관한 자신의 생각으로 화제를 옮긴다. 이 사상이란 '선과 악이 본래 어떤 기원을 갖는가?'라는 호기심 어린 물음에서 비롯되는 것인데, 니체는 심리학, 역사학, 고전 문헌학의 도움을 받아 자신의 물음을 다음과 같이 정리한다.

"인간은 어떤 조건 하에서 선과 악이라는 가치 판단을 생각해 냈을까? 그리고 그러한 가치 판단들 자체는 어떤 가치를 지니고 있을까? 그것이 지금까지 인간의 번성을 저지했을까 아니면 촉진했을까? 그것이 삶의 위기와 빈곤, 퇴화의 징조일까? 아니면 반대로 그 속에서 삶의 충만, 힘, 의지가, 그 용기와 확신과 미래가 드러나는 것인가?"

이처럼 니체는 도덕적 가치들의 기원과 형성에 관해 묻는다. 니체 철학의 위대함은 철학의 가치, 도덕의 가치를 묻는다는 점이다. 사람들은 선과 악, 양심과 동정심과 같은 도덕적 가치들이 그 자체로 선험적으로 존재하는 것이라 생각해 왔다. 그러나 그러한 가치들은 사실상 역사적으로 형성되어 온 것이며, 따라서 니체는 가치들의 발생사를 비판적으로 검토해야 한다고 생각한다.

니체는 선과 악의 기준이 왜 만들어졌는지 질문한다. 이러한 가치는 우선 그 자체로 문제시되어야 한다. 이를 위해서는 이러한 가치들이 성장하고 발전하며 변화해 온 조건과 상황에 대한 지식이 필요하다. 그와 같은 지식은 지금까지 존재한 적도 요구된 적도 없었다. 사람들은 이러한 '가치들'의 가치를 주어진 것으로, 아무런 문제 제기를 할 수 없는 기정사실로 받아들였다.

그리고 니체는 선과 악의 기준에 대한 답을 찾기 위해 선과 악의 기준이 만들어진 기원을 찾고자 한다. 즉 도덕에 대한 계보학적 접근을 하는 것이다. 니체의 말에 의하면 인간은 원래 원한의 인간이기 때문에 자신에게 실리적으로 유용한 것을 도덕으로 인지한다는 것이다. 원한은 현실의 고통에 대한 반응적 인간의 가상적 복수인 셈인데 현실의 고통 때문에 원한 감정이 생긴다. 그런데 고통을 해석하는 자세는 기독교인과 그리스인이 사뭇 다르다. 그리스인은 신의 미움을 받은 인간이 신의 쾌락을 충족시키기 위해 그의 노리개가 되어 고통을 당한다고 보는 반면, 기독교인은 이게 다 내 탓이라는 원죄 의식과 양심의 가책에서 고통이 생겨난다고 본다. 즉 사제한테 세뇌당한 결과 원한 감정을 자신에게 모조리 투사한 것이 양심의 가책이라는 것이다. 니체는 양심을 '밖으로 배출될 수 없을 때 안으로 방향을 돌리는 잔인성의 본능'으로 파악한다. 게다가 니체는 책임감, 정의, 기억 등도 이러한 양심을 보조하기 위해 등장했다고 보았다. 니체는 여기에서 국가의 형성과정에 대한 흥미로운 가설을 제시하기도 하며, 인

간 본능의 억압과 양심의 발생을 이와 연관시켜 설명하기도
한다.

니체는 『도덕의 계보학』의 제3논문에서 금욕주의를 해로
운 이상, 종말에의 의지, 데카당스에의 의지라고 규정하면서
도 왜 금욕주의가 사람들을 지배해 왔는지를 해명한다. 니체
에 의하면 기독교에는 청빈, 겸손, 순결이라는 세 가지의 금욕
적 이상이 있는데, 그는 금욕적 이상이 철학자의 덕과 대응된
다고 본다. 역사적으로 보면 금욕적 사제들이 날조한 금욕적
이상 밑에서 철학이 지금까지 명맥을 유지해 왔다는 것이다.

니체의 주장에 의하면 문명이 번성하고 인간의 순응이 이
루어진 곳에서는 어디서나 인간을 지배하고 인간 위에 군림
하기 위해 금욕적 이상이 만들어졌다는 것이다. 현대적 관점
에서 보면 금욕적 이상은 일종의 이데올로기에 해당한다고
할 수 있다. 니체에게 사물들의 핵심은 힘에의 의지이다. 그
러나 금욕주의 외에는 의지할 만한 다른 어떤 것도 없었다.
경쟁자가 없었기 때문에 금욕주의는 승리하게 된다.

니체는 도덕의 계보를 분석하여 허무주의를 낳는 소크라
테스의 합리주의와 기독교적 가치관을 비판하면서, 분출하
는 본능과 역동적인 힘에 의해 인간을 스스로 가치를 창출하
는 강력한 동물로 회복시키려 한다. 그가 말하는 가치의 전도
는 삶에 부정적인 가치체계로부터 삶에 긍정적인 가치체계
로의 전도이다. 그는 여기서 더 나아가 인간의 정신이 주인

도덕을 지닌 '차라투스트라'처럼 자신을 극복하는 위대한 모습으로 삶을 긍정하고 운명을 사랑하는 쪽으로 변화할 것을 촉구한다. 그는 이러한 주장을 통해 정신의 약자들의 원한이 만들어내는 독소의 위험성을 특히 강조하면서, '위버멘쉬'란 슈퍼맨 같은 초인적 능력을 지닌 인물이나 독재적 영웅이 아니라 기존의 노예 도덕을 부정하고 스스로 가치를 부여하는 자유롭고 창조적인 인간임을 강조하고 있다.

4) 『이 사람을 보라』

니체가 40번째 생일에 쓰기 시작한 이 책은 그의 자서전이라 할 수 있다. 『반그리스도』와 이 책은 각기 신에 대한 불경과 조증의 경계에 있는 저서들이다. 그는 책 앞에 자신의 삶에 감사하며 그 자신에게 자신의 삶을 이야기한다고 밝힌다. 이 책의 제목은 본디오 빌라도가 예수의 십자가형을 요구하는 군중들 앞에 그를 내세우면서 한 말이다. "이 사람을 보라 Ecce Homo"(요한복음 19장 6절). 그전에 『즐거운 지식』에서 니체는 이미 이렇게 말하고 있다. "이 사람을 보라. 그렇다! 난 내가 어디서 왔는지 안다! 나는 불꽃처럼 지칠 줄 모르고 환히 빛나며 여위어간다. 내가 손대는 모든 것은 빛이 되고 내가 놔두는 모든 것은 숯이 되니 나는 불꽃이 분명하다."

니체는 자신을 특징짓는 것이 싸움이라면서 공격이 그의 본능의 일부라고 말한다. 그는 싸움 방식을 네 가지 명제로 요약한다. 그는 승리하고 있는 것만 공격하고, 우군 없이 자기 홀로 싸우는 것만을 공격한다. 개인을 공격하지 않고 개인을 확대경처럼 사용한다. 그리고 온갖 개인적 차이가 배제되고, 그 배후에서 나쁜 경험을 하게 될 것이 없는 것만 공격한다. 니체에게 공격이란 호의에 대한 증거이며, 경우에 따라서는 감사함에 대한 증거이다.

니체는 자신을 예수와 비교할 뿐만 아니라 델포이의 신탁으로부터 '아테네에서 가장 현명한 자'라는 말을 들었던 소크라테스와도 비교한다. "나는 왜 이렇게 현명한가," "나는 왜 이렇게 영리한가," "나는 왜 이렇게 좋은 책을 쓰는가" 등의 반어적 제목을 붙인 것에서 그러한 점이 잘 드러난다. 이 부분에는 자신이 얼마나 현명하고 영리하며, 자신의 책이 어찌나 위대한지에 대한 찬사가 쓰여 있다. 그런 다음 본격적으로 자신의 책 소개를 한다. 니체는 "나는 왜 하나의 운명인가"라고 주장하기도 한다. 그는 겸손과는 거리가 멀다. 이런 점에서 니체는 겸손을 경원시하는 괴테와 쇼펜하우어의 전통을 계승하고 있다.

니체는 이 책에서 자신의 과제에 대해 이렇게 말한다. "나의 과제는 인류 최고의 자기 성찰의 순간인 위대한 정오를 준비하는 것이다. 이때 인류는 과거를 되돌아보고 미래를 내다보면서, 우연과 사제의 지배에서 벗어나 '왜?' '무슨 목적으로'라는 질문을 최초로 전체적으로 제기할 것이다."

니체는 자신의 유일무이함에 큰 자부심을 갖고 있었으며, 니체라는 인물의 초시대적인 위대함을 알아차리지 못하는 또는 너무 늦게 알아차리는 자신의 시대에 비난을 퍼붓는다. "나는 왜 이렇게 현명한가"에서 니체는 자신의 여러 특징에 대해 해명하고 있다. 그는 현대성의 특징인 데카당스를 스스로 체험해 보고 극복한 전문가임을 밝힌다. 그는 자신이 총체적으로 건강한 자이고, 건강을 추구하고 있으며, 질병에 의해 건강해졌음을 밝힌다. 그리고 자신의 공격성과 예민함 등에 대해 과장된 어투로 서술하고 있다. 니체는 건강에의 의지와 삶에의 의지를 그의 철학으로 만들었다고 말한다. 그는 생명력이 가장 낮았던 해에 비관주의자이기를 그만두었다고 고백한다. 그래서 그는 위대한 건강이 필요하다고 말하는데, 그것은 사람들이 보유하는 것이 아니라 끊임없이 획득하고 또 획득해야 한다는 것이다. 그것은 새로운 건강, 이전의 어떤 건강보다도 더 강하고 더 능란하고 더 끈질기며 더 대담하고 더 유쾌한 건강이다.

"나는 왜 이렇게 영리한가"에서는 섭생과 영양섭취에 대해 기술하며, 장소와 풍토의 선택, 그리고 휴양을 취하는 방식이 철학자와 그 자신에게 끼치는 영향에 대해 서술하고 있다. 니체는 삶이 그에게 가장 어려운 것을 요구했을 때 삶이 그에게 가장 가벼워졌다고 역설적으로 말한다. 그리고 위대한 과제를 대하는 방법으로 가장 좋은 것이 유희라고 말한다.

"나는 왜 이렇게 좋은 책을 쓰는가"는 자신의 작품에 대한 니체 자신의 해설이다. 니체는 자신을 디오니소스의 제자로, 자기 작품들을 자신의 삶과 격정의 표현으로 이해해 달라고 요구한다. 그는 자신의 저서가 현대인에게 읽히길 기대하지 않는다. "나의 승리는 쇼펜하우어의 승리와는 정반대다─나는 '나는 읽히지 않는다, 나는 읽히지 않을 것이다'라고 말한다." 그러면서 언젠가는 자신이 이해하는 삶과 가르침을 사람들에게 살도록 하고 가르치게 될 기관들이 필요하고, 심지어는 『차라투스트라는 이렇게 말했다』를 해석하는 일을 하는 교수직이 만들어질 거라고까지 말한다. 그리고 사람들이 자신의 작품에 익숙해지면 다른 책들은 더 이상 도저히 견뎌 낼 수 없게 된다고 큰소리를 친다.

니체는 자신의 문체에 대해서도 자부심이 대단하다. "나 이전에 사람들은 독일어로 무엇을 할 수 있는지, 언어로 대체 무엇을 할 수 있는지 알지 못했다. 위대한 리듬 기법, 복합문의 위대한 문체가 숭고하고도 초인간적인 열정의 엄청난 상승과 하강을 표현하기 위한 것이라는 사실이 나에 의해 비로소 발견되었다."

"나는 왜 하나의 운명인가"에는 자신에 대한 스스로의 평가가 담겨 있다. 그는 자신의 운명을 다이너마이트로 간주한다. 자신이 반도덕주의자이자 파괴자이기 때문이다. 그는 이제까지 최고 유형으로 간주되어 오던 인간 유형, 즉 노예 도덕의 소유자를 종말 인간으로 부정한다. 그는 그때까지 지배적이었던 도덕 유형, 즉 기독교 도덕을 부정하고 파괴하며 스스로가 가치 창조를 하는 새로운 주인 도덕을 주장한다. 니체는 그런 점에서 긍지와 자부심을 느낀다. 이러한 의미에서 니체는 『이 사람을 보라』에서 이 책의 궁극적인 의미를 가장 반(反)현대적인 인간 유형인 '귀족적 인간을 길러내는 학교'로 규정한다.

니체는 이 글에서 『비극의 탄생』이라는 제목에 대해 '그리스 정신과 비관주의'라고 이름 붙이는 게 더 나았을 것이라고 말한다. 당시 그에게는 그리스인들이 어떻게 비관주의를 극복했는지를 가르치는 것이 중요한 문제였다. 비극이야말로 그리스인들이 비관주의자가 아니었다는 증거라는 것이다. 그는 『비극의 탄생』의 두 가지 새로운 점을 든다. 그 하나는 그리스인들에게서 나타나는 디오니소스적 현상에 대한 이해이다. 이 책은 그 현상에 대한 최초의 심리학이며, 그것을 그리스 예술 전체의 한 뿌리로 본다. 또다른 새로운 점은 소크라테스에 대해 그리스를 용해시킨 도구이자 전형적인 데카당으로 본다는 점이다. 니체에게 본능과 대립하는 이성은 삶을 파괴하는 위험한 힘이다. 『비극의 탄생』이 인정하는 유일한 가치는 미적 가치이다. 그런데 아폴론적이지도 않고 디오니소스적이지도 않으며, 미적 가치를 부정하는 그리스도교는 가장 깊은 의미에서는 허무적이다. 또한 소크라테스를 데카당으로 인식함과 아울러 도덕 자체를 데카당의 징후로 파악한다. 삶에 대해 복수심을 가지고 저항하는 그리스도교, 쇼펜하우어 철학, 플라톤 철학과 아울러 이상주의 전체가 데카당의 전형적 형태다. 반면에 삶에 대한 긍정은 최고의 통찰이자, 진리와 학문에 의해 가장 엄격하게 확인되는 가장 심오한 통찰이라는 것이다. 진정한 차라투스트라의 시선에서 볼 때 바그너, 바이로이트, 독일적 참담함은 모두 미래에 대한 무한한 신기루가 반영되고 있는 뜬구름에 불과하다.

니체는 디오니소스적인 것에 대한 정의를 내린다. 그는 자신의 최상의 모습을 희생시키면서 자신의 고유한 무한성에 희열을 느끼는 삶에의 의지를 디오니소스적이라고 부른다. 그는 디오니소스적이라는 것을 비극 시인의 심리에 이르는 다리라고 이해한다. 그는 소크라테스 이전의 철학자들 중 유일하게 헤라클레이토스에게서 자신과 유사한 점을 발견한다. 유전과 파괴에 대한 긍정, 대립과 싸움에 대한 긍정, 생성, '존재' 개념에 대한 극단적인 거부라는 점에서 그는 디오니소스 철학의 결정적인 면을 보기 때문이다.

어떤 주석가들은 니체가 이 책을 썼을 때 이미 정신적으로 문제가 있는 상태였다고 말하기도 한다. 그러나 그들은 이 책에 나타난 어둡고 반어적인 유머를 이해하지 못하고 있다. 그러나 이 개요적인 책을 완성하고 얼마 지나지 않아 니체의 저술 활동은 끝나고 만다.

4. 번역에 관하여

『비극의 탄생』 번역을 하면서 여러 가지 어려움에 부닥쳤다. 같은 단어를 똑같이 번역할 수 없는 문제점이 생겼기 때문이다. 몇몇 단어들은 전문용어로 번역해야 할지 일반인이 쉽게 이해하는 용어로 번역해야 할지가 그것이었다. 그래서 여기에 그러한 고충을 간단히 언급하고자 한다.

Affekt(Affect), Pathos, Trieb는 정신의학과 심리학에서 정동, 정념, 욕동으로 옮기고 있는데 여기서는 쉽게 이해하도록 하기 위해 각기 흥분, 격정, 충동으로 옮기기로 했다. Drang과 Andrang도 '충동'으로 옮겼다. Affekt도 문맥에 따라 '감정'이나 '흥분'으로 옮겼다. Regung 역시 문맥에 따라 '움직임', '감정', '흥분', '동요'로, Erregung은 '동요', '자극'으로 옮겼다. Cult(Cultus)는 '제식', Dämon은 '악령', '데몬'으로 옮겼다. Dasein은 주로 '현존'으로 옮겼지만 경우에 따라 '삶', '생활', '생애'로 옮기기도 했다. 그래서 Daseinsform은 '생활양식'으로, Daseinslust는 '삶의 즐거움'으로 했다. 한편 Existenz는 '실존'이나 '존재'로, Sein은 '존재'로 옮겼다. Bildung은 흔히 무조건 '교양'으로 옮기는 경향이 있는데, 문맥에 따라 '문화', '문명', '교육'으로 옮기기도 했다. 가령 Bildungskampf는 '문화 투쟁'으로, Kampf는 '투쟁'이나 '갈등'으로 했다.

Absicht는 '의도'나 '목표'로, Anschauung은 '직관'이나 '견해'로, Intuition은 '직각直覺'으로 옮겼다. anschaulich는 경우에 따라 '뚜렷한', '직관적인', '가시적인', '구체적인', '생생하게' 등으로, beschaulich '관조적인', '정관적인'으로 옮겼다. Illusion은 '환상', Vision은 '환영', Täuschung은 '기만'이나 '착각'으로 옮겼다. 그리고 Wahn은 '환상'이나 '광기', Wahnvorstellung은 '환상', Wahnbild는 '환영', Wahnsinn은 '광기'로 옮겼다. Genius는 '천재', '수호신', '정령'으로, Verstand는 '지성'으로, Mysterium은 '비밀의식(비의)'으로 옮겼다. Sinn은 '의미'나 '뜻'으로, Sinnlichkeit는 '관능'으로 옮겼다.

특히 틀리기 쉬운 단어들이 있다. 그럴 경우 완전히 엉뚱한 번역이 되고 만다. Bann은 흔히 '속박'으로 알고 있지만 이 단어에는 '마력'이라는 뜻도 있다. freien은 '해방시키다'로 옮기는 경우가 있는데 '결혼하다, 구혼하다'라는 뜻이다. peinlich에는 '곤혹스러운, 민망한'이란 뜻 말고 '정밀한, 면밀한'이라는 뜻도 있다. Orgie는 '주신제', Orgiasmus는 '주신제 정신', orgiastisch는 '주신제적' 또는, '주신제적 광란의'로 옮겼다. 그리고 mancher는 '여러 사람'이라는 뜻이지만 3인칭 단수 er로 받는다. 그러나 그 앞의 남성명사를 받는 것으로 착각해서 의미가 통하지 않는 엉뚱한 번역이 되기도 한다. 또한 Schauer에는 '구경꾼, 소나기' 말고 '전율'이란 뜻도 있는 것을 놓치기 쉽다. Tendenz에는 '경향, 성향'이라는 뜻 말고 '의도'라는 뜻도 있다. Weise에는 '현자나 방법'이라는 뜻 말고 '가락'이라는 뜻도 있는데 이를 놓치는 경우가 왕왕 있다. 그리고 숙어적 구문을 직역하는 경우 어색한 번역이 되기도 한다. verhalten sich는 '어떤 관계에 있다'라는 뜻인데, A verhält sich zu B wie C zu D와 같은 구문은 'A와 B의 관계는 C와 D의 관계와 같다'고 해야 명료한 문장이 된다. 이를 'C가 D에 관계하는 것처럼 A는 B에 관계한다고 하면 어색한 문장이 된다.'

프리드리히 니체 연보

1844년 10월 15일 작센주 뤼첸 근처 뢰켄에서 목사인 카를 루트비히
니체와 어머니 프란치스카 욀러 사이에서 장남으로 태어남. 어
머니도 이웃 마을 목사의 딸이었음.

1846년 7월 여동생 엘리자베트 니체가 태어남.

1948년 2월 남동생 요제프가 태어남.

1849년 7월 30일 아버지가 뇌연화증으로 사망함.

1850년 남동생 요제프 1월 4일 사망함. 가족이 나움부르크로 이사
함. 공립초등학교에 입학하지만 적응하지 못하고 그만둠.

1851년 칸디다텐 베버라는 사설교육기관에 들어가 종교, 라틴어, 그
리스어 수업을 받음. 어머니에게서 피아노를 선물 받아 음악교
육을 받음.

1853년 돔 김나지움(Domgymnasium)에 입학함. 성홍열을 앓음. 시를
짓고 작곡을 시작함. 할머니 사망.

1858년 10월부터 1864년 9월까지 나움부르크 근교 슐포르타 김나지
움(Schulpforta)에 다님. 자서전을 쓰기 시작함. 고전 문헌학과 독
일어에 뛰어난 재능을 보이며, 시를 짓기도 하고, 게르마니아라
는 문학 모임을 만듦. 음악 서클을 만들어 교회음악을 작곡하기
도 함.

1861년 〈트리스탄과 이졸데〉의 피아노 발췌곡이 발표되어 바그너를
알게 된 무렵부터 셰익스피어, 괴테, 횔덜린 등의 작품을 즐겨
읽음.

1864년 10월 슐포르타 김나지움을 우수한 성적으로 졸업하고 본대
학에 입학하여 신학과 고전 문헌학을 공부함. 동료 파울 도이센
과 함께 '프랑코니아Frankonia'라는 대학 서클에 가입하여 사교
와 음악에 관심을 가짐. 신학과 성서에 대한 비판적 생각을 갖게
되면서 신학공부를 포기하려 하자 어머니와 첫 갈등을 겪은 후
리츨 교수의 고전 문헌학 강의를 수강함.

1865년 10월 리츨 교수를 따라 라이프치히대학으로 옮겨 공부를 계
속함. 처음으로 쇼펜하우어의 주저 『의지와 표상으로서의 세계』
를 읽고 큰 감명을 받음. 소년 시절에 나타난 병증들이 악화되고
류머티즘과 격렬한 구토에 시달렸으며 쾰른의 사창가에 갔다가
성병 치료를 받기도 함.

1866년 에르빈 로데와 교제를 시작함. 디오니게네스 라에르티오스
에 관한 연구로 라이프치히대학에서 주는 상을 받음.

1867년 10월 9일~1868년 10월 15일 군에 입대하여 포병으로 근무하
며 승마와 포 쏘는 법을 배움.

1868년 말 사고를 당함. 바그너의 〈트리스탄과 이졸데〉, 〈뉘른베르
크의 장인 가수들〉을 듣고 매료됨. 문헌학에는 점점 반감을 갖
게 됨. 11월 8일, 라이프치히에서 동양학자인 브로크하우스 집
에서 리하르트 바그너와 개인적으로 처음 알게 됨. 그와 함께 쇼
펜하우어와 독일의 현대 철학 그리고 오페라의 미래에 대해 의
견을 나눔.

1869년 2월 리츨 교수의 추천으로 고전 문헌학 객원교수로 바젤대
학에 초빙됨.

5월 17일 루체른 근교 트립셴의 바그너 집을 처음으로 방문함.

필라투스 산에 오름. 『음악 정신에서 나온 비극의 탄생』 노트를 작성.

트립셴에 머무는 동안 코지마가 바그너의 아들 지크프리트를 출산함.

5월 28일 바젤대학에서 『호메로스와 고전 문헌학』에 관해 취임 강연을 함.

야코프 부르크하르트와의 친교가 시작됨. 그해 크리스마스는 트립셴에서 보냄.

1869~1871년 『비극의 탄생』 집필, 1872년 1월 출판했으나 학계의 혹평을 받음.

1870년 4월 정교수가 됨. '소크라테스와 비극', '오이디푸스 왕'에 대한 공개 강연을 함.

8월 독불전쟁에 지원하여 위생병으로 종군, 이질과 디프테리아에 걸려 입원함.

10월 바젤로 돌아옴. 신학자 프란츠 오버베크와 교제가 시작됨.

1871년 바젤대학교 철학과 학과장 자리에 지원하나 거절됨. 독불전쟁 종전, 제2제국 선포되고 빌헬름 1세가 독일 제국 황제로 즉위함.

1872년 2~3월 바젤에서 『교육제도의 미래』 강연(유고로 처음 출간됨).

4월 바그너가 트립셴을 떠남.

5월 22일 바이로이트의 축제 극장 기공식. 바이로이트에서 바그너와 만남.

『비극의 탄생』이 출판되나 울리히 폰 빌라모비츠 묄렌도르프의 혹평을 받음.

에르빈 로데가 니체의 변호에 나섬. 겨울 학기에 그리스와 라틴어 수사학 강의에 고전학 학생이 아무도 신청하지 않음.

1873년 제1권『반시대적 고찰: 다비트 슈트라우스, 고백자이며 저술가』.

제2권『반시대적 고찰: 역사의 장단점에 관해서』(1874년에 출간).

단편『그리스 비극 시대의 철학』(유고로 처음 출간됨).

바이로이트 기금 모금을 위한 '독일인에 대한 호소문'을 작성하나 거부당함.

1874년 제3권『반시대적 고찰: 교육자로서의 쇼펜하우어』. 바그너는 〈니벨룽의 반지〉 전편을 완성하고 니체에게 여름을 바이로이트에서 보내자고 제안함. 니체는 흑림에서 요양함.

1875~1876년 제4권『반시대적 고찰: 바이로이트의 리하르트 바그너』. 건강이 좋지 않음에도 계속 강단에 섬. 여동생 엘리자베트가 바젤로 와서 집안일을 도와주며 니체를 돌봐줌.

1875년 10월 음악가 페터 가스트(본명 하인리히 쾨젤리츠)와 알게 됨. 겨울 동안 건강이 극도로 악화함.

1876년 바이로이트 축제 개막일에 맞춰「바이로이트의 리하르트 바그너」 출판. 바이로이트를 떠나서『인간적인 것, 너무나 인간적인 것』을 쓰기 시작함. 마틸데 트람페다흐에게 청혼하지만 거절당함.

8월 최초의 바이로이트 축제극에 갔지만 바그너 숭배 분위기를 견디지 못하고 도중에 그곳을 떠남.

9월 심리학자 파울 레와의 친교가 시작됨. 병이 심각해짐.

10월 바젤대학으로부터 병가를 얻어 제노바로 가 처음으로 바다를 봄.

파울 레, 말비다 폰 마이젠부크와 함께 소렌토에서 겨울을 보냄. 볼테르, 몽테뉴의 책을 읽음.

10월~11월 소렌토에서 바그너와 마지막으로 함께 함.

1877년 소렌토에서 5월 초까지 있다가 카프리, 폼페이, 헤르클라네움 방문. 오토 아이저 박사에게 건강 진단을 받고 눈 상태가 심각하다는 진단을 받음. 엘리자베트에게는 집안일을, 페터 가스트에게는 대필을 맡기며 가을부터 강의를 다시 시작함.

1876~1878년 『인간적인 것, 너무나 인간적인 것』 제1부를 읽은 바그너가 니체와 결별함.

1878년 1월 3일 바그너가 『파르치팔』 대본을 니체에게 보냄. 하지만 두 사람은 서로의 작품을 좋지 않게 여김. 특히 바그너는 〈바이로이트 특보〉에서 니체를 비난함. 엘리자베트는 나움베르크로 돌아가고, 니체는 오버베크 부부와 가깝게 지냄.

5월 『인간적인 것, 너무나 인간적인 것』을 증정하며 바그너에게 마지막으로 편지를 보냄.

1879년 병이 심해져 바젤대학 교수직 사임(5월). 연금으로 6년간 3천 스위스프랑을 받음(나중에 기간이 연장됨). 118일간 두통에 시달렸다고 기록됨. 나움부르크로 돌아가 정원사가 되기로 계획함.

1880년 『방랑자와 그의 그림자』, 『인간적인 것, 너무나 인간적인 것』 제2부.

3월~6월 페터 가스터와 휴양하며 처음으로 베네치아에 머묾.

11월부터 제노바에서 크리스마스를 보냄.

1880~1881년 『아침놀』 집필.

1881년 레코아로, 코모호, 생모리츠 일대를 여행함. 스피노자를 알게 됨. 여름에 실스마리아에서 산책을 하다가 영원회귀 사상을 구상함. 차라투스트라를 언급하기 시작함. 『아침놀』 출판.

11월 27일 제노바에서 콜럼버스에게 동질감을 느낌. 처음으로 비제의 오페라 『카르멘』을 봄.

1882년 『즐거운 지식』 집필. 타자기를 접함. 메시나를 여행하며 「메시나의 전원시」를 씀.

3월 시칠리아 여행.

4월~11월 로마에서 루 살로메와 교제, 이후 두 차례 청혼하지만 거절당함. 루 살로메는 니체, 파울 레에게 세 사람이 동거하는 '성스럽지 못한 삼위일체' 계획을 제안함. 바젤에서 세 사람이 유명한 사진을 찍음. 니체는 트립셴으로 루를 데려감. 루에게 영원회귀 사상을 이야기함. 어머니, 여동생과 의절함. 파리에서 함께 살기로 한 '성스럽지 못한 삼위일체' 계획은 루와 레가 니체를 따돌리고 달아나서 무산됨. 니체는 고통을 잊기 위해 모르핀을 복용하고 편지에서 자살을 언급함.

11월부터 라팔로에서 겨울을 보냄.

1883년 2월 라팔로에서 『차라투스트라는 이렇게 말했다』 제1부 출간. 바그너가 베네치아에서 사망함. 『차라투스트라는 이렇게 말했다』 2부, 3부를 실스마리아와 니스에서 완성함. 엘리자베트는 반유대주의 선동가인 베른하르트 푀르스터와 약혼 계획을 알림.

12월부터 니스에서 첫겨울 보냄.

1884년 1월 니스에서 『차라투스트라는 이렇게 말했다』 제3부 출간. 책이 팔리지 않아 출판업자와 갈등을 겪음. 메타 폰 잘리스, 레사 폰 시른호처와 만남. 자신을 폴란드 귀족 혈통이라고 믿음. 여동생과 화해함. 『차라투스트라는 이렇게 말했다』 제4부를 쓰기 시작함.

8월 하인리히 폰 슈타인이 실스마리아로 니체를 방문.

11월부터 다음 해 2월까지 망톤과 니스에서 『차라투스트라』 제4부 집필.

여동생이 반유대주의자이자 바그너 숭배자인 푀르스터와 약혼을 결정하자 둘 사이의 관계가 다시 악화됨.

1884~1885년 『선악의 저편』 집필.

1885년 『차라투스트라는 이렇게 말했다』 제4부 자비로 출판. 실스마리아에서 여름을 보내며 『힘에의 의지』 구상. 여동생 인종주의자이자 반유대주의자인 푀르스터와 결혼함.

5월 22일 여동생의 결혼식에 참석하지 않음.

1886년 프란츠 리스트가 바이로이트에서 사망함. 엘리자베트와 푀르스터는 파라과이로 가서 '순수한 아리아인 혈통'의 식민지 '누에바 게르마니아'를 건설함.

5월~6월 라이프치히에서 에르빈 로데와 마지막으로 만남.

6월 『선악의 저편』 자비로 출판.

1887년 니스에서 지진을 경험함. 프랑스어로 번역된 도스토예프스키의 작품을 읽음. 건강이 악화된 상태에서 6월에 루 살로메와 카를 안드레아스의 결혼 소식을 듣고 우울증에 빠짐. 니체는 루가 써준 시 「삶에 대한 찬가」의 곡을 붙임. 〈파르치팔〉을 듣고 매료됨.

11월 『도덕의 계보학』 출간. 『아침놀』, 『즐거운 지식』 증보판 출간.

11월 11일 에르빈 로데에게 마지막 편지를 씀.

1888년 『힘에의 의지』 집필.

4월 처음으로 토리노에 머묾.

게오르크 브란데스가 코펜하겐 대학에서 『독일의 철학자 프리드리히 니체에 관해』 강의함. 니체는 마침내 대중의 찬사를 받음. 스트린드베리와 서신 교환. 1880년대에 썼던 시들을 모아 『디오니소스 찬가』라는 제목으로 묶음. 기괴한 내용의 편지를 쓰면서 점점 정신 이상 증세를 보이기 시작함.

5월~8월 『바그너의 경우』, 『디오니소스 찬가』 완성.

8월~9월 『우상의 황혼』 집필.

9월 『반그리스도, 기독교 비판의 시도』, 『바그너의 경우』 출간.

10월~11월 『이 사람을 보라』 집필.

12월 『니체 대 바그너』 집필.

1889년 1월 3일 이탈리아 토리노의 카를로 알베르트 광장에서 채찍에 맞는 말을 보고 눈물을 흘리며 감싸 안다가 발작을 일으킴. 친구 오버베크가 바젤로 데려가 정신병원에 입원시킴. 매독균에 의한 진행성 마비로 진단받음. 예나의 정신병원으로 옮겨짐. 1월 24일 『우상의 황혼』이 출간됨. 파라과이에서 베른하르트 푀르스터가 자살함. 엘리자베트는 식민지를 유지하려고 분투함.

『우상의 황혼』, 『니체 대 바그너』, 『이 사람을 보라』 출간.

1890년 어머니가 니체를 나움부르크로 데려가서 돌봄. 정신병 증세와 진행성 마비가 더 심해짐. 판단력과 언어 능력을 상실함.

1894년 여동생이 니체 전집을 편찬하기 위해 니체 문서보관소 설립.

1896년 유럽을 휩쓴 아방가르드의 열기로 그의 책들이 주목을 받기 시작함. 작곡가 리하르트 슈트라우스가 『차라투스트라는 이렇게 말했다』를 교향시로 만들어 초연함.

1897년 4월 20일 어머니 사망함. 누이동생이 니체를 바이마르로 데려가서 문서보관소를 세움.

1900년 8월 25일 바이마르에서 사망. 고향 뢰켄의 가족묘에 안장됨.

1901년 엘리자베트가 니체의 유고를 임의로 편집하여 『힘에의 의지』 초판을 발간함.

1904년 엘리자베트가 『힘에의 의지』 내용을 대폭 늘려서 '결정판'을 출간함.

1908년 『이 사람을 보라』가 출판됨. 엘리자베트에게 불리한 내용은 삭제됨.

1919년 열정적 나치 당원으로 엘리자베트의 사촌인 막스 욀러가 니체 문서 보관소의 책임자로 임명됨.

1932년 무솔리니의 열렬한 추종자가 된 엘리자베트는 그가 공동 집
필한 「5월의 광장」을 바이마르 국립극장에서 상용하도록 추진
함. 이 공연에서 히틀러와 엘리자베트가 만남.

1934년 히틀러가 니체 문서 보관소를 방문하고 엘리자베트는 니체
의 지팡이를 선물함.

1935년 엘리자베트 사망. 히틀러가 그녀의 장례식에 참석하여 화환
을 내려놓음. 엘리자베트는 가족묘의 가운데 자리에 안치됨.

찾아보기